Il a été tiré de cet ouvrage
5 exemplaires sur papier de Hollande numérotés de 1 à 5.

LES JEUNES GENS

D'AUJOURD'HUI

Ce volume a été déposé au ministère de l'intérieur en 1913.

DU MÊME AUTEUR

L'Esprit de la Nouvelle Sorbonne... 1 vol. *(Mercure de France)*.

PARIS. — TYP. PLON-NOURRIT ET Cie, 8, RUE GARANCIÈRE.— 23461.

AGATHON
(Henri MASSIS — Alfred de TARDE)

LES JEUNES GENS D'AUJOURD'HUI

LE GOÛT DE L'ACTION
LA FOI PATRIOTIQUE — UNE RENAISSANCE CATHOLIQUE
LE RÉALISME POLITIQUE

Couronné par l'Académie française, prix Montyon

Onzième édition

AVEC UNE PRÉFACE NOUVELLE

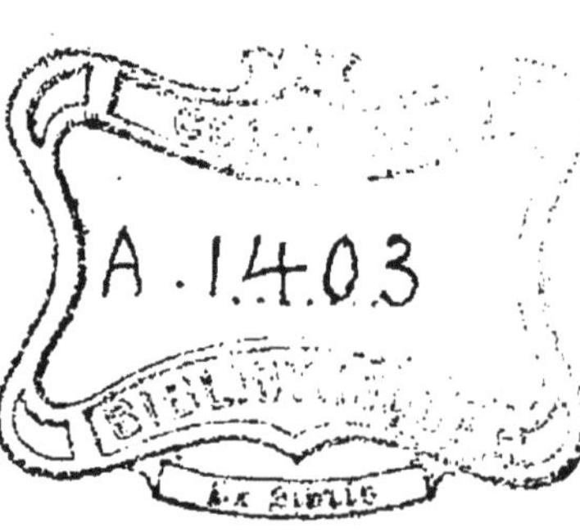

PARIS
LIBRAIRIE PLON
PLON-NOURRIT et Cie, IMPRIMEURS-ÉDITEURS
8, RUE GARANCIÈRE — 6e

A

MONSIEUR MAURICE COLRAT

*qui accueillit, dans l'*Opinion, *cette enquête,*

Son dévoué collaborateur,

AGATHON.

PRÉFACE

POUR LA 11e ÉDITION

Janvier 1919.

Pourquoi réimprimer ce livre d'avant guerre?

Écrit en 1912, tout pénétré du pressentiment de la guerre, dira-t-on qu'en le faisant reparaître, nous cédons au vain et peu décent plaisir de nous affirmer précurseurs? Nous prions qu'on nous accorde des motifs plus nobles.

Remettre au jour ces témoignages et ces confessions juvéniles, c'est d'abord rendre le plus juste hommage, le plus véridique, le plus incontestable, à cette clairvoyante et vraiment divinatrice jeunesse qui, presque seule, eut l'instinct du danger et, tandis que la majorité de la nation se laissait aveugler ou étourdir, sut intérieurement se préparer à la tâche immense où elle se livra corps et âme. Beaucoup de ces voix ardentes, si nous les évoquons aujourd'hui, nous arrivent de quelque tombe perdue là-bas en Lorraine, en Champagne ou en Flandre et jusque dans les sables de l'Orient (1). Celles qui survivent gardent cet accent de gravité que donnent l'épreuve et la souffrance et semblent encore vouloir se recueillir.

On ne peut plus écouter ces confidences sans qu'aussitôt se lève l'image de ces douleurs et de ces agonies dont elles ont été scellées, sans s'incliner avec respect devant cette prescience et cette acceptation d'un destin réparateur (2).

« Presque toutes les générations, a dit Renan, ont commencé en entrant dans la vie par une opinion exagérée de leurs forces et des destinées qu'elles se croyaient appelées à remplir. Mais celles-là seulement méritent qu'on les appelle grandes qui ont réalisé une partie de leurs rêves. »

(1) Parmi ceux-là seuls dont nous publiâmes en annexe les témoignages, quatre pertes irréparables : Ernest Psichari, Henry du Roure, André du Fresnois, R. Guasco.

(2) Comment ne pas noter ici un autre pressentiment de cette jeunesse, celui du péril que faisait courir à notre culture une admiration servile pour les méthodes d'enseignement germaniques? Nous avons exprimé ses répugnances dans l'*Esprit de la Nouvelle Sorbonne*. Cette défense de la culture française, tout le monde s'y rallie aujourd'hui, et l'Université la première, qui revient à sa mission conservatrice de l'esprit français. Mission qui grandit brusquement par la victoire. Le prestige de notre culture a vigoureusement reverdi durant cette guerre. Nos alliés — américains et autres — viendront nous demander demain cette formation spirituelle qu'ils allaient chercher dans les universités d'Allemagne. Il faut que nos facultés, mieux dotées, plus vivantes, plus nombreuses, deviennent ces foyers spirituels du monde qu'on leur demande d'être.

Celle à qui nous avons donné une voix sera comptée parmi les plus grandes, puisqu'elle aura rempli tout entière et achevé dans le triomphe la mission que son cœur et sa raison lui assignaient. On nous excusera, pour attester ce rare et glorieux mérite, de rompre un silence que nous nous étions jusqu'ici imposé.

***

Il est une autre raison, plus positive, de produire à nouveau cette enquête. On se demande de toutes parts quelle sera l'attitude de ceux qui rentrent parmi nous, ayant vécu ces quatre années surhumaines ; on veut connaître leurs pensées sur les grands problèmes spirituels et politiques.

Étendue à l'ensemble des combattants, la question a quelque chose de trop simple et qui la rend, par avance, insoluble. Le combattant a mille visages et la guerre n'a pas suscité un type unique. Ce serait une duperie de croire que plusieurs millions d'hommes ne se porteront pas vers des doctrines morales ou des opinions politiques divergentes. Nous ne sommes pas de ces mystiques qui escomptent une régénération française que le seul fait de la guerre aurait miraculeusement produite. Mais nous constatons l'existence et la vitalité d'une *matière humaine nouvelle* : cette matière cherche sa forme et l'élite qui se dégagera d'elle pourra seule la lui donner : c'est le rôle de l'intelligence. Aussi, nous permettra-t-on de limiter la question de nouveau à cette jeunesse intellectuelle qui fut déjà le sujet de notre analyse. Or, nous ne saurions prétendre que l'image que nous en traçâmes en 1912 soit encore vraie et que ceux qui reviennent des armées rapportent intacts les sentiments et les enthousiasmes qu'ils y apportèrent. Mais si imparfaite soit cette image de 1912, elle nous permet de *faire le point* et de confronter les opinions actuelles de cette élite à ses sentiments de naguère. Il y a là des indications précieuses, qu'il convient cependant — pour être exact — de ne dégager qu'à grands traits.

***

L'horreur du dilettantisme.

Si ce n'est par la mort et les honneurs qu'elle recueillit en combattant, cette jeunesse n'a pas fait parler d'elle depuis la guerre. Elle ne se souciait pas d'être vue : l'homme ici n'est plus rien et disparaît dans la grandeur de la cause. Comment pourrons-nous donc connaître ses pensées? Une sorte de réserve enveloppe encore l'âme silencieuse des survivants.

Ne peut-on cependant deviner son secret à travers ces lettres intimes où certains de ces jeunes hommes ont livré, sans désir d'y paraître, le fond de leurs âmes et où vivent encore des visages que l'ombre n'a pas tout entiers recouverts? Qu'il s'agisse des confessions austères et tout illuminées de foi chrétienne d'un Pierre-Maurice Masson (1), des lettres souriantes et allègres du jeune normalien Marcel Étévé (2), des carnets frémissants d'Albert Thierry (3), cet ascète de la démocratie, ou des méditations d'un Lemercier (4), ce frère héroïque de Maurice de Guérin, sous les différences de culture, d'idéologie, d'inclinations sociales et philosophiques, ces visages révèlent une parenté inattendue (5). Un même esprit circule sous la variété des caractères et les dirige : c'est un pareil besoin d'unir l'action à la pensée, de vérifier l'une par l'autre, c'est aussi la volonté de trouver à toute aspiration un corps, un objet, des circonstances, bref c'est l'*horreur du dilettantisme.*

Un mot d'explication. Lorsque notre enquête parut, un critique sans indulgence crut pouvoir la résumer ainsi : « Ce qui caractérise cette jeunesse, d'après Agathon, c'est le mépris de l'intelligence (6). » Il se peut que par réaction certains jeunes hommes

(1) *Lettres,* Hachette.

(2) *Lettres,* Hachette.

(3) Publiés dans la *Grande Revue* (1918), à paraître chez Ollendorf.

(4) Publiées anonymement par André Chevrillon sous le titre : *Lettres d'un soldat,* Chapelot.

(5) Il faudrait ajouter encore bien d'autres témoignages, les lettres d'Aug. Cochin, de Latil, celles d'*Un soldat de France,* publiées par E. Boutroux, les *Lettres* de Robert Dubarle, et les ouvrages de Bessières : *Ames nouvelles,* de Fribourg : *Croire,* de Gaston Riou : *Journal d'un simple soldat,* d'Henry Bordeaux : *la Jeunesse nouvelle.*

(6) Paul Souday, *le Temps.*

aient hasardé des formules arrogantes où ils semblaient attenter à la suprématie de l'intelligence, mais la violence de leur cœur était si droite, la passion qui les animait si française, qu'on absolvait d'avance cette génération indispensable des excès qu'elle pouvait commettre dans le sens où elle était entraînée. Et que signifiait son apparent dédain de l'intelligence, sinon qu'elle entendait s'opposer à une génération hésitante, impuissante à briser le cercle de ses doutes, et si complaisante aux jeux de sa pensée qu'elle proscrivait toute action comme méprisable et entachée de servitude.

Nous ne nions pas que dans leur volonté de se montrer *différents*, certains ne soient allés jusqu'à célébrer *l'action pour l'action*, formule où se cache un danger certain pour la culture. Peut-être les avons-nous parfois écoutés avec une sympathie qui put passer pour de l'assentiment. Mais pourquoi parler à leur propos de pragmatisme ou d'anti-intellectualisme ? C'est singulièrement appauvrir ces âmes si pleines, si vivantes, c'est risquer de les trahir que de vouloir expliquer par des formules philosophiques ou des doctrines contestables ce qui était leur instinct profond, la sincérité de leur être. Car c'est bien une intuition prophétique qui saisit cette jeunesse et lui fit rejeter un lourd héritage de pessimisme et de doute afin d'être mieux préparée à ses devoirs prochains.

Vertus actives de la culture.

Si l'on recherche ce qu'il y avait de durable dans cette transformation intérieure, c'est bien autre chose qu'un prétendu dédain de l'intelligence, c'est la réhabilitation de l'action, mais de l'action que l'esprit conduit et informe. Ils aimaient l'intelligence comme elle veut être aimée, *moins pour elle-même que pour nous*, pour l'enrichissement et l'expansion de notre être, pour notre élévation. Ces lettres de combattants, comme elles sont traversées du désir d'apprendre, de savoir, afin d'être plus apte à conduire ! Et n'est-ce pas surtout à ceux-là que convient ce beau mot d'*intellectuel* si injustement décrié? Ils comprennent la pensée à la manière classique qui est celle des anciens et de Descartes : non point comme une spéculation sans objet, mais *comme une énergie pour mieux vivre et mieux agir*. La culture est pour eux une accumulation de forces disponibles. Ce n'est là, d'ailleurs, qu'une tradition reprise et qu'un faux intellectualisme avait détournée. Voyez, en effet, ce que leur culture a fait de ces normaliens, de ces lettrés, de ces jeunes écrivains d'aujourd'hui et quelles ressources ils y trouvèrent dans ce paroxysme de l'action qu'est un combat. Parmi eux, se révélèrent des chefs par centaines, des hommes de décision, de vues nettes, de ressources morales infinies, et qui ne s'arrêtèrent qu'au delà du sacrifice. La terre a bu leur sang sans ménagement et l'a mêlé à celui du meilleur peuple de France, ouvriers, bourgeois, paysans (1).

Comment nier après cela les *vertus actives d'une*

(1) Contrairement à ce que certains laissèrent entendre, les intellectuels ont payé un lourd tribut à la guerre et ont défendu comme tous les autres le patrimoine commun. Les chiffres que donne le *Bulletin des Ecrivains de 1914-1918*, publié par MM. Divoire, Bizet et Picard, ont une valeur évocatrice et prouvent combien l'élite intellectuelle a été frappée. Reproduisons cette liste héroïque :

259 professeurs de facultés des lettres, sciences, médecine et droit de Paris et de province sont tombés au champ d'honneur ;

460 professeurs de l'enseignement secondaire ;

5 500 instituteurs ;

405 étudiants de la Faculté de Droit de Paris ; 70 de la Faculté de Médecine ; 160 de la Faculté des Lettres ; 330 élèves ou anciens élèves de l'École des Beaux-Arts ; 260 élèves de l'École des Hautes études commerciales ; 230 élèves de l'École des Sciences politiques ; 168 élèves de l'Institut catholique ; 518 élèves ou anciens élèves de l'École centrale ; 725 élèves ou anciens élèves de l'École polytechnique.

L'École normale supérieure a perdu 112 élèves et 400 anciens élèves. Dès 1916, M. Ernest Lavisse écrivait : « Six promotions sont allées directement de l'École au feu, soit 293 élèves : 87 ont été tués ; 17 ont disparu depuis longtemps ; 101 ont été blessés ; 24 sont prisonniers. »

Ajoutons, enfin, 350 écrivains, journalistes, hommes de lettres, pareillement frappés. « Un fait qui peint d'une manière terrible le dommage subi par les lettres françaises, écrit M. Barrès, c'est l'état où l'on voit une jeune revue ardente et brillante, superbe de nationalisme, la *Revue critique des Idées et des Livres*, aujourd'hui toute sanglante de vingt-sept blessures glorieuses. D'après Eugène Marsan, la *Revue critique* compte aujourd'hui dix-neuf deuils. »

Et une telle liste est encore incomplète.

culture où ils cherchèrent les plus hautes inspirations, celles qu'il faut pour conduire, et les énergies intérieures qui leur firent surmonter tout l'atroce de la guerre. Culture consolatrice, elle leur offrit l'austère repos d'une certitude humainement stoïque pour les uns, surnaturelle pour les autres. Culture bienfaisante, elle leur restitua une discipline, des raisons de servir, de s'oublier eux-mêmes. Savoir mourir n'est pas le seul fruit d'une âme formée par les hautes traditions humaines, mais c'en est assurément le plus rare et le plus haut.

***

Le réalisme. Cette adaptation à la vie la plus rude et aussi à la mort, ce souci de faire servir la pensée à l'acte et d'agir comme on pense, comment le nommerons-nous? Nous l'avions déjà défini *réalisme*, quand nous essayâmes de dégager le caractère original de la génération nouvelle. C'était le trait commun, l'attitude propre qui la séparait de son aînée. Et c'est autour de ce signe que nous ordonnâmes notre tableau. Or il n'en est point que la guerre ait davantage accusé et qu'elle ait pareillement affermi.

Si quelques-uns s'engouaient, inconsidérément peut-être, pour l'action, désormais ils savent ce qu'est agir et quelles contraintes impose la nature même de l'action. On ne dira jamais assez l'effort intellectuel que suppose la conduite d'une section d'infanterie, l'aménagement d'une zone de combat : cela est *d'ordre mental.* Et toute défaillance de l'esprit, toute faiblesse de vision a des conséquences immédiates et tragiques. Chez qui l'a constaté durement, une telle réflexion est riche de conséquences : elle met en évidence qu'il faut au jugement une règle. Ici, enfin, les choses comptent, c'est de matériaux réels et stables qu'on fait usage. On doit « exercer péniblement son cerveau, dompter la révolte de ses nerfs, se fixer et choisir ». Ainsi, dans l'action, par l'action, les jeunes hommes d'aujourd'hui, ont éprouvé que l'élément intellectuel domine. Travailler à bien penser, c'est partout le premier principe. Qu'on ne craigne donc point une diminution de l'intelligence. Dépréciée par les intellectuels, nos jeunes chefs la restaurent. Mais c'est une raison vigoureuse et saine qui féconde et qui crée, et n'entend se nourrir que du vrai, du simple, du décisif.

Pas plus que le rôle de la pensée, le rôle du travail ne sort amoindri de cette épreuve. Travail, pensée, c'est tout un. « Travaillons, disent-ils, toute pensée est vaine qui ne va pas à travailler (1). » A défaut d'une doctrine précise, telle est la volonté de ceux qui reviennent et dont cette guerre acheva la formation morale. C'est dans cette

(1) *Lettres d'un soldat de France,* publiées par E. Boutroux.

tenue qu'ils se présentent à nous. Rien ne mérite plus de confiance.

Ne nous étonnons donc pas de retrouver le combattant plus latin, comme dit l'un d'eux, plus préoccupé de philosopher, plus soucieux de la chose publique. On trouve chez lui « un grand amour raisonné de la paix, une volonté de labeur, une conscience de groupement ». Il sait la *valeur du groupe* et l'individualisme n'est point son fait. Il sait la *nécessité des chefs* et il respectera les hiérarchies naturelles, les différences des êtres, l'échelle des qualités et des autorités. Voilà deux idées claires, tirées de l'expérience. Et c'est tout cela que nous entendons par réalisme : une sensibilité intellectuelle aux grandes lois d'ordre pratique, une exigence de vérités posées par l'esprit, confirmées par l'action. Ce réalisme introduit un commun dénominateur dans la variété des individualités nées de la guerre.

C'est assez dire que le vieil ordre des partis laisse ces hommes indifférents et aussi leurs querelles : ils ont à leur endroit un scepticisme assez voisin du mépris. Ne leur demandez pas de s'enrôler dans leurs rangs : ils veulent *travailler ensemble*, c'est-à-dire avec ceux qui parlent le même langage qu'eux. La marque de ce langage sera d'être celui d'hommes libres. « La liberté consiste à admettre et à croire que l'adversaire croit (1). » En ce sens, ils seront

(1) Charles Péguy.

des croyants. Aussi pourront-ils se combattre : ils se respecteront et ce respect sera fondé sur le courage et sur l'honneur : et c'est le dénominateur moral.

Nous ne prétendons pas, encore une fois, soutenir que la guerre nous restitue un seul type humain. Nous pensons, au contraire, qu'elle n'entame aucune conscience, mais qu'elle la fortifie, qu'elle *l'entraîne dans son propre sens.* Elle agit comme un révélateur puissant et semble accélérer l'œuvre du temps. Ces combattants ont évolué, mais selon leur tempérament et plus vite que parmi les loisirs de la paix. Ils rentrent prêts à servir des idéaux différents, mais parce qu'ils entendent précisément servir et qu'ils ont le goût, le sens de l'organisation, de l'« archie », comme disait Péguy, on les voit surtout se porter vers le *socialisme* ou vers le *catholicisme*, pour ce qu'il y a d'organique dans ces doctrines.

***

L'humanisation du combattant.

Ici encore et bien qu'opposés de croyance, c'est un même sentiment qui les inspire, un sentiment retrouvé dans le spectacle de l'humaine souffrance. Comment des intellectuels, héritiers de tant de cultures et de tant d'humanités, fussent-ils demeurés insensibles devant les infinies misères silencieusement consenties par un peuple ignorant, arraché à sa vie quotidienne, soumis à toutes les peines, toutes les privations, toutes les tortures physiques et morales, et qui porta tout ce poids, sans se lasser, — sans lâcher pied? C'est bien une parole de bonté qui, pour ces êtres d'élite, est montée du champ de carnage et de mort. Écoutons l'ardente confidence du normalien Vigier, qui mourut capitaine de chasseurs devant Verdun : « Je crois, dit-il, que nous serons plus miséricordieux; je crois que nous serons meilleurs, que nous nous aimerons davantage, que nous aurons plus de vraie pitié pour les hommes, pour la vie, pour toute réelle misère. »

Ainsi leur cœur, en souffrant lui-même, s'est-il ouvert à la pitié. Mais ce n'est point cette pitié immobile et lâche, ce tolstoïsme équivoque qui énerva les intellectuels leurs aînés. C'est une pitié *agissante* qui se traduit par des devoirs immédiats et impérieux : le devoir d'un chef de section envers ses hommes, d'un soldat envers son compagnon, le *dévouement fraternel* enfin qui est peut-être la plus belle vertu née dans les tranchées. C'est une pitié humaine s'étendant à tout l'homme, et non pas seulement au morbide et au malsain.

***

Sentiment de la responsabilité sociale.

La vision plus profonde, plus réelle de la souffrance leur a donné enfin un sentiment nouveau, angoissant, celui de leur propre responsabilité envers les hommes qu'ils étaient chargés de conduire et d'élever : elle leur a rendu sensible l'idée des réparations immenses à accomplir demain, de cette créance muette et résignée des classes démunies, incultes, et qui ont tout donné. Le sens de la *responsabilité sociale* est né ; il ne doit pas mourir. Il faut qu'il se traduise en actes. Les moyens seuls diffèrent.

Les uns, avons-nous dit, croient que la religion catholique est le seul fondement de cette éducation morale, plus nécessaire que jamais, et que la foi chrétienne est la condition préalable de toute justice sociale. Cette foi, qu'ils ont eux-mêmes retrouvée, n'est pas un catholicisme extérieur non plus qu'un mysticisme individuel, mais une vérité qui pénètre, dirige toute la vie au dedans et toute l'activité au dehors et qui s'offre, à la fois, dans son impressionnante unité, comme une théodicée, une morale et une politique. A ces croyants réalistes, l'Église apporte une doctrine sociale et une philosophie qu'ils estiment assez solides et assez amples pour organiser les découvertes du présent.

Les autres, moins préoccupés peut-être de discipline intérieure, plus soucieux d'ordre nouveau, et qui répugnent à s'installer dans des positions qu'ils jugent *inactuelles*, les autres cherchent leur principe de justice et de réparation en une organisation meilleure de la société humaine. Aussi beaucoup d'entre eux se tournent-ils vers les principes du socialisme tels qu'ils les trouvent, par exemple, chez un Proudhon.

Les aspirations de ces jeunes socialistes n'ont, en effet, rien de commun avec celles de ces politiciens du parti qui commencent par déconsidérer le travail et n'ont d'autre idéal que donner à la classe ouvrière les vices de la bourgeoisie. La guerre a trop développé aussi en ces jeunes gens le sens des énergies individuelles, elle les a trop pénétrés de la valeur des hommes pour qu'ils se laissent séduire par cet interventionnisme anonyme, sans limite, ce développement monstrueux de l'État ou de l'administration, que l'on confond encore avec le socialisme et qui en est la dérision.

Non, ils espèrent avant tout dans les forces libres des individus, dans leurs initiatives créatrices ; et surtout — car des individus isolés ne font pas de l'ordre — ils croient à la vertu de l'union, du syndicat, de la fédération des forces individuelles. Dans ces groupements futurs, ils voient le germe de la liberté à venir. Ils ne sont pas étatistes, ils sont syndicalistes. Ils ne doutent pas que les citoyens assemblés par le métier et selon la région n'insèrent une vie renouvelée dans l'organisme de l'État : ils en attendent une restauration de la justice et du travail.

Et poursuivant ainsi, dans la liberté, l'organisation des forces nationales, ils ne repoussent pas, dans l'ordre international, l'idée d'une *Société des Nations*, estimant que si elle est écartée au nom d'un réalisme historique étroit, elle se fonde sur une réalité nouvelle, sur la notion de la part chaque jour plus active que prendront les peuples libres à la direction des États.

Devant ces grandes espérances d'avenir, que valent les petites réformes politiques, les médiocres perfectionnements du système électoral ou parlementaire que des esprits timides proposent de tous côtés, comme si tel était en vérité le vœu unanime des combattants? Si la politique n'est rien d'autre, elle les intéresse médiocrement. Ils savent, au reste, que ce n'est pas en discutant sur les institutions, en édifiant des systèmes et des théories qu'on refait une société, mais qu'il faut pour cela d'abord changer les âmes. L'éducation sera donc le problème central.

Ici, chaque groupe reprendra ses positions afin de faire triompher sa croyance. Mais toujours l'intérêt du pays l'emportera sur les desseins particuliers. Et c'est à ces jeunes hommes qui l'ont faite qu'il appartient de penser la victoire et de réaliser ses possibilités magnifiques.

Henri MASSIS, Alfred DE TARDE.

INTRODUCTION

« Il y a quelque chose de nouveau dans la jeunesse, » tel est le sentiment unanime. L'attitude courageuse des jeunes gens qui entrent aujourd'hui dans la vie a frappé tous leurs aînés. Des parents en ressentent une inquiète surprise, car tout être aspire d'abord à sa ressemblance. Des maîtres, des éducateurs s'en réjouissent : ils voient là un heureux élan de la race.

Peut-on parler cependant d'une « nouvelle génération »? Une génération, cela suppose une communauté de traits, une liaison, une secrète entente, un ensemble « où chacun se meut d'un effort solidaire ». Est-il vrai, et dans quelle mesure, que nos jeunes gens se rallient à des tendances communes, à un idéal différent de leurs prédécesseurs, qu'une même poussée interne, sinon une même doctrine, façonne leurs âmes, qu'un même espoir enfin les soulève? C'est l'objet de cette enquête. Nous l'avons entreprise avec une ardente curiosité, trop ardente pour n'exiger point de nous une entière bonne foi, et nous l'avons terminée dans une pensée de joie et de confiance.

Mais d'abord, qu'entendons-nous par la « jeunesse »? Nous avons fait porter notre recherche sur des garçons de dix-huit à vingt-cinq ans. C'est à la sortie du lycée, dans les grandes écoles, avant l'emprise d'une carrière, que se façonne notre visage moral et que se choisissent ces directions intellectuelles à quoi nous demeurons fidèles toute la vie. Parmi les nouveaux venus, ceux qui approchent de la vingtième année nous ont paru réaliser vraiment un type original. La génération dont nous voulons esquisser une image est donc celle qui naquit vers 1890.

Est-ce à dire que ceux qui sont nés environ cette date présentent tous des traits distinctifs? On ne saurait l'affirmer. Il ne s'agit ici que de la jeunesse cultivée, celle dont nous étions en mesure de connaître la vraie pensée et de recevoir les confidences. Et pour être franc, il s'agit de la jeunesse d'élite. Peut-être une enquête plus étendue, sollicitant tous les jeunes Français, ceux des ateliers, des faubourgs et des champs, comme ceux qui sortent des collèges, eût-elle donné des résultats différents. Mais la majorité numérique en l'occurrence n'offre qu'une signification secondaire, trompeuse même, car c'est lorsqu'une doctrine a gagné la foule qu'elle a commencé de mourir, aux yeux du philosophe; son triomphe présent nous assure qu'elle ne dominera pas l'avenir. Et c'est l'avenir qui nous importe ici. Son secret, il ne faut point le demander à la multitude, mais à l'élite novatrice, levain dans la masse informe. Ce sont les croyances des intellectuels qui, à de longues années de distance, orientent l'esprit public, et par lui la politique, la morale, les arts. Voilà pourquoi il convenait, selon nous, d'interroger, parmi la jeunesse, celle qui vraisemblablement dans la politique, l'armée, les lettres, l'industrie, l'administration, dirigera les destinées du pays. Qu'on ne s'y méprenne point. Nous n'avons pas voulu tracer le portrait du jeune homme moyen de 1912, mais esquisser les traits des meilleurs et décrire *le type nouveau de la jeune élite intellectuelle* (1).

(1) M. Émile Faguet, dans sa conclusion à *l'Enquête sur la jeunesse* de *la Revue hebdomadaire* (20 juillet 1912), donne raison à notre méthode lorsqu'il écrit :

« Il y aurait à conclure, et c'est un peu ce que je tends à croire, que médecins, avocats, hommes d'affaires, hommes de science, agronomes, etc., que toute la jeune bourgeoisie française est en *retard* sur la jeunesse philosophe et littéraire, sur la jeunesse penseuse, et n'arrivera que plus tard, si elle peut y arriver, au point où est dès à présent celle-ci. »

C'est sur ce *retard* naturel et prévu que nous avons fondé notre enquête. Admettrait-on même que la jeunesse intellectuelle n'exerçât qu'une action restreinte sur le pays, il faudrait reconnaître qu'elle a, plus que toute autre, le pressentiment, la divination des courants prochains, et qu'elle est infiniment moins lente à se mouvoir.

La plupart des critiques qui nous ont été faites l'ont été pour

Un mot enfin sur la forme de cette enquête. On ne trouvera pas ici une suite de réponses à un questionnaire fixé par avance et distribué au hasard des relations et des amitiés. Rien de plus vain qu'une telle suite d'opinions non pas même contradictoires, mais incohérentes, où chacun s'occupe de faire l'avantageux et d'excommunier son voisin. Nous avons vu et interrogé un grand nombre de jeunes gens des Écoles, des Facultés, des lycées, choisis parmi les plus représentatifs de leur groupe. Nous avons vérifié leurs affirmations par les remarques de leurs maîtres. Enfin nous avons lu les pages où déjà certains d'entre eux s'expriment (1). Et de cette documentation vi-

avoir méconnu ce point de départ. On nous a dit : « Vous parlez de patriotisme, de mariages précoces, de renaissance catholique..., et voici des faits : la France se dépeuple, les séminaires manquent de prêtres, le recrutement de Saint-Cyr est chaque année plus difficile... » Mais nous ne décrivons ici qu'un état d'esprit *naissant ;* c'est dans quelques années, l'idéal nouveau s'étant répandu de proche en proche, que la foule en ressentira les effets.

(1) Nous avons utilisé, en outre, dans la présente publication, les enquêtes menées parallèlement à la nôtre dans la *Revue des Français*, la *Revue hebdomadaire*, le *Temps*, le *Gaulois*. L'enquête du *Temps*, dirigée par M. Emile Henriot, vient de paraître en volume sous ce titre : *A quoi rêvent les jeunes gens* (Champion, éd.). On la consultera avec fruit, surtout en ce qui a trait aux doctrines littéraires nouvelles.

Enfin, pour donner plus d'assurance encore à nos conclusions, nous avons envoyé nos essais à une vingtaine de jeunes hommes, porte-paroles de groupements littéraires ou politiques, et nous leur avons demandé si leur sentiment rencontrait le nôtre, et dans quelle mesure. On trouvera cette contre-épreuve de notre enquête aux annexes du présent livre. L'acquiescement que nous y recevons prouve la vérité générale de notre description.

vante, nous nous sommes efforcés de faire un ordre. Un système, dira-t-on. Peut-être ; aussi bien fallait-il simplifier pour être net. Nous avons omis bien des traits secondaires, nous avons tâché à tout le moins de ne jamais déformer les traits essentiels.

Il n'est pas interdit, au surplus, de croire que l'influence d'une telle enquête importe autant que son exactitude historique. Elle est elle-même un acte. Elle se conforme à l'attitude pragmatiste de ces jeunes gens. En définissant les ardentes suggestions de beaucoup d'entre eux, elle aide de plus hésitants à les distinguer en eux-mêmes, elle accroît leur foi et double leur énergie. Puisse-t-elle encourager cette jeunesse, par delà les disputes individuelles, à réaliser, dans l'union joyeuse de ses forces, notre idéal commun, qui n'est rien de moins que le vœu d'un Français nouveau, d'une France nouvelle !

LES JEUNES GENS
D'AUJOURD'HUI

CHAPITRE PREMIER

LE GOUT DE L'ACTION

Eckermann rapporte ce propos de Gœthe : « A toutes les époques de recul ou de dissolution, les âmes sont occupées d'elles-mêmes, et à toutes les époques de progrès, elles sont tournées vers le monde extérieur. » Et le maître de Weimar en tirait condamnation de son siècle : « Notre temps, disait-il, est un temps de recul, il est personnel. » Pensée vigoureuse, mais qu'il faut interpréter. Gœthe n'entendait point proscrire la vie intérieure au profit de l'activité ; il voulait distinguer les époques pessimistes, où les forces vitales se défont et s'éparpillent, des époques d'optimisme et de vitalité, où quelque grand objet extérieur les noue et les concentre. C'est ici le point qui nous importe.

***

Le pessimisme des aînés.

Le pessimisme fut la marque de cette génération qui arrivait à l'âge d'homme vers 1885. Nous possédons sur elle un témoignage unique, une sorte d'inventaire moral établi par l'un des esprits les plus conscients de son époque : les *Essais de psychologie*, de Paul Bourget.

Convaincu que « les états de l'âme particuliers à une génération sont enveloppés en germe dans les théories et les rêves de la génération précédente », l'auteur du *Disciple* y passait en revue les œuvres des maîtres qui dirigeaient alors la jeunesse, et il concluait avec résignation : « Il m'a semblé que de toutes ces œuvres... une même influence se dégageait, douloureuse et, pour tout dire d'un mot, profondément, continument, pessimiste. » Qu'il s'agisse des *Fleurs du mal*, de *Madame Bovary*, de *Thomas Graindorge*, de *la Fille Elisa*, du *Journal* d'Amiel, qu'il s'agisse aussi bien d'*Une Vie* ou d'*A rebours*, c'est, sous des fictions diverses, la même impression de découragement, « une mortelle fatigue de vivre, une morne perception de la vanité de tout effort ».

En toute âme retentissait cet aveu désespéré que Taine, à vingt ans, confiait à Prévost-Paradol : « Ce découragement raisonné qui m'a pris à l'endroit de la pensée me prend aussi à l'endroit de l'amour. Je n'espère pas. Nul homme réfléchi ne peut espérer. » Et tout semblait servir cette triste vision de la vie. Le dilettantisme d'un Renan, d'un Goncourt, qui n'était qu'une impuissance de choisir et d'aimer, s'achevait en je ne sais quelle désolante négation. Le prestige des civilisations lointaines ou évanouies, avec Flaubert, Tolstoï, Tourguénieff, Loti, déréglait des sensibilités qu'aucune tradition n'orientait plus. L'esprit d'analyse d'un Stendhal, d'un Amiel, d'un Dumas, vouait le cœur à la sécheresse, et il n'était point jusqu'à l'aristocratisme excessif du Renan des *Dialogues* qui ne recélât un hautain désespoir.

Il faut relire ces *Essais;* ils sont encore riches de sens, surtout si nous les faisons servir, plus encore qu'à notre curiosité du passé, à l'épreuve de notre sensibilité présente. Les malades à qui s'adressait ce livre ont fait place à des hommes sains, qui découvrent dans ces pages ce à quoi ils s'opposent le plus. Une telle lecture, si elle les irrite, les éclaire aussi sur eux-mêmes.

Notons-le tout de suite, ils résistent d'abord à l'objet même du livre : « Définir quelques-uns des exemplaires de sentiments que certains écrivains *proposent à l'imitation* des jeunes gens. » Mais ils n'entendent pas sentir *à l'imitation* de quelque écrivain que ce soit ! Nulle littérature dans leur conception de l'existence ! « Goûter la vie, » dit encore Bourget. Non point *goûter*, mais *vivre*. Ils pensent avec Emerson : « Si un homme, au lieu de manger son pain, ne s'attachait qu'au plaisir de le savourer, il mourrait de faim. » Bref, ils préfèrent se heurter à la vie plutôt qu'emprunter une attitude aux théories et aux livres.

En outre, cette étude, qui se donnait pour un essai de thérapeutique morale, leur paraît aujourd'hui suspecte de complaisance envers le mal qu'elle prétendait combattre. La pitié langoureuse qui s'insinue en certaines phrases, décèle, à leurs yeux, le trouble du moraliste. Ils découvrent quelque chose d'incertain, d'ambigu aux hommes de cette génération, à ceux-là mêmes qui s'en sont brillamment évadés et qui, par un effort généreux, ont indiqué les voies nouvelles. Ils pressentent en eux un goût mal déguisé pour le rare, le fugitif, le morbide.

Lorsque, impuissant ou timide à conclure, l'auteur des *Essais* s'incline devant « cette réalité obscure et douloureuse, adorable et inexplicable qu'est l'âme humaine », ne donne-t-il pas la formule même du dilettantisme esthétique ? Doublement expressif de son époque, et par son but, et par la confession involontaire qu'il contient, ce livre apparaît donc traversé par une anxiété infinie qui l'éclaire d'une lueur trouble et grise.

Ce même affaissement de l'âme, on le retrouve dans toutes les jeunes publications de ce temps-là. Ouvrons les fameuses *Taches d'encre* que Maurice Barrès rédigeait seul à vingt-cinq ans (1885) : « L'ennui bâille sur ce monde décoloré par les savants, dit-il. Tous les dieux sont morts ou trop lointains : pas plus qu'eux, notre idéal ne vivra. Une profonde indifférence nous envahit. La souffrance s'émousse. Chacun suit son chemin, sans espoir, le dégoût aux lèvres, dans un piétinement sur place, banal et toujours pareil, du cri douloureux de la naissance au râle déchirant de l'agonie — dernière certitude ouverte sur toutes les incertitudes. »

Une génération sacrifiée.

Ce fut une génération intermédiaire, sacrifiée. Venue après celle du second Empire, forte de son orgueil matérialiste et de son *credo* scientifique, et qui fut vaincue en 1870, elle supporta vraiment tout le poids de la défaite. Elle eut, suprême effort, à reviser ses intimes croyances. Elle connut les pires douleurs, l'humiliation, le doute. Du moins, son effacement a-t-il préparé et rendu possible la génération actuelle qui, pour reconstruire la vie allégrement sur des certitudes nouvelles, n'a point eu à triompher de tant d'obstacles.

Ce n'est pas tout de suite, c'est bien des années après la guerre, que se fit sentir la plus terrible blessure de la défaite. Une courte explosion de vie succède d'abord à de telles catastrophes ; et la tâche immédiate du relèvement matériel occupe tous les cœurs. Il ne semble pas que les intellectuels aient ressenti, dès les premiers temps, l'abaissement du pays, ni qu'ils aient douté d'eux-mêmes, ni que les artistes aient fait effort pour renier leurs inspirations antérieures. Les *Soirées de Medan* prolongent l'esthétique naturaliste ; le Parnasse de 1876 rejoint le Parnasse de 1860. La guerre elle-même devint un objet d'observation, selon la formule d'un Flaubert ou d'un Goncourt. C'est plus tard seulement, vers 1880, que commença de s'exprimer ce qu'on pourrait appeler l'*idéologie de la défaite.* Il apparut alors « que la défaite n'avait pas été un épisode, mais qu'elle continuerait, que nous serions battus tous les jours, indéfiniment, jusqu'à l'heure où nous aurions restauré le patrimoine français dans son intégrité (1) ».

L'abattement des cœurs se traduisit par un idéalisme exaspéré qui exaltait l'intelligence pure au détriment de la force. Revanche illusoire, revanche de l'orgueil souffrant ! L'impuissance réelle se console par le rêve d'une puissance idéale. La volonté enchaînée se forge une liberté imaginaire en un monde spirituel. La force a vaincu ; soit, c'est que la force est mauvaise, c'est que le monde est hostile à l'esprit. Réfugions-nous donc dans une indifférence supérieure qui sauvegarde à tout le moins les droits de cette intelligence vaine et souveraine.

Ce qu'il y eut d'héroïque dans cette attitude,

(1) P. Bourget (Préface aux *Pages choisies* de Melchior de Vogüé).

il serait cruel de le méconnaître. Elle maintint en beaucoup de jeunes cénacles un idéal de haute culture inutile qui n'était pas sans grandeur. Mais l'excès même de cet intellectualisme absolu les retrancha de la vie, de toute émotion humaine. La seule réalité qui ne déçoit point, ils crurent la trouver en eux-mêmes ; ils firent de l'égoïsme un système. « Comme il faut vivre, disait Alfred Vallette dans le premier numéro du *Mercure de France* (1892), nous opposerons à la désolante et universelle négation cette affirmation résolue : MOI. » Résultait-il de cette doctrine un monde intérieur cohérent? Bien au contraire, elle ramenait au vide dont elle prétendait délivrer.

Le conflit de la pensée et de l'action.

Le problème qui obséda toute cette génération, c'est la prétendue *antinomie de la pensée et de l'action.* Nos aînés se crurent victimes de ce que Bourget nommait « le poison de l'analyse ». Problème-fantôme où s'usèrent leurs forces les meilleures. Toute leur action se consuma à chercher la raison et presque l'excuse d'agir. Taine, adolescent, se désolait déjà de ce conflit qui paralysait son être. « La raison me conseille l'immobilité, écrivait-il à son ami Prévost-Paradol, et la nature m'ordonne l'activité. » Jusqu'à la fin, le hanta l'idée de cette contradiction désespérante. Il est une lettre curieuse de sa vieillesse où, jugeant l'œuvre d'un nouveau venu, il s'exprime de la sorte. « Ce jeune M. Barrès n'arrivera jamais à rien, car il est sollicité par deux tendances absolument contradictoires, le goût de la méditation et le désir d'action. »

L'analyse de ce déchirement intérieur, de ce désaccord entre l'intelligence et la vie, Renan l'a faite à son tour dans *Patrice*, cette mélancolique confession juvénile : « Si Napoléon eût été aussi critique que moi, le 18 Brumaire n'aurait pas eu lieu. Celui qui veut tout saisir dans ses concepts est faible et effacé, incapable d'agir avec énergie... Un tel homme est peu fait pour réussir auprès des autres hommes, et de fait il n'est pas dans les conditions humaines, *il n'est pas né viable.* »

Amiel, Bourget ont donné les raisons de cette impuissance de la pensée, et c'était pour affirmer que le mal était inguérissable. « L'analyse tue la spontanéité, écrit Amiel ; le grain moulu en farine ne saurait plus germer ni lever. » Toute pensée est-elle donc mortifiante? ne saurait-elle que vouer une race à la stérilité? « Il y a un antagonisme foncier, écrit à son tour Bourget, entre l'esprit d'analyse et la vie, puisque toute vie repose sur une base d'inconscience et que précisément l'esprit d'analyse tend à détruire de plus en plus cette inconscience chez ceux qu'il domine. »

Or, ce redoutable problème, où toute une génération a buté, les jeunes gens l'ont résolu aujourd'hui. Pour mieux dire, il s'est dénoué de lui-même, évanoui. Cette contradiction fameuse, où leurs aînés goûtaient secrètement le pathétique de la vie, leur paraît un pur mirage de l'intelligence. Elle ne les retient plus dans une voluptueuse inertie ; peu s'en faut qu'elle ne les irrite comme un mensonge.

Aussi bien l'antinomie de la pensée et de l'action n'est-elle un problème que pour des êtres d'une sensibilité usée, anémiée, en qui nul instinct vital ne fait surgir la vigoureuse affirmation. Une nature pensante, vraiment riche de vie et d'amour, rompt le cercle, sort de l'oscillation éternelle, et tend vers une croyance, une synthèse, un dogmatisme précurseur de l'action (1).

Cette génération s'est trahie dans les déformations mêmes qu'elle fit subir aux héros les plus sains ; elle les a contaminés de son propre mal.

(1) La thèse d'Amiel et de Bourget sur le conflit de l'esprit d'analyse et de la vie se rattache à cette thèse plus générale d'après laquelle il y aurait entre nos facultés une sorte de loi d'équilibre ; le développement intense de certaines d'entre elles entraînerait l'atrophie des autres. Or, cette théorie des « virements de forces », vraie en mécanique, paraît bien artificielle, appliquée à un organisme vivant. Lorsque la vitalité d'un organisme s'élève, toutes ses facultés s'élèvent ensemble, et lorsque la sève intérieure fait défaut, toutes décroissent à l'inverse. Il est faux de croire que l'esprit d'analyse se fortifie aux dépens de la volonté, et que la volonté profite des abdications de l'esprit d'analyse ; l'un et l'autre peuvent atteindre en même temps leur paroxysme, comme en certains moments exceptionnels où la volonté saine, mise en demeure de s'exercer sur-le-champ, voit avec une rapidité extraordinaire les raisons qu'elle a d'agir ou de s'abstenir. L'analyse ne dissout qu'une volonté faible, que nulle foi, nul amour, n'orientent.

Elle a rendu Stendhal méconnaissable. Que des neurasthéniques aient pu trouver dans *Rouge et Noir* de quoi justifier le désordre de leur sensibilité, cela montre que tout est poison à un cœur empoisonné. Julien Sorel, cette bête de proie, devient Robert Greslou, l'intellectuel dépravé du *Disciple*. Cependant l'analyse, chez Stendhal, est toute tournée vers la vie ; elle sert à l'acte comme la visée sert à la flèche. Loin de nuire à la décision, elle la provoque. La conscience de Fabrice reste un foyer, celle d'Amiel un lieu de déperdition de forces. La sensibilité de l'un s'exerce sur des objets réels, proches, concrets ; celle de l'autre sur des chimères. Nulle trace d'amour, d'amitié, d'enthousiasme, d'un sentiment humain dans le *Journal* d'Amiel ; tout est humain chez Stendhal. Accusons donc d'impuissance non pas la pensée elle-même, mais la déchéance morale et physique de qui en use pour l'énerver.

L'inutilité d'agir, le dégoût de la vie, voilà où s'arrêtait cette génération. Témoin ces paroles, choisies entre bien d'autres dans le *Mercure de France* qui fut à ses débuts l'expression de cette jeunesse : « Aucune époque (1892), semble-t-il, ne fut plus propice que la nôtre à se croiser les bras et à attendre. Nous sommes du monde qui s'en va et il est séant de s'en aller avec lui... La seule chose convenable est donc plus que jamais de remonter dans les tours d'ivoire, pendant qu'elles sont encore debout — ce n'est pas pour longtemps

— et d'y rêver soit aux choses éternelles, soit aux difficultés de la grammaire. »

Singulier détour de l'orgueil ! De cette inaptitude à vivre ils allaient jusqu'à se glorifier. Volontiers, ils se considéraient comme le terme logique, l'aboutissement nécessaire de longs siècles de pensée. Ils se disaient « malades de civilisation ». C'était vraiment abuser des mots. Une civilisation, n'est-ce pas un système lié d'idées et de sentiments, un ensemble harmonieux de croyances, c'est-à-dire, par définition même, une sauvegarde contre le doute et le désespoir, une raison d'agir, une « prédestination »?

Pour couvrir d'une excuse cette défaite de leur énergie intime, ils invoquaient volontiers cette thèse, alors fameuse, de la décadence des races latines. Ils proclamaient que les races les plus idéalistes, les plus raffinées, sont par là même condamnées à la mort, et que la suprême culture de l'esprit n'est que le signe brillant de l'agonie. Ils croyaient à ces nuées funestes, la vieillesse des races, le déclin fatal de la vie dans ces mystérieux, amorphes et inconsistants organismes. Ils s'inclinaient devant ces prétendues « lois historiques », sans cesse démenties par l'histoire, et dont se rient avec raison les nouveaux venus, délivrés de l'obsession des atavismes séculaires !

Tous ces traits, pessimisme, orgueil de l'intelligence, mépris de la vie active, acceptation d'une chute prochaine et irrémédiable, se combinaient dans le *dilettantisme*, « disposition d'esprit très intelligente à la fois et très voluptueuse, qui nous incline tour à tour vers les formes diverses de la vie, et nous conduit à nous prêter à toutes ces formes sans nous donner à aucune (1) ». Le dilettantisme, c'est l'être dispersé, en qui le faisceau des énergies se relâche ; c'est l'inaptitude à choisir ou, pour mieux dire, c'est le manque d'amour. Il est naturel que, parce qu'il goûte à tout sans s'attacher à rien, le dilettante se considère comme supérieur au croyant. Ce contentement de soi, Renan l'exprime dans une phrase célèbre de *Saint Paul* : « Nous aimerions à rêver Paul sceptique, naufragé, abandonné, trahi par les siens, seul, atteint du désenchantement de la vieillesse. Il nous plairait que les écailles lui fussent tombées des yeux une seconde fois, et notre incrédulité douce aurait sa petite revanche si le plus dogmatique des hommes était mort triste, désespéré, disons mieux tranquille, sur quelque rivage ou quelque route de l'Espagne, en disant lui aussi : *Ergo erravi.* » L'accent de ce passage a pu secrètement toucher nos pères, il est insupportable aux jeunes gens de notre âge. Cette douce incrédulité qui veut sa revanche contre la foi, parce qu'elle s'estime supérieure, cette apothéose souriante du doute, leur apparaissent

(1) P. Bourget, *Essais de psychologie contemporaine*, p. 55. Cf. sur cette génération, la belle préface que M. Henry Bordeaux a mise à *Ames modernes*, où sont recueillies les études qu'il publia jadis à la *Revue blanche* et au *Mercure de France*.

comme une limite de l'être; non une limite de l'intelligence, mais du cœur et de la volonté.

***

Les précurseurs et les maîtres.

Quelques écrivains cependant, au milieu de cette détresse, prenant plus fortement conscience de leur propre mal, firent effort pour sauver le pays. Soucieux de fonder la vie morale, ils se tournèrent vers l'action. Malgré l'ambiguïté que les nouveaux venus découvrent aujourd'hui en certaines pages de leurs œuvres, c'est à eux qu'ils doivent de posséder l'équilibre, la confiance.

Les *Essais* de Bourget étaient tout émus déjà du tressaillement indécis de cette conscience nouvelle. Mais c'est le *Disciple* qui marque vraiment le tournant de l'une à l'autre génération (1). Bien que cet ouvrage soit tout trempé de dilettantisme, et du pire, du plus nocif qui fut jamais (les cent pages d'analyse qui ouvrent le *Journal* de Robert Greslou, à combien de jeunes gens n'ont-elles pas distillé l'ardente volupté de détruire?), ce manifeste contre l'orgueil de la pensée pure, ce réquisitoire contre les prétentions de la science à régir la vie, provoqua dans les esprits un ébranlement contagieux. M. de Wyzewa en témoigne dans une

(1) « *Le Disciple* marque le moment précis où la génération à laquelle appartient M. Bourget se détache de la génération précédente. » (Victor GIRAUD, *les Maîtres de l'heure.*)

Préface à l'édition nouvelle de ce roman. Et mieux encore cette lettre amère de Taine à Bourget, après la lecture du livre : « Je ne conclus qu'une chose, c'est que le goût a changé, que ma génération est finie, et que je me renfonce dans mon trou de Savoie. Peut-être la voie que vous prenez, votre idée de l'inconnaissable, d'un au-delà, d'un noumène, vous mènera-t-elle vers un port mystique, vers une forme de christianisme... »

Maurice Barrès prit un autre chemin, plus subtil ; par un effort de souple dialectique, il tira le culte de l'action et la discipline de la religion du Moi. C'est par là qu'il eut le plus de prise sur de jeunes sensibilités toutes repliées sur elles-mêmes. On peut dire de l'auteur des *Déracinés* ce que Carlyle écrit de Gœthe : « Ayant subi profondément toutes les influences de son siècle, il s'est présenté à chaque nouvelle époque pour offrir l'instruction, la consolation qu'elle demandait. » Tandis que ses premières œuvres sont le cri d'un désenchantement âpre, contracté, ses dernières œuvres, apaisées, nous proposent toute une noble culture de sentiments et de pensées pour vaincre le désespoir et donner un sens à la vie. Beaucoup l'ont suivi dans cette évolution. Quel garçon de vingt-cinq ans n'a point esquissé pour son compte, dans quelque revue de jeunes, ou dans quelque monographie, cette analyse délicate dont la courbe va du moi souverain à la tradition?

Vers 1895, Henry Bérenger, recherchant lui-même dans l'idéalisme révolutionnaire un système d'action, retraçait déjà avec finesse cette progression intérieure de la pensée barrésienne, depuis *Sous l'œil des barbares* jusqu'au *Jardin de Bérénice*. C'est pour l'expansion la plus large du moi que Barrès appelle à son aide l'ordre, la contrainte. Cultiver son moi, ce n'est pas le libérer, le précipiter en de folles aventures, mais retrouver en lui les énergies de sa race, de ses morts et l'élargir dans le sens de son destin.

Or, ce qu'il est nécessaire de comprendre, ce qui est nouveau et ce qui distingue les jeunes gens de 1912 des meilleurs même d'entre leurs aînés, c'est que cette thèse paradoxale et profonde qui fonde la tradition sur l'analyse intérieure, c'est que ce cheminement philosophique les intéresse de moins en moins. Pour les plus jeunes d'entre eux, c'est un vain sujet de méditation, et qui retarde l'heure d'agir. Ils sont d'emblée à ce point où un Barrès arrive par un long et complexe détour. Bref, son œuvre première, qui pour nous encore fut si émouvante, ne leur paraît plus que de transition, la planche pour passer le gué (1).

Le dogmatisme d'un Charles Maurras semble, au premier abord, servir mieux leur besoin d'affir-

(1) Sur le développement barrésien, à quoi nous ne pouvons toucher qu'en passant, il y a toute une littérature. Cf. notamment le dernier de ses commentateurs, Jacques JARY, *Psychologie de Maurice Barrès*.

mation. Beaucoup s'enchantent de cette belle discipline intellectuelle qui sait se priver pour mieux saisir ce qu'elle possède. Aussi lui ont-ils emprunté, en presque tous les domaines, des directions importantes. Mais si tous l'admirent et révèrent le magnifique exemple de sa vie, ils ne le suivent pas tous dans la rigueur de ses déductions. Ce n'est ni par incapacité logique, ni par pusillanimité, mais parce que cet autoritarisme absolu, cette reconstruction de la société par la pure intelligence leur semble faire abstraction des réalités morales. Ils reprochent à l'*Action française* de négliger et d'irriter contre elle des forces vivaces, puissantes, même si elles sont déçues, et de rêver un ordre extérieur, nécessairement fragile s'il ne se fonde sur l'ordre intime, sur les mœurs, dont ces jeunes gens ont un instinctif souci.

L'optimisme des nouveaux venus.

Combien, sur le fond morose de la génération qui précède, s'enlève vivement la jeunesse d'aujourd'hui !

C'est par la confiance en soi que d'abord elle nous frappe. Elle a exilé le doute. L'esprit qui la guide est un esprit d'affirmation, de création. Il est en elle comme un état de santé de l'âme, comme un courant positif qui passe de tout son être en sa pensée. De ces jeunes hommes, il ne suffirait point de dire qu'ils sont optimistes, car l'optimisme est encore une doctrine ; et il s'agit ici d'une originalité de tempérament qui se manifeste par un état de plénitude, de vitalité.

Chez leurs aînés on voyait l'élégant souci de n'être dupes de rien. Eux au contraire sont dupes de la vie avec joie, si c'est être dupes pourtant que d'obtenir d'elle le plus possible en se conformant à ce qu'elle exige de nous. « Celui qui croit vaut mieux, pèse davantage, contient plus de vie que celui qui doute. S'il se trompe, tant pis, c'est de la force gaspillée, du moins c'est de la force (1). » Ils acceptent ce minimum d'illusions que suppose toute activité.

Leur sensibilité est réaliste : d'elle-même elle se soumet au fait. Certes le fatalisme résigné des intellectuels de 1890 se présentait lui aussi comme une soumission au fait ; il n'était en réalité qu'une bouderie d'idéalistes désenchantés. Ils *subissaient*, les nouveaux venus *acceptent*. Subir, c'est fuir la responsabilité ; accepter, c'est la rechercher tout entière. Subir, c'est se refermer sur soi ; accepter, c'est consommer du vouloir et de l'énergie. Nos jeunes gens ont dès l'abord une vue très nette du possible et de l'efficace. Le sentiment de la liberté que, par ailleurs, leur restitua un Bergson, aggrave leur énergie de vie. La contrainte stimule leur effort. Le mot de Vauvenargues semble résumer leur ex-

(1) *Eloge de la foi*, par Jacques Rivière, *Nouvelle Revue française*, 1er novembre 1912.

périence. « Le monde est ce qu'il doit être pour un être actif : *plein d'obstacles.* » L'un d'eux écrivait : « Nous avons plus que nos aînés le sentiment des mille résistances qui aujourd'hui limitent chaque destinée. Nous sommes plus curieux de ce qui nous arrête qu'avides de ce qui nous sert. »

D'un mot, ce qui caractérise leur attitude, c'est le *goût de l'action*. Le véritable idéalisme « n'admet pas qu'une idée gagne quelque chose à être réalisée (1) ». Ce platonisme exalté s'oppose à cette pensée gœthienne que l'expérience seule règle la pensée. Telle est bien la conviction de nos jeunes gens. Oui, la pensée peut s'élancer et se mouvoir hors des réalités, mais alors elle se fausse. La réalité concrète, c'est le poids du pendule qui empêche le ressort de s'affoler, d'épuiser sa force en quelques battements précipités (2).

A vrai dire, ils ne se posent point tant de questions, leur vitalité est à l'œuvre, voilà tout.

(1) Le mot est d'Henri Franck, mort récemment, à vingt-quatre ans, et dont l'œuvre précieuse offre bien des pressentiments de la nouvelle génération.

(2) « De même qu'un ingénieur, quelle que soit sa conviction sur la valeur absolue des théories qu'il utilise, doit, sous peine de stérilité, les employer comme point de départ de ses travaux, ainsi tout homme qui n'a pas une foi agissante est une non-valeur au point de vue moral. On ne peut agir sans principe, et la vie est un combat où, selon la formule de règlement de cavalerie, « de toutes « les fautes que l'on peut commettre, une seule est infamante : « l'inaction. » (Enquête de *la Revue hebdomadaire*, lieutenant Bregeault, 30 mars 1912.) Voir aussi la réponse du lieutenant Regnauld (23 mars 1912) : le bonheur, dit-il, nous le plaçons « moins dans la jouissance des résultats acquis que dans l'exercice même de l'activité ». C'est le propre plaisir du sport.

Toute une génération a travaillé à constituer une science de l'action : ce qu'elle donnait ainsi, ce n'était point l'acte, mais une peinture de l'acte, incapable de susciter aucun effort. Que l'être soit capable d'agir, voilà le point (1). Pour notre jeunesse, l'action est toute naturelle : elle n'exige point de commentaires ; c'est comme une chose qui va de soi et ne pourrait être autrement. La seule affaire lui semble : aller toujours de l'avant et faire davantage de chemin.

Aussi bien elle ne *veut* pas être différente : elle l'est. La conscience de ce changement n'est pas en elle, mais en ceux qui l'observent. Nulle génération ne s'est moins regardé faire. Peu lui importe qu'on la blâme ou qu'on la loue.

Consciemment ou d'instinct, elle est anti-intellectualiste ; elle ne considère point la vie comme un débat intellectuel, je veux dire un débat où n'entrent en jeu que des éléments rationnels. Elle croirait volontiers avec Frédéric Rauh, qu' « il y a des hommes faits pour penser, et des moments pour penser, voilà tout ».

Et sans doute faut-il voir ici, outre certaines

(1) Amiel a dit de son style : « Ton défaut principal est le tâtonnement. Tu recours à la pluralité des locutions, qui sont autant de recherches et d'approximations successives. L'expression unique est une intrépidité qui implique la confiance en soi et la clairvoyance. » Il pouvait le dire aussi bien de son activité : « L'acte est une intrépidité, etc... » De même que l'expression spontanée est, en somme, selon l'étymologie du mot, le *génie*, l'acte spontané, c'est l'individualité même. Une forte personnalité exclut ce tâtonnement, ces « recherches et approximations successives ».

habitudes d'esprit nées d'une pratique croissante du sport, une influence des philosophies américaines (James, Whitman). Elle approuve Emerson de dire : « La vie n'est pas une dialectique... Elle n'est ni intellectuelle, ni critique, mais vigoureuse (1)... »

Aussi l'avons-nous remarqué, les œuvres littéraires exercent une moindre action sur ces jeunes gens. « Mes fils, nous disait un professeur au Collège de France, vivent très peu avec les livres. Pour moi, je suis tout entier dans ma bibliothèque, j'y retrouve les plus ferventes émotions de ma vie, mes crises intellectuelles, toute mon histoire. » A vrai dire, s'ils n'ont pas le culte des livres, ils ont une révérence secrète et profonde pour quelques livres, choisis parmi ceux-là qui aident notre perfectionnement intime et dont on peut tirer usage pour sa vie. De leur culture ils ne font point un résidu mort, mais une matière vivante. Et c'est pourquoi on leur voit moins de goût aux ouvrages de critique qu'aux ouvrages de doctrine. Ils vont vers tous ceux qui sont capables d'exercer une influence positive.

Moins intelligents? dira-t-on. Non, mais moins

(1) Cet éloignement de l'intellectualisme paraît aussi à M. Émile Faguet l'un des traits essentiels révélés par l'enquête de *la Revue hebdomadaire* : « La réaction est très forte, plus forte que je n'aurais cru contre Auguste Comte, Taine et Renan, qui ne sont plus nommés, quand ils le sont, qu'avec la dernière expression du mépris... La tendance générale est l'anti-intellectualisme. » *Revue hebdomadaire*, 20 juillet 1912.)

amoureux de l'intelligence. La seule spéculation digne d'intérêt, à leur gré, est celle qui dit : « Qu'y a-t-il à faire? » et « Comment faut-il le faire? » Alors que leurs aînés se perdaient en arguties sceptiques, ils savent qu'ils sont *là*, et *là* signifie qu'ils vivent en France, à une certaine période de son histoire et que tout doit être envisagé de ce point de vue actuel et français.

Telle est la direction psychologique générale; l'examen des faits la précisera. Nous allons retrouver la marque de cet esprit réaliste en chacune des questions que nous aborderons : la foi patriotique, le goût de l'héroïsme, le renouveau moral et catholique, le culte de la tradition classique, le réalisme politique. Ce sont là les principaux éléments de ce qu'on peut appeler une *renaissance française.*

CHAPITRE II

LA FOI PATRIOTIQUE

Le sentiment qui est au fond de toutes les consciences juvéniles, celui qui, unanimement, s'accorde avec les directions profondes de leur pensée, c'est la foi patriotique. Que ce sentiment les possède, il n'y a, là-dessus, nulle équivoque et point de dénégation possible. L'optimisme, cet état de l'âme où se définit l'attitude des nouveaux venus, s'affirme, dès l'abord, dans la confiance qu'ils mettent en l'avenir de la France : ils trouvent là leur première raison d'agir, ce qui détermine, oriente, prédestine leur action.

Le mot de leur destinée, les jeunes hommes d'aujourd'hui l'ont lu dans cette âme française, qui leur dicte un clair et impérieux devoir. Il semble qu'il n'y ait rien là que de naturel, d'ordinaire, et, pour le déclarer, je ne sais quelle pudeur nous arrête. Mais la nouveauté d'un tel sentiment n'apparaît significative, considérable, que par contraste. Nos aînés, que la guerre laissa incertains, dépourvus, souhaitèrent vainement de trouver la parole qui leur rendrait la divine vertu de la joie dans l'effort et de l'espérance dans la lutte. Recherche anxieuse, bientôt coupable, qui leur fit suivre les voies les plus dangereuses. Faisons une pause et remontons à quelques années en arrière, afin de mesurer les étapes !

Une éclipse du patriotisme vers 1890.

Voici des documents. Ce n'est point pour le plaisir cruel de condamner les erreurs de nos aînés que nous reproduisons leurs propos ; nous ne tenons pas le rôle d'accusateurs. Nous savons bien qu'il y eut comme une revanche sournoise du patriotisme humilié au fond de cet internationalisme humanitaire que les « intellectuels » de 1890 professaient avec orgueil. Mais nous voulons rendre sensible ce fait : la mésentente de ceux qui viennent et de ceux qui les ont précédés.

Ouvrons donc le *Mercure de France*, où s'exprimait, il y a vingt ans, l'élite de la jeunesse. Dès les premiers numéros (1891), un article nous frappe par son titre provocant : *le Joujou patriotique*. L'auteur (1), qui, depuis, fut l'âme de cette Revue,

(1) M. Rémy de Gourmont. Si le ton de cet article est « violent et sarcastique », il exprime bien le sentiment des intellectuels, vers 1890. Il semblait alors que ce fût *un véritable crime contre la France* que de lui rappeler son passé militaire et glorieux. Ce sont là les expressions d'un notoire professeur de philosophie, B. Jacob, qui enseignait la morale à l'École normale de jeunes filles à Sèvres : « Si notre pays, disait-il, peut encore jouer un

était alors ignoré : « Personnellement, dit-il, je ne donnerais, en échange de ces terres oubliées (il s'agit de l'Alsace et de la Lorraine), ni le petit doigt de ma main droite, il me sert à soutenir ma main quand j'écris, ni le petit doigt de ma main gauche, il me sert à secouer la cendre de ma cigarette... » « ... Il me paraît qu'elle a assez duré, la plaisanterie des deux petites sœurs esclaves, agenouillées dans leurs crêpes, au pied d'un poteau-frontière, pleurant comme des génisses, au lieu d'aller traire leurs vaches... » Et encore : « Le jour viendra peut-être où l'on nous enverra à la frontière ; nous irons sans enthousiasme ; ce sera notre tour de nous faire tuer, nous nous ferons tuer avec un réel déplaisir : « Mourir pour la patrie », nous chantons d'autres romances, nous cultivons un autre genre de poésie. S'il faut, d'un mot, dire nettement les choses, eh bien : *Nous ne sommes pas patriotes.* »

Ne cédons pas à l'indignation qui, devant ces pages, nous entraîne. Qui ne sent l'amertume désolée de cette confession qui se veut agressive ? Il faut avoir désespéré violemment de son pays, il faut avoir été meurtri par les faits, pour s'arrêter ainsi à la superbe consolation de l'égoïsme souverain. Cette impassibilité volontaire, c'est l'aveu

rôle brillant dans le monde, c'est par sa science, son art, ses industries élégantes, la qualité de son goût, la générosité de ses manières, en définitive, par son caractère hospitalier ; en dehors des voies pacifiques, je n'aperçois aucun avenir. » (*Lettres d'un philosophe*, publiées par C. Bouglé.)

d'une blessure toujours vive. Et, au fond, c'est de l'idéalisme encore, mais du plus décevant.

En sacrifiant la patrie, n'entendait-on point sauver plus sûrement l'intelligence et l'art? « Quelle fierté les patriotes ont-ils jamais tirée des œuvres de Villiers de l'Isle-Adam? ajoutait M. Rémy de Gourmont. Soupçonnaient-ils son existence, alors que le roi de Bavière l'accueillait et l'aimait? Ont-ils subventionné Laforgue, qui ne trouva qu'à Berlin la nourriture nécessaire à la fabrication de ses chefs-d'œuvre d'ironie tendre, etc... » Sombres divagations d'hommes qui se croient perdus, impuissants à surmonter leur mal et qui font de leur impuissance une doctrine. On donnait de cette déchéance des raisons historiques. « Dès son origine, écrivait-on (1), la mentalité latine recélait un germe de mort... L'empire latin, en décomposition, a contaminé de son étreinte les peuples latins. » Ainsi s'expliquait la misère contemporaine : « Dans notre cerveau, un monde de choses vieillies s'est pétrifié... Incapables de vouloir, en raison de l'atrophie de nos énergies, nous sommes également inaptes à comprendre et à penser sainement, par suite de la corruption à laquelle notre mentalité est en proie. » D'où cette conclusion : « La race incompétente, le monde « femme » que nous sommes doit pour le bien général être éliminé ... *Un homme vraiment humain ne devrait pas se refuser*

(1) M. Léon Bazalgette, *le Problème de l'avenir latin*, cité par M. André Lichtenberger. (*Opinion*, 27 juillet 1912.)

à concevoir la possibilité de la ruine de sa patrie. »

Dans leur croyance absurde à ce fatalisme historique, quelques-uns de nos aînés allaient jusqu'à juger salutaire que la priorité passât à cette race germanique « où tout est pur et grand ». Il ne leur restait plus qu'à s'enfermer en leur tour d'ivoire, désespérément.

Plus ardente que ces esthètes, la jeunesse des écoles avait fait de l'humanitarisme une doctrine d'action. Tolstoï, par ses rêves d'amour fraternel et de paix entre les hommes, était son maître. Ce fut la période héroïque, si l'on peut dire, de l'antimilitarisme universitaire.

Nous possédons là-dessus un témoignage remarquable : je veux parler de l'enquête (1) qu'un des plus sincères « intellectuels » de Sorbonne, Frédéric Rauh, conduisit avec ses élèves de l'École normale pour savoir si « le patriotisme est un sentiment raisonnable et s'il résiste à l'épreuve des faits ». Ah ! c'est un beau jeu de massacre ! Toutes les considérations par quoi se définit le sentiment de patrie sont tour à tour traitées de « généralités sonores », de « superstitions », de « doctrines d'artistes et de littérateurs »... Rien ne résiste à l'impitoyable « méthode scientifique », comme si le patriotisme, qui plonge au plus profond de la croyance et des sentiments, pouvait être de son objet. Pour Rauh, les patriotes ne

(1) Fr. RAUH, *Etudes de morale*, Paris, 1912.

comptent pas, ce sont « des sentimentaux purs ». Au reste, « les nationalistes n'ont aucune de mes convictions. Leur doctrine est en contradiction avec des idées auxquelles je tiens. Je ne vois aucune raison de mettre en France l'internationalisme sous le boisseau ».

Bref, toute l'enquête de cet universitaire socialisant vise à montrer que la « conscience peut sacrifier la patrie à l'idée » : à tout le moins s'efforce-t-il de mettre « le patriotisme au service de l'internationalisme ». Et, au terme de son cours, Frédéric Rauh, examinant si un homme qui croit la guerre mauvaise peut obéir au devoir militaire, ne tranche pas la question, il l'évite et se réfugie derrière l'obligation légale : « Il faut respecter la légalité, dit-il, obéir à la loi même injuste. La révolte n'est qu'une suprême ressource. Or, il y a certaines conditions qui s'imposent à un pays, parmi lesquelles le devoir militaire. Il semble donc que je doive m'y soumettre, à moins de renier le principe de la légalité. D'autre part, *si mon pays peut servir au triomphe d'une idée, je dois vouloir qu'il dure. La question est de savoir si je dois préférer mon idéal à tout et me priver du moyen d'action qu'est mon pays.* » Et d'ailleurs aussitôt il ajoute : « Il y a des cas où l'idée se trouve dans des dangers tels qu'il faut la proclamer. Il peut se faire que *la double obligation de maintenir la légalité et mon pays, pour en faire un instrument de mon idéal, soit inférieure au devoir de proclamer cet idéal dans toute son intransigeance...* La conscience est le dernier juge, mais il faut qu'elle se soit documentée. »

Telle est l'étonnante logomachie qu'on enseignait en Sorbonne, il y a dix ans à peine : on y maintenait la patrie, à condition qu'elle servît l'idéal humanitaire, et, en fin de compte, on la lui sacrifiait ! De telles phrases peuvent être prises comme d'excellentes pierres de touche. Et tous, dès l'abord, l'ont senti parmi ces jeunes gens que nous interrogions et à qui nous les proposions comme épreuve : ces sophismes d'intellectuels pacifistes leur ont semblé impies ou puérils. « Nul n'oserait plus les écrire, ni les penser, » a dit M. de Mun en les reproduisant. Lus à une réunion de lycéens, ces propos « déterminèrent, principalement sur les jeunes visages, une expression de stupeur profonde ». C'est donc un fait que la génération nouvelle ne met point l'idéal avant la patrie, qu'elle les confond dans une même foi.

Le réveil de l'instinct national.

On ne trouve plus, en effet, dans les Facultés, dans les grandes écoles, d'élèves qui professent l'antipatriotisme. A Polytechnique, à Normale, où les antimilitaristes et les disciples de Jaurès étaient si nombreux naguère, à la Sorbonne même, qui compte tant d'éléments cosmopolites, les doctrines humanitaires ne font plus de disciples. A la

Faculté de droit, à l'École des sciences politiques, le sentiment national est extrêmement vif, presque irritable. Les mots d'Alsace-Lorraine y suscitent de longues ovations, et tel professeur ne parle qu'avec prudence des méthodes allemandes, par crainte des murmures ou des sifflets. Gamineries, sans doute, mais qui indiquent que les nouveaux venus résistent à cette idée de la supériorité de la science germanique, conviction où furent élevés leurs maîtres... « Il m'a été très doux, nous écrit un professeur de la Faculté de Dijon, pendant ces quatre dernières années, de voir briller les regards et de sentir bondir les cœurs de ces jeunes, toutes les fois que j'ai profité des préoccupations d'économie nationale qui pénètrent toute l'économie politique pour éveiller l'intérêt passionné des étudiants qui m'écoutent. En province comme à Paris, les sentiments de la jeunesse actuelle sont tout autres que ceux qui nous animaient à vingt ans, et le réveil de l'instinct national a remplacé la passion de tant de chimères. »

Cette magnifique renaissance des vertus de la race n'a fait que se préciser depuis 1905, « avènement de la génération nouvelle ». « A cette époque, nous dit M. Désiré Ferry, président de l'*Union républicaine* des étudiants de Paris, un frisson passe sur la France. De jeunes énergies se dressent : nous étions, à dix-huit ans, des petits Français d'une fierté hautaine, et résolus à ne plus subir une humiliation. » Une aube, une grandissante aurore se leva sur l'obscurcissement de cet automne 1905, où notre jeunesse comprit que la menace allemande était présente. Et, en soi-même, chaque jeune homme entendit, retrouva, écouta, « comme familière et connue, cette résonance profonde, cette voix, qui n'était pas une voix du dehors, engloutie là et comme amoncelée, on en savait depuis quand ni pour quoi ».

Le patriotisme de la jeunesse française s'approfondit alors et se fortifia en réflexion, en raison, en action. L'été dernier, elle envisagea la guerre sans effroi : au pays tout entier, elle communiqua sa confiance.

« Il faut, dit M. Tourolle, président de l'Association générale des étudiants, il faut qu'on sache que toute la jeunesse française s'est levée comme un seul homme pour répondre à l'injure allemande. » Et lorsqu'on parla du traité franco-allemand, les quinze cents étudiants de Paris, sans distinction politique, furent tous d'accord pour protester les premiers contre la cession du Congo à l'Allemagne : « Nous ne sommes pas solidaires, dirent-ils, de ceux qui diminuent l'empire ou le prestige de la patrie ! Que la génération de ceux qui gouvernent en soit seule responsable ! » Alors, dans toute la France et jusqu'à l'étranger (1),

(1) A l'automne de 1911, le directeur d'une grande revue anglaise pria un journaliste français de bien vouloir écrire pour sa publication un article sur la France nouvelle. « Quelle France nouvelle? demanda notre compatriote. — Mais celle qui s'est manifestée en août et septembre dernier, répondit l'Anglais. »

l'on sentit vraiment qu'il y avait quelque chose de nouveau dans l'âme française.

***

L'héroïsme et la guerre.

Et voici qui est plus significatif encore. Des élèves de rhétorique supérieure à Paris, c'est-à-dire l'élite la plus cultivée de la jeunesse, déclarent trouver dans la guerre un idéal esthétique d'énergie et de force. Ils pensent que « la France a besoin d'héroïsme pour vivre ». « Telle est la foi, dit encore M. Tourolle, qui consume la jeunesse moderne. »

Combien de fois, depuis deux ans, n'avons-nous pas entendu répéter : « Plutôt la guerre que cette perpétuelle attente ! » Dans ce vœu, nulle amertume, mais un secret espoir.

A ces étrangers dédaigneux qui disent : « Vous êtes en France aveuglés d'illusions. Vous rêvez, vous vous donnez le luxe d'idées humanitaires. Vous croyez à la justice, à la bonne foi, à la paix... Vous prétendez : La guerre, la violence, la conquête, tout cela est bien démodé, bien vieux jeu (1)... », à ceux-là nous pouvons assurer qu'ils ne connaissent pas la jeunesse nouvelle.

La guerre ! le mot a repris un soudain pres-

(1) Ce sont là les paroles d'un Allemand, M. Kerr, directeur du *Pan*. Ces propos rapportés par M. Georges Bourdon dans son enquête du *Figaro* sur l'Allemagne actuelle, ont produit une forte impression.

tige. C'est un mot jeune, tout neuf, paré de cette séduction que l'éternel instinct belliqueux a revivifié au cœur des hommes. Ces jeunes gens le chargent de toute la beauté dont ils sont épris et dont la vie quotidienne les prive. La guerre est surtout, à leurs yeux, l'occasion des plus nobles vertus humaines, de celles qu'ils mettent le plus haut : l'énergie, la maîtrise, le sacrifice à une cause qui nous dépasse. Et ils pensent avec W. James que la vie « deviendrait méprisable qui n'aurait plus ni risques, ni récompenses pour l'homme audacieux. »

Un professeur de philosophie au lycée Henri IV nous confiait : « J'ai eu l'occasion de parler de la guerre à mes élèves. Je leur ai expliqué qu'il y a des guerres injustes, des guerres faites par colère, et qu'il faut raisonner le sentiment belliqueux. Eh bien ! la classe, visiblement, ne me suivait pas, résistait à cette distinction. »

Lisez ce passage d'une lettre que nous écrivit un jeune élève de rhétorique, Alsacien d'origine : « L'existence que nous menons ne nous satisfait pas complètement, parce que, si nous possédons tous les éléments d'une belle vie, nous ne pouvons les organiser dans une action pratique, immédiate qui nous prendrait corps et âme et nous jetterait hors de nous-mêmes. Cette action un seul événement nous la permettra, la guerre ; aussi la désirons-nous... C'est dans la vie des camps, c'est au feu que nous éprouverons le suprême épanouissement des puissances françaises qui sont en nous. Notre intelligence ne se troublera plus devant l'inconnaissable, puisqu'elle pourra se concentrer toute sur un devoir présent, d'où l'incertitude et l'hésitation seront exclues. »

Comment méconnaître le succès qu'obtiennent les récits de nos coloniaux, même et surtout peut-être, sur cette jeunesse intellectuelle que nous étudions ici? Les expéditions des Moll, des Lenfant, des Baratier suscitent son enthousiasme ; à ces destinées hardies, elle cherche dans son existence sans risque un équivalent moral ; elle s'applique à transporter dans sa vie intérieure ces valeurs courageuses.

Quelques-uns vont plus loin : leurs études achevées, ils satisfont leur goût de l'action dans les aventures coloniales. Il ne leur suffit plus d'apprendre l'histoire : ils la font. Un jeune normalien, M. Klipfell, qui fut reçu en juillet 1912 à l'agrégation des lettres, a demandé de faire campagne au Maroc, en s'engageant dans le corps expéditionnaire. Et nous pouvons citer maints exemples tout pareils. Qu'on songe à Jacques Violet, officier de vingt-huit ans, qui sut si bien mourir à Ksar-Teuchan, en Adrar : il fut tué à la tête de ses hommes, en pleine victoire, parmi la palmeraie ; dans son sac, l'on retrouva une paire de gants blancs et un exemplaire de *Servitude et grandeur militaires;* c'est ainsi qu'il allait au combat.

Faut-il rappeler l'aventure du lieutenant d'artillerie coloniale Ernest Psichari, petit-fils de Renan, qui abandonna ses cours de Sorbonne et la thèse qu'il commençait sur la faillite de l'idéalisme, pour mener une action française dans la brousse africaine : « L'Afrique, écrit-il, est un des derniers endroits où nos meilleurs sentiments peuvent encore s'affirmer, où les dernières consciences fortes ont l'espoir de trouver un champ à leur activité tendue. » Il ajoute : « Nous reviendrons à l'opinion du peuple qui est la guerre. De l'extrême barbarie nous sommes passés à une extrême civilisation... Mais qui sait si, par un retour fréquent dans l'histoire humaine, nous ne reviendrons pas au point d'où nous sommes partis? Il vient une heure où la bonté même cesse d'être féconde et devient amollissante et lâche. »

A de tels jeunes hommes, exaltés par la foi patriotique et le culte des vertus belliqueuses, il ne faut qu'une occasion pour devenir héroïques.

L'influence du sport et des voyages.

Au reste, tout fortifie chez les nouveaux venus cet idéal audacieux et tout a servi cette résurrection. Les exploits de nos aviateurs sont pour l'imagination populaire le symbole du courage et de la vitalité toujours ardente de notre race, et c'est au sentiment patriotique qu'ils profitent.

Chose digne de remarque : il y a quelques années, l'aviation eût favorisé le rêve humanitaire ; on l'eût interprétée comme la promesse d'une prochaine suppression des frontières ; aujourd'hui elle les rend plus présentes, et l'aéroplane est d'abord, aux yeux de la foule, un engin de guerre.

Le sport a exercé, lui aussi, sur l'optimisme patriotique des jeunes gens une influence qu'on ne saurait négliger. Le bénéfice moral du sport, j'entends de ces sports collectifs, comme le foot-ball, si répandu dans nos lycées, c'est qu'il développe l'esprit de solidarité, ce sentiment d'une action commune où chaque volonté particulière doit consentir au sacrifice. D'autre part, les sports font naître l'endurance, le sang-froid, ces vertus militaires, et maintiennent la jeunesse dans une atmosphère belliqueuse (1).

L'habitude des voyages, enfin, loin d'affaiblir l'idée de patrie, l'a transformée et précisée. Ceux qui voyagent sentent le mieux l'opposition des étrangers à eux-mêmes : ils prennent conscience de leurs différences : « Chaque fois que je me suis trouvé à l'étranger, nous déclarait un jeune étudiant de lettres, j'ai éprouvé en moi la vérité et la force du sentiment patriotique. »

Le goût même des voyages, n'est plus pour nos jeunes gens ce qu'il était pour leurs aînés, moins avides d'observations positives que d'images et de

(1) Cf. Annexe *la Jeunesse et le sport*, par Georges Rozet.

souvenirs. Le tourisme sentimental, cette invention romantique, a beaucoup moins de prise sur leurs imaginations. Ce n'est pas pour se détourner de soi-même, s'enivrer d'exotisme, qu'ils vont en pays étrangers : c'est dans leur maison qu'ils placent la patrie de leur âme. D'où le succès que rencontre le roman régionaliste, provincial, d'un Boylesve, des Tharaud, par exemple.

Aussi bien, l'on pourrait plus généralement soutenir que la facilité des communications a servi au réveil des nationalités : le sentiment national est devenu moins territorial, il s'est transformé en sentiment de race, de culture. De réalités physiques, naturelles, les frontières sont devenues, aux yeux de notre jeunesse, une réalité morale.

***

L'Alsace-Lorraine et la jeunesse.

Voyez, en effet, comme elle envisage la question d'Alsace-Lorraine, qui est aujourd'hui au premier plan de ses préoccupations : c'est là que nous pouvons le mieux saisir le caractère original de son patriotisme.

Quelques années après 1870, tout le monde s'était entendu pour repousser la guerre : on acceptait la défaite. Il y eut dans cette attitude quelque amertume d'abord, mais bientôt l'indifférence fut complète. En 1897, François Coppée dut céder devant elle : « Il est difficile de faire le bien, écrivait-il en sa chronique du *Journal*. La pensée dont je me suis fait l'interprète d'envoyer un souvenir à l'Alsace éprouvée par les récents orages, n'a pas éveillé dans l'opinion un suffisant écho. Bien qu'avec un profond regret, je n'ose recommander davantage une manifestation qui n'aurait eu son plein effet qu'à la condition d'être imposante. »

C'est alors que le *Mercure de France* ouvrit une enquête sur l'Alsace-Lorraine (1). Les réponses de ces jeunes hommes de lettres sont tristement significatives : « J'espère, dit Jules Renard, que bientôt la guerre 1870-71 sera considérée comme un événement historique de moindre importance que l'apparition du *Cid* ou d'une fable de La Fontaine. » « Si l'on avait le courage d'être sincères, écrit M. Hérold qui résume le sentiment de la plupart des écrivains consultés, on avouerait que le traité de Francfort semble presque aussi lointain que le traité d'Utrecht et que la guerre de 1870 est un événement aussi purement historique que la guerre de Crimée ou la guerre de la succession d'Espagne. » Et M. Maurice Le Blond, parlant au nom de la jeunesse : « Le traité de Francfort, l'Alsace-Lorraine ! Il est bien certain que ces questions intéressent de moins en moins l'opinion de la nation... Et chez la jeunesse de vingt ans au surplus, le

(1) Il faut aujourd'hui relire toute cette enquête. MM. Dumont-Wilden et Souguenet en ont reproduit l'essentiel dans leur livre : *la Victoire des vaincus*.

sentiment de la revanche a presque totalement disparu. »

Enfin cette réponse prise parmi tant d'autres : « Je ne reconnais que l'intelligence : elle ne subit pas de frontières et, volontiers, je sacrifierais la vie de cent imbéciles français à celle d'un intelligent de n'importe où. L'intégrité du sol ne me préoccupe pas : le coin où je médite me suffit; on peut conquérir le territoire qui l'environne, jamais on n'attentera à ma pensée. » C'est là justement toute l'erreur. Ce détachement de l'intellectuel à l'endroit des frontières, l'exemple même des Alsaciens-Lorrains en montre l'inanité. Les plus vives souffrances de la servitude sont de l'ordre spirituel. Sur un sol conquis par l'étranger, occupé par des hommes de mœurs et de culture différentes, il n'est pas vrai que la pensée soit libre.

C'est le sentiment de cette vérité qui a servi la renaissance actuelle de la question d'Alsace-Lorraine. Aujourd'hui, grâce à la forte et hardie conception d'un Barrès, la revanche a pris une forme nouvelle, toute intellectuelle et morale. Deux types de sensibilité, d'intelligence sont en présence : il s'agit de savoir quelle culture l'emportera. Le problème s'est spiritualisé, mais il n'est pas moins réel pour cela.

C'est pour l'avoir posé de la sorte que *Au service de l'Allemagne* est un des livres qui ont le plus fait, des deux côtés de la frontière, pour donner une conscience nette du véritable problème alsacien. Cette position nouvelle, elle est aujourd'hui acceptée par tous : nous la retrouvons dans les romans de Paul Acker, d'André Lichtenberger, dans la revue de Georges Ducrocq, les *Marches de l'Est* où se poursuit en silence une œuvre excellente.

A ce mouvement alsacien et français, les jeunes gens d'aujourd'hui portent une attention passionnée. Toute la jeunesse française se leva naguère pour répondre à l'injure de la *Strassburger Post* et montrer aux Alsaciens-Lorrains la fidélité de notre souvenir. Depuis 1910, une importante manifestation groupe chaque année devant la statue de Strasbourg les étudiants de toutes opinions, républicains, radicaux et radicaux-socialistes, nationalistes et plébiscitaires, catholiques et protestants. En province, les conférences sur l'Alsace-Lorraine, qui n'eussent point trouvé cent auditeurs il y a quelques années, réunissent une foule nombreuse.

Voici enfin une société née d'hier, la *Ligue des jeunes amis de l'Alsace*, qui déclare ne rallier que des jeunes hommes ayant moins de trente ans : son but est de faire connaître aux étudiants français l'état de la question alsacienne, la lutte que soutiennent les provinces annexées pour la défense de leur culture et de leur patrimoine ; elle se propose en outre de fournir aux Alsaciens-Lorrains *l'appui moral* qui leur est nécessaire. Le fait à retenir, c'est qu'un tel groupement eut été, il y a peu d'années encore, impossible : on en eût souri comme d'une entreprise chimérique. Mais les nouveaux venus ne sont pas des rêveurs. Leur action ici encore est essentiellement réaliste : il s'agit de défendre la culture française dans un pays que menace la culture germanique. C'est là une lutte précise et non point une phraséologie vaine.

La conversion des aînés.

La passion patriotique, passion clairvoyante, volontaire, voilà donc le premier caractère de la jeunesse nouvelle. « Par là, dit M. Alfred Capus, elle a récemment joué son premier grand rôle dans notre pays. Elle nous a imposé à tous, jeunes ou vieux, avec une force invincible et comme le tonique souverain aux heures troubles, une cure d'air natal. » Bien plus, elle a réagi sur ceux-là mêmes qu'avait séduits l'illusion humanitaire : par retour, elle a exercé son action sur certains de ses maîtres que leurs convictions éloignaient le plus fortement de la foi patriotique.

Rien de plus significatif que la correspondance qui s'échangea il y a dix-huit mois, en pleine crise allemande, entre une Anglaise du parti radical, Mme Vernon Lee, et un professeur français, M. Paul Desjardins (1). Habituée à s'accorder sur

(1) *Correspondance de l'Union pour la vérité* (février 1912).

toutes les questions philosophiques avec les jeunes idéologues que M. Desjardins groupe à l'*Union pour la vérité* (ancienne *Union pour l'action morale*), Mme Vernon Lee fut déconcertée par leur récente attitude envers le militarisme : ils parlaient un tout autre langage.

« Ces mêmes amis que j'avais connus pacifistes, antimilitaristes, antinationalistes, gœthéens, nietzschéens, wagnériens, je les ai trouvés singulièrement changés, disant encore du bout des lèvres les anciens mots *paix, progrès;* mais trahissant par chacun de leurs mots, chaque inflexion de leur voix, chaque regard, un désir de guerre, une promptitude à peine réprimée. »

Et M. Paul Desjardins répondit à cette Anglaise « cosmopolite et cérébrale, désemboîtée de son peuple » :

« La guerre est bête et laide. Tout de même elle n'est pas le pis. Le refus de servir est plus vilain. La déliquescence paisible d'un peuple (dont j'avais grande peur pour le nôtre), la désertion tranquille et à l'état chronique, la réduction de tous les mobiles à un seul : vivre le plus grassement possible au moindre prix; le lâchage par chacun de ce qui est le bien commun de tous, — voilà, selon moi, la bestialité consommée. »

Et ailleurs : « Du prussianisme, j'en ai assez. En Alsace, en Lorraine, en Slesvig, en Pologne, c'est trop... Il me réapparaît que l'opposition au prussianisme est encore une des causes pour lesquelles il serait le moins bête de se faire trouer la peau. »

Paroles étonnantes, si l'on considère qu'elles sont signées par ce tolstoïsant, ce métaphysicien de l'absolu qui nous conviait naguère à des discussions kantiennes sur la notion de la justice et du droit. C'est une évolution toute pareille à celle que raconte M. Paul Acker dans le *Soldat Bernard*, ce noble livre, dont l'influence morale fut grande. Qui donc a modifié M. Paul Desjardins? Ce sont ces jeunes rhétoriciens qu'il retrouve chaque jour dans sa classe d'un lycée parisien : il n'a pu demeurer insensible à l'attitude résolue de tant de jeunes garçons, pour qui la menace germanique fut la première blessure du cœur : lui et tous ceux de son âge ont bien compris que tenir désormais le langage d'autrefois, ce serait proprement les trahir. Avoir redonné à ses aînés le sens des réalités françaises, c'est ce qu'on pourrait appeler le miracle de la jeunesse. Elle a fait remonter à la surface ces forces vives que l'on croyait taries.

CHAPITRE III

LA VIE MORALE

Le culte des figures exemplaires.

Certaines époques sont dominées par la passion des idées à ce point que l'homme ne leur apparaît qu'à travers l'image abstraite qu'elles s'en composent : le philosophe, le savant sont alors les maîtres de la vie. D'autres époques, moins idéalistes, mais plus actives, sont fascinées par le prestige des grands hommes : le siècle de Périclès et celui de César, la Renaissance italienne, certaines périodes de l'histoire révolutionnaire, par exemple. Tout pousse alors l'individu à réaliser son plus haut développement humain : le caractère et l'énergie sont les vertus premières. L'homme a foi dans l'homme. Le modèle, ce n'est plus une idée, mais le héros, c'est-à-dire celui qui a donné de l'homme concret, vivant, la formule la plus saisissante.

La transformation qui s'est accomplie dans notre jeunesse rend sensible l'opposition de ces deux époques. Ce fut, en effet, une des conséquences morales de l'intellectualisme d'avoir laissé tomber en désuétude « le vieil idéal de virilité ». Après les excès de l'intelligence pure, les jeunes gens retrouvent aujourd'hui au fond d'eux-mêmes le goût de la réalité humaine et le culte des sentiments qui peuvent donner à l'être sa plénitude et à l'existence un prix véritable. Si leur vie intellectuelle est moins avide, leur vie intérieure n'est pas moins riche. Ils ne vivent plus autant avec les livres, disions-nous ; c'est qu'ils veulent emprunter à la réalité quotidienne, plutôt qu'aux sentiments imaginaires, la substance de leur pensée intime. La plus belle œuvre, à leurs yeux, c'est une belle vie ; et ainsi s'explique la curiosité qu'ils accordent aux nobles biographies.

Le goût des figures exemplaires, la jeunesse intellectuelle le satisfait dans les œuvres d'un Romain Rolland (1), d'un Suarès à qui certains doivent un sentiment héroïque de l'existence : et ce sont les biographies de Michel-Ange, de Pascal, de Beethoven, de Gœthe, de Napoléon que surtout ils méditent. Ce culte des grands hommes n'est autre chose que le besoin de toucher des êtres *réels*, capables de leur répondre et de les diriger. Ils rassemblent sous un héros, sous une biographie, vérité active et vivante, ce que leurs aînés

(1) Il faut remarquer que de cet auteur elle ne partage point toute l'idéologie : ce qu'il y a d'esprit, « européen », humanitaire dans *Jean-Christophe* lui est étranger.

exprimaient par une abstraction ou une formule.

Le réalisme qui est au fond de cette adoration secrète, l'un des mieux doués de cette génération, Henri Franck, mort il y a un an, l'avait bien exprimé : « Nous ne sommes plus *jaloux* de Napoléon, disait-il, mais *nous avons encore pour lui un grand amour.* C'est précisément sa défaite finale qui est admirable : on sent mieux la grandeur de ce qu'il a fait quand on sait ce qu'il rêvait de faire encore. Puis nous admirons qu'en lui, à une sensibilité qu'on peut dire romantique... se joigne une vision bien nette, bien claire des réalités, un très juste sentiment du possible et de l'efficace. Et enfin toutes ces énergies qui chez nous s'éveillent, toutes ces jeunes forces qui se reconnaissent et veulent se donner auraient besoin, pour prendre toute leur valeur, pour devenir aussi fécondes qu'il est en elles, d'être groupées, ordonnées, voire asservies par celui-là qui se vantait d'avoir fait rendre aux hommes tout ce qu'ils peuvent... (1). »

Il ne s'agit pas ici de politique, mais de psychologie : et ces paroles de jeune homme ne fixent pas une opinion, mais un sentiment. Nous y saisissons la qualité particulière du goût actuel de l'héroïsme : c'est le sentiment de la plus haute réalité humaine que les nouveaux venus respirent

(1) *Nouvelle Revue française*, novembre 1911.

dans le souffle des héros. Dans l'histoire, dans l'art, ils vont aux formes humaines, parce qu'elles sont capables de toucher leur cœur et d'augmenter leur vie. Ils ne sont pas curieux du monde en amateurs, pour le plaisir ; ils le sont par une sorte d'égoïsme spontané qui les pousse à se demander dès l'abord : « Qu'en puis-je faire qui profite à ma vie, qui aide à mon perfectionnement? »

L'intelligence n'est pas pour eux une chose de luxe ; elle doit être l'outil d'une belle vie. L'homme de lettres, tel qu'on le concevait vers 1885, le pur intellectuel, dégoûté de l'action, incurieux de l'humain et qui se cómplaisait dans « l'incorruptible orgueil de ne servir à rien », celui-là est un type déchu. Pour lui, toute beauté était inactive par nature ; pour ces jeunes gens, au contraire, toute beauté est agissante.

L'homme de science, à l'image de Taine, le doctrinaire qui réduit toute l'abondante diversité des êtres à un système d'abstractions, n'est pas moins étranger à ces jeunes réalistes. Ce retranchement intellectuel, cette « mortification » de la pensée leur paraît anormale. « Le visage d'un homme, nous disait l'un d'eux, nous en apprend à tout le moins autant qu'un livre. » Voyez l'horreur d'un Taine à laisser faire son portrait, le mur qu'il élève autour de sa personne et de sa vie ; puis songez au soin que prenait Gœthe de répandre son image pour qu'elle se fixât dans toutes les imaginations. Était-ce vanité? Gardons-nous de le croire.

Mais Gœthe ne séparait pas avec cette rigueur absurde de géomètre l'homme vivant et le penseur.

Par ce trait, on touche l'*inhumanité* qui est au fond de la science d'un Taine. La réalité ne l'intéresse que pour les idées qu'il en tire. Mais quel motif d'agir, l'imagination des jeunes gens pourrait-elle trouver dans l'idée abstraite, sans visage, sans regard? Et comme l'on comprend qu'elle lui préfère la familiarité d'un héros dont elle se représente l'âme, le geste et l'allure.

L'art et la morale.

Cette curiosité de l'humain, ce même souci moral, elle veut les retrouver dans l'œuvre d'art ; elle lui demande d'enrichir son expérience. Les nouveaux venus se sont détachés non sans quelque injuste violence de ces artistes dont l'idéalisme sans but n'est rien qu'une attitude délicate. Ils redoutent « cette mélancolie merveilleuse, cette noblesse, cette beauté » dont leurs aînés faisaient « une volupté, un moyen de jouir secrètement de la candeur du monde ». Et c'est là ce qu'exprimait un des plus lucides critiques d'aujourd'hui (1), lorsqu'il écrivait à propos d'un poète symboliste : « De ces rythmes ensorceleurs, de ces images, de ces symboles, qu'en as-tu fait, jeune homme de ma généra-

(1) Jean DE PIERREFEU, *l'Opinion*, 27 janvier 1912.

tion? Tu en as fait un délassement d'artiste, un prétexte à exercer ta subtilité, une musique de boudoir que tu écoutais avec bonheur, mais qui ne t'a laissé en somme que les yeux cernés, les nerfs vibrants et les prunelles lasses. Ce poète de ton adolescence, es-tu bien sûr qu'il soit celui de ton âge mûr? Crois-tu pouvoir te livrer longtemps, professionnel de la volupté du cœur et des yeux, à cette tristesse sans cause qui révélait un goût parfait et l'exquise migraine d'âme d'une puberté difficile. »

Les nouveaux venus sont convaincus qu'il existe une hiérarchie dans les œuvres d'art et que celles-là qui se contentent d'une beauté tout extérieure y occupent un rang subalterne. La doctrine de l'art pour l'art semble bien abandonnée par les jeunes écoles. Elle leur paraît, à dire vrai, vide de sens, et du point de vue même de la pure technique où voulaient l'enfermer les parnassiens et les symbolistes, car il n'est point jusqu'à la forme qui ne soit déterminée par la conception générale que l'artiste se fait du monde.

Il y a donc pour les jeunes écrivains une utilité de l'œuvre d'art; non pas que l'art ait pour but de susciter des convictions, de fournir une règle de conduite, ni même de rendre l'homme meilleur. Mais il y a un art qui consiste « à rendre l'homme plus fortement homme, à le mettre sur la voie de lui-même et à lui indiquer la route où il rencontrera ses semblables ». Un art enfin qui « se sent pair et compagnon avec la commune humanité tout aussi bien qu'avec le plus particulier d'entre les hommes ». Cette formule d'un jeune écrivain révolutionnaire, M. Jean Richard Bloch, peut rallier aujourd'hui des jeunes gens venus de toutes les régions intellectuelles. Et c'est la formule même de l'art classique. Elle repose sur cette conviction qu'il n'est de doctrine littéraire valable, sérieuse, qu'en tant qu'elle est « en relation avec des vérités intéressant la vie morale ». « Il semble, dit M. Jean de Pierrefeu, que dans le beau moral nous retrouvions, nous Français, notre véritable patrie. »

C'est, à tout le moins, un des traits les mieux dessinés de cette génération que d'être moraliste. Et il ne faut pas l'entendre en un sens étroit. Nous voulons dire seulement qu'elle éprouve le besoin d'un ordre sensible, d'une discipline intérieure pour soutenir sa vie active : or, la morale n'est pas autre chose que l'esthétique de l'action, le beau intérieur qui tend nos forces et les multiplie.

C'est pourquoi, sans doute, nulle ne fut aussi démunie pour la vie active que cette génération de 1885 qui affectait le plus bizarre immoralisme. Alors que les nouveaux venus donnent au mot « vivre » un sens sérieux, leurs aînés firent de l'intelligence un instrument de dissociation perverse ; elle leur servait à fuir la vie, à l'éviter, à lui opposer de trompeuses antinomies, comme s'ils ne redoutaient rien tant au fond que de la vivre.

Ils substituaient ainsi au monde réel, à celui que nous éprouvons en le touchant, en nous heurtant à lui, un univers imaginaire et fallacieux. A la suite de Baudelaire, ils préféraient à la variété innombrable de la nature les paradis artificiels, un tableau à un paysage. Leur sensibilité affaissée se plaisait à l'étrange et au morbide. Toute une école littéraire a vécu sur cette esthétique du vice, et, comme le remarque finement un jeune critique littéraire, M. André du Fresnois, ce n'était point là « le vice impétueux qui bouillonne dans le cœur d'un roi barbare ou d'un prince de la Renaissance italienne, mais quelque chose d'oblique et de froid, un vice moins aimé pour les voluptés qu'on en tire que pour son caractère de vice (1) ».

Le satanisme l'emportait : il est à l'origine même de l'inspiration catholique d'un Barbey, d'un Huysmans. Vers 1890, tout débutant s'exerçait à composer des hymnes à la laideur, des litanies à Satan. Et si nous allons au fond d'une telle esthétique, nous y découvrons cette conviction secrète qu'il y a dans les puissances troubles et malsaines de l'âme plus de richesse que dans le bien, je ne sais quel pathétique supérieur. Pour quelques-uns de nos aînés, encore, le morbide, l'exceptionnel, est le domaine propre de l'art. C'est une part de l'héritage baudelairien.

Au reste, toute cette génération s'appliquait à

(1) *Nous n'avons plus le goût du vice* « les Marches de l'Est », octobre 1911.

sentir et à vivre selon des modèles littéraires. Marcel Schwob, à propos de l'*Écornifleur* de Jules Renard, écrivait dès 1892 cette page lucide : « L'écornifleur, c'est le jeune homme dont le cerveau est peuplé de littérature, qui voit le dix-huitième siècle à travers Goncourt, les ouvriers à travers Zola, les paysans à travers Balzac, la mer à travers Michelet et Richepin. » Sa tête est pleine de fantômes, et ces fantômes, il les transporte dans l'existence paisible d'un ménage bourgeois ; « il doit à sa littérature de traiter le mari en Homais, la femme en Mme Bovary et de violer la nièce par un beau jour d'été. » Et Schwob ajoute : « Un pouce de plus à son vouloir et c'est Chambige, un pouce de moins c'est Poil de Carotte... La littérature a fait naître des êtres terribles dans les chambres secrètes de notre cœur et de notre cerveau. »

L'activité, sûre hygiène de l'intelligence, a dissipé ces fantômes. La pensée pure, dépourvue d'orientation pratique, risque de conduire à l'immoralisme ; l'idéalisme même qu'elle entraîne est dangereux, parce qu'il est sans attache avec la vie. L'action est le critérium de la moralité.

Aussi le scepticisme, le dilettantisme, toutes ces attitudes qui consistent à fuir les responsabilités morales, à ne pas prendre parti, inspirent aux jeunes gens d'aujourd'hui une aversion très forte. L'ironie, cette forme d'égoïsme raffiné qui oppose à l'univers le moi souverain, leur semble une lâcheté. Au vrai, l'ironie fut la revanche de l'intellectualisme vaincu, la défense orgueilleuse de l'individu contre les choses qu'incapable de posséder, il voulait paraître mépriser. Il se faisait de son incapacité même une sorte de délectation voluptueuse (1). Le « sourire supérieur » est insupportable aux nouveaux venus, parce qu'il est inhumain. Dans l'œuvre d'Anatole France, si intelligente, si raffinée, mais que ne soutient aucune foi, aucun amour, ni même aucune haine profonde, ils ne trouvent rien qui satisfasse vraiment leurs aspirations et leurs besoins. Il n'est pas un jeune homme pour vivre aujourd'hui de cette pensée, comme nos aînés qui se faisaient un bréviaire du *Jardin d'Epicure* ou de la *Rôtisserie de la reine Pédanque;* il n'en est presque plus pour se plaire au factice de cet art, qui, sous le prétexte de sauvegarder les droits absolus de l'intelligence, de l'analyse détachée et souriante, exclut en somme ce qu'il y a d'humain, de partial, de fort et de vivant en nous, qui répudie tous les mouvements du cœur comme des impulsions absurdes et dangereuses, et pour qui toute sensibilité vive est toujours, comme disait Diderot, faiblesse de complexion.

(1) S'ils détestent cette ironie qui n'est que le moi orgueilleusement déguisé, ils aiment le rire clair, joyeux, sain, qu'on trouve chez un Proud'hon, chez un Péguy. « L'ironie de Proud'hon, écrit M. J. Darville, c'est l'ironie du héros qui, même au moment où il accomplit les actions les plus héroïques, ne s'en fait pas accroire, garde sa liberté d'esprit et semble nous dire, un éclair de malice dans les yeux et la lèvre railleuse : « Oh ! ce n'est rien ! ne vous emballez pas, on peut faire mieux encore ! Ce que j'ai fait là

Et puis l'œuvre d'un France porte la marque de cet esprit historique impuissant à construire, qui ne voit de toutes parts que du sable et de l'eau, et se repose avec sérénité dans le spectacle de l'écoulement et de la fluctuation des choses. Or, d'un tel esprit, sensible aux seules apparences, aveugle aux réalités intérieures, et qui est l'opposé de l'esprit philosophique, la jeunesse se détourne. C'est un fait que la culture purement historique engendre le scepticisme et fausse la décision. Si les nouveaux venus recherchent la connaissance du passé, ils veulent qu'elle serve à leur vie présente, qu'elle agisse sur elle d'une façon directe, car ils envisagent toutes choses d'un *point de vue actuel*. Or, l'histoire est incorporée en nous et si la croyance ancienne n'a pas d'écho dans les cœurs, la simple pratique la dissoudra. A qui veut agir, le passé n'apprendra pas tant que le présent. « Ce dont nous sommes sûrs, c'est qu'à un certain moment, il convient, dans un champ donné, de recourir à telle ou telle idée. Il y a dans chaque ordre une vérité du moment. » La vie morale doit être considérée comme une expérience actuelle et non point déterminée par le passé : on l'éprouve par les choses, *en travaillant* (1). Aussi les jeunes gens d'au-

est tout simple et n'était pas si difficile... » L'esprit est ici comme la pudeur exquise de l'action... (*Cahiers du Cercle Proud'hon*, t. Ier.)

(1) Frédéric Rauh, *Etudes de morale*, *passim*. Qu'on ne s'étonne point de nous voir invoquer la pensée de ce professeur de Sorbonne, sur qui nous faisons, par ailleurs, d'importantes réserves. S'il y a des choses, dans son enseignement, qui nous semblent

jourd'hui se tournent-ils vers la conquête des choses : leur joie est dans la tâche bien faite (1), dans la conscience de la lutte et de l'effort. Et c'est leur pensée que résume cette phrase de l'*Évolution créatrice :* « Attelés comme des bœufs de labour à une lourde tâche, nous sentons le jeu de nos muscles et de nos articulations, le poids de la charrue et la résistance du sol : agir et se savoir agir, entrer en contact avec la réalité et même la vivre, mais dans la mesure seulement où elle intéresse l'œuvre qui s'accomplit et le sillon qui se creuse, voilà la fonction de l'intelligence humaine. »

Idéal actif, difficile, qui fait paraître bien insuffisante cette philosophie « sans larmes, sans angoisse et sans effort (2) » qu'un Mæterlinck voulut substituer à l'inquiétude de la conscience moderne. Nos jeunes gens ne se contentent pas de ces « petits bonheurs que la main peut saisir ».

Ils se plairaient davantage à l'optimisme héroïque de Zarathustra, qui conseille un idéal

aujourd'hui détestables, il demeure des parties excellentes, et on ne peut méconnaître que ce moraliste, passionnément sincère, exerça sur maints jeunes gens une influence qui dure encore, mais ceux-ci ont su faire le départ entre ce qu'il y avait en lui de positif et d'anarchique.

(1) Cf. Enquête de *la Revue hebdomadaire*, la réponse d'un lieutenant de vaisseau : « Parmi les croyances les plus directes qui s'expriment librement dans les camps avec un remarquable esprit de tolérance réciproque, une même foi nous unit : « Le bien, c'est la *belle* ouvrage ; le mal, c'est la vie gâchée. »

(2) L. Dumont-Wilden, *Maurice Mæterlinck*, « Nouvelle Revue française », 1er septembre 1912.

dangereux : mais Nietzsche est à peine lu par notre jeunesse. Pour les intelligences anémiées de ses aînées, il fut un puissant cordial et prépara la restauration des valeurs courageuses, de la force, de l'énergie, de la belle audace des races nobles. Certains même furent amenés par lui jusqu'au seuil d'une renaissance française et classique (1). Mais aujourd'hui, les jeunes gens n'ont point besoin de ce « tonique ». Ce goût maladif de la vie, cet anxieux appel vers la santé leur inspirent quelque méfiance. L'obsession de ce qui est vigoureux et puissant, l'apologie effrénée de la force paraissent justement suspectes à un homme fort. Tout ce qui, chez Nietzsche, n'est qu'hygiène à l'usage des neurasthéniques, n'a plus de sens pour ceux qui viennent.

Stendhal, au contraire, est plus proche de leur âme ; Stendhal, ce Nietzsche de notre race, formé par l'analyse lucide des hommes du dix-huitième siècle, nullement infesté de métaphysique allemande. Et chez l'auteur de *Rouge et Noir* ils découvrent, avec le sentiment de l'honneur, le goût des belles actions et le culte des individualités éminentes.

Le sens humain et classique.

De tout ce qui précède, il ressort que l'influence

(1) Voir Enquête sur l'influence de Nietzsche, *Grande Revue* (1910).

dogmatique, celle des doctrines et des systèmes ont de moins en moins de prise sur les nouveaux venus. La théorie pure qui n'est pas réversible en acte, en expérience, ne les intéresse guère. En revanche, et du même coup, grandit l'action personnelle des maîtres, celle qui s'exerce d'homme à homme.

« Si Barrès, nous disait un professeur de philosophie d'un lycée de Paris, refaisait aujourd'hui cette sorte d'enquête sur la jeunesse que furent ses *Déracinés*, sans doute ne commencerait-il pas son ouvrage par la description d'une classe de philosophie. Notre action sur nos élèves est beaucoup plus limitée qu'autrefois. C'est de l'individualisme certainement. C'est aussi, c'est surtout, je crois, une décadence de l'intellectualisme. Ces jeunes gens n'ont point cette ivresse de la raison pure qu'éprouvèrent leurs aînés : pour atteindre leur esprit, il faut passer par leur cœur. Notre jeunesse a besoin d'enthousiasme et d'amitié. Les maîtres qui voudront vraiment la conquérir devront agir autant par le prestige de leur personnalité et de leur caractère que par la nouveauté de leur système : ce seront des éveilleurs d'âmes. »

C'est pour avoir méconnu cette exigence intime que l'Université nouvelle a éloigné tant de jeunes gens. Cette crise de la Sorbonne dont on a tant parlé, ce n'est point seulement, comme on le croit d'ordinaire, une crise pédagogique : c'est une crise morale.

Interrogeons ces étudiants qui sortent de l'Université. Voici ce qu'ils nous disent : « A cet âge où l'on est avide de notions dont on puisse faire de la vie, alors que nous cherchions dans nos maîtres le prestige d'une autorité spirituelle, leur demandant de nous découvrir à nous-mêmes, qu'avons-nous trouvé? Une science vide qui ne tenait compte que des besoins de l'intelligence, un matérialisme pédant, une investigation sceptique qui abîme et diminue. Tout, dans un tel enseignement, nous obligeait à servir en esclaves inertes ou à nous exaspérer en rebelles. »

Ils s'aperçurent bien vite que cette érudition, qu'on leur vantait à l'excès, néglige la *qualité* du travail et des idées, la valeur humaine des œuvres, qu'elle désaccoutume, en quelque sorte, de l'usage du sens intérieur, parce qu'elle va contre l'admiration, arrête la sympathie. Que leur importe une telle science, si elle consiste en ce qu'il y a de plus inhumain, de plus étranger à leurs préoccupations et à leurs inquiétudes? Ils pensent qu'il n'y a pas de vérité qui vaille « la déshumanisation » d'une âme.

Sous cet enseignement notre jeunesse sentit que se cachait l'idéal moral le plus médiocre, le plus désespéré. Si elle s'adresse aux plus sincères de ses moralistes, à ce Frédéric Rauh qu'elle élut un instant pour maître, quel conseil reçoit-elle? « Renoncer à la conscience, écrit-il, c'est se soumettre aux choses qu'on ne peut changer. » « D'une façon générale, la vie même morale est uniforme et morne... Si l'on a besoin de consolations efficaces à une douleur très vive, on fera sagement à l'ordinaire de ne pas les attendre des formes supérieures de la contemplation ou du sacrifice : il sera plus sûr, dans bien des cas, *de les demander aux plaisirs matériels même les plus plats.* » C'est à cette même vue pessimiste, à cette même négation de tout héroïsme qu'aboutissait Renan vieillissant. En fin de compte, le plus scrupuleux des philosophes de Sorbonne ne peut nous offrir qu'une doctrine qui paralyse l'action, diminue l'énergie. Où l'âme de la jeunesse pourrait-elle trouver ici à se prendre?

S'ils se détournent de l'érudition desséchante et morne, les jeunes gens d'aujourd'hui sont plus attachés que leurs aînés à la culture classique, et ce qu'ils demandent aux humanités, c'est autant un bénéfice moral qu'un bénéfice intellectuel.

Ceux dont l'esprit s'est affiné par l'étude des lettres antiques et ceux dont l'instruction fut dominée par une pensée utilitaire, sont séparés par des différences essentielles qui intéressent le cœur plus encore que l'intelligence. Ce désaccord spirituel, si subtil à la fois et si profond, entre les deux éducations, classique et moderne, les jeunes gens d'aujourd'hui le perçoivent clairement. L'un d'eux, bachelier d'hier, l'exprimait assez vivement devant nous : « Nous ne pûmes jamais nous lier, disait-il, avec les élèves de la section moderne (section D), qui pourtant étaient mêlés à notre existence. On les reconnaissait à ce qu'ils n'avaient point de camarades parmi nous. Ce qui éloignait d'eux, c'était l'impossibilité de mener en leur compagnie une conversation élevée, une de ces conversations de jeunes gens qui se nourrissent d'idées enthousiastes et de sentiments. Ils ne s'émouvaient jamais que pour un résultat immédiat, pratique. Presque tous affectaient un arrivisme sans noblesse. »

Et le même établissait cette distinction, toute pénétrée d'idéalisme latin, entre la vie active, ou l'utilisation de ses forces pour un but réfléchi, et la vie pratique, qui n'est que la recherche de l'argent et des jouissances matérielles. La culture classique assure à la conscience je ne sais quel désintéressement. Et d'avoir vécu pendant la jeunesse dans l'atmosphère héroïque des grands écrivains de l'antiquité, le ton de l'existence en est comme haussé.

Voilà pourquoi la *Ligue pour la culture française*, créée par Jean Richepin, pour la défense des humanités menacées, a réuni si vite tant de jeunes adhésions. « Cette ligue, écrit M. Étienne Rey, a répondu à un sentiment plus encore qu'à un besoin de l'esprit, et elle est moins un programme d'instruction qu'un programme moral. C'est pourquoi les efforts des *savants* ne tiendront pas contre elle (1) ».

(1) C'est le goût de l'« humain » qui a ramené aux classiques. e cette évolution témoignent notamment, dans l'enquête de

L'ordre des mœurs.

Ces préoccupations morales que la jeunesse apporte dans toutes ses démarches intellectuelles, quel retentissement ont-elles sur sa vie pratique? En un mot, comment se pose le problème de la vie pour cette génération avide d'agir. Il y a bien longtemps que l'on parle de l'action et il n'est point d'idée dont les littérateurs aient plus abusé et plus vainement... L'action ! qui dira les voluptés d'ordre littéraire que ce mot a fournies aux intellectuels, nos aînés !

Or, chez les jeunes gens d'aujourd'hui, c'est moins une doctrine qu'un instinct ; et cet instinct se révèle d'abord dans le souci précoce d'une carrière, puis dans l'acceptation, dès le début de leur jeunesse, des responsabilités du mariage et de la famille.

Qu'on songe à l'indécision élégante des étudiants d'autrefois, au temps perdu dans les Facultés, à cette paresse ornée qu'ils cultivaient précieusement, aux délais qu'il était de bon ton de se donner avant le choix d'un métier et avant le mariage. C'était une croyance commune aux artistes que le célibat fût leur état naturel. Les nouveaux venus savent tout de suite où ils veulent aller, et, très jeunes, ils se tracent leur voie. « La plupart se destinent aux affaires, nous disait un professeur

M. Henriot, *A quoi rêvent les jeunes gens*, les remarquables réponses de MM. Jacques Copeau, Henri Clouard, J. J. Tharaud, etc... auxquelles nous renvoyons le lecteur.

de philosophie ; et ils n'attendent point pour cela d'avoir vingt-cinq ans, ils s'y dirigent dès la vingtième année. Ceux qui choisissent les carrières libérales se sont fixé d'avance un plan précis. Tous ont besoin de réalisations. Le désir de gagner sa vie, désir où ils trouvent une sorte de noblesse morale, se manifeste tôt. D'ailleurs, ils n'ont pas ce mépris de l'argent que l'intellectuel affectait volontiers jadis, et ce philosophe stoïcien qui trouvait sa subsistance en tirant l'eau d'un puits et, avec le salaire d'une demi-heure de travail, achetait assez d'olives pour se nourrir, n'est point leur idéal. »

En outre, dès vingt-cinq ans, vingt-deux ans même, beaucoup sont pères de famille. C'est, semble-t-il, le goût du *définitif*. Nous nous souvenons de cette exclamation : « Une liaison de jeunesse, c'est du temps perdu. » Du temps perdu pour le bonheur, voulait dire ce jeune optimiste, car le bonheur ne se fonde que sur ce qui dure...

Ce sentiment très fort de la stabilité, de l'ordre, cette horreur du provisoire expliquent le changement que beaucoup ont remarqué dans les mœurs de la jeunesse (1). Elles prouvent que les nouveaux

(1) M. Marcel Prévost décrit ce changement dans ses *Lettres à Françoise Maman*, à propos de *la Nouvelle Couvée*. Voici un dialogue qui s'échange entre un jeune homme de dix-huit ans et l'auteur :

« — Il me semble qué nous pensons autrement aux femmes, un peu comme y pensent les jeunes gens anglais, dont nous avons pris de plus en plus les habitudes... L'an passé, quand j'allai à

venus sont infiniment pénétrés de la gravité de certains sentiments, que leurs aînés traitaient avec ironie et légèreté. Non point que leur sensibilité soit moins vive, mais ils la veulent préserver des expériences où un voluptueux égotisme est seul en jeu. Ils ont une secrète répugnance à introduire une analyse blasée et sans naturel dans les choses du cœur. Nul « adolphisme » chez eux.

A la fin de son étude sur A. Dumas, Bourget notait que les observations si cruellement pessimistes de l'*Ami des femmes* sur l'impuissance d'aimer paraîtraient encore trop modérés un jour, et que les causes dénoncées par ce moraliste iraient s'aggravant chez les êtres cultivés. Il ne

Paris avec mon père, on m'a fait connaître des jeunes gens de mon âge ; j'ai vu des arrivistes, des esthètes, des sportsmen, des noceurs de chez Maxim's ; je n'ai pas vu de Faublas... Ici, dans ma province, c'est plus significatif encore. Des amis, à moi, se font un orgueil de leur sagesse monastique.

Je ne pus m'empêcher de demander :

— Et vous ?

Il ne baissa pas les yeux.

— Moi ?... Je suis fort tranquille... Et je vous avoue que, quand je lis certains romans de Zola ou même de Maupassant, la fièvre sensuelle de tous ces gens-là me semble un peu risible... Je ne les comprends pas... Voilà pourquoi l'idée de me fiancer à dix-huit ans pour me marier cinq ou six ans plus tard ne m'effraie pas plus qu'elle n'a effrayé Sam.

— Mais alors, questionnai-je, puisque vous êtes, au fond, si calme dans votre jeune célibat, pourquoi cette alliance prématurée avec une femme ?

— Oh ! vous sentez bien, répliqua-t-il, que c'est justement pour cela...

Oui, il avait raison, je devinais, je comprenais... Du dégoût, à l'avance, pour la bohème de l'amour ; une vague peur de céder tout de même à la tentation ; l'idée commune parmi les jeunes Anglais, qu'une affection sérieuse est une défense... »

semble pas que cette prévision se réalise. De ces causes, les plus graves perdent chaque jour de leur intensité : l'esprit d'analyse et le libertinage. Aussi bien n'était-ce pas là se méprendre sur le rôle de la culture? A-t-elle nécessairement pour effet de substituer aux sentiments naturels des sentiments imaginaires qui les contrarient? Non point chez des êtres actifs, sains, de qui l'énergie s'est renouvelée et les sentiments ont retrouvé leur force.

Les nouveaux venus ont horreur du dérèglement, de l'anarchie, comme de la pire entrave au développement de soi-même, à la véritable liberté. Aussi dans leur vie extérieure, ne retrouve-t-on plus ce débraillé, ce bohémianisme légendaire du Quartier Latin. L'on voit même de jeunes étudiants de médecine et de droit se grouper et fonder, « pour la réalisation, en dehors de toute confession religieuse, d'un même idéal de vie morale », une association appelée *Action nouvelle*, qui organise des conférences périodiques. « On trouvera sans doute étrange, dit le manifeste de cette Société, qu'un groupement d'étudiants puisse parler de moralité. » Voilà, certes, une nouveauté ; quelle qu'en soit la portée véritable, elle valait qu'on la signalât.

Beaucoup avouent même une pureté de mœurs qu'il y a peu de temps encore l'on n'eût pas craint de railler. Scrupules religieux peut-être pour quelques-uns ; pour d'autres, simple souci de dignité humaine. Au surplus il n'est pas douteux qu'il n'y ait là une conséquence des habitudes sportives. Chez de jeunes hommes préoccupés d'exercices physiques, le culte du sport prolonge une sorte de naïveté sentimentale. Il faut choisir d'ailleurs. « Si je veille tard, nous dit l'un d'eux, comment serai-je en forme pour le match prochain? »

C'est à cette même conclusion qu'arrive M. Marcel Prévost dans son étude sur *la Nouvelle Couvée.* « Ceux qui viennent, dit-il, ne seront guère tourmentés par l'obsession des jeunes Français d'autrefois. Ils ressembleront de plus en plus (les inévitables différences de la race mises à part) aux jeunes Anglo-Saxons, leurs contemporains ; la société des jeunes filles les attirera, ils y seront habitués ; mais ils y porteront la réserve un peu défensive qui sied avec un adversaire informé et armé... De cette évolution-là, *je suis sûr.* C'est un des rares pronostics que j'ose formuler. Et ce n'est pas une des moins curieuses conséquences de la tendance à l'égalité des sexes. On ne la prévoyait guère : maintenant qu'on la constate, on s'aperçoit qu'elle était fatale. Sans doute notre jeunesse française y perdra cette effervescence amoureuse qui fit parfois éclore des poètes, des artistes précoces, et qui prête un charme languide aux souvenirs puérils des hommes de mon temps. Mais je crois que le mariage y gagnera, que la nation y gagnera, que la race y gagnera. »

CHAPITRE IV

UNE RENAISSANCE CATHOLIQUE

Culte du caractère, de la personnalité, goût de la discipline morale, ce sont là, on le voit, des tendances très fortes parmi la jeunesse nouvelle. Cette disposition qui incline à préférer les qualités humaines, les réalités du sentiment et de l'action, aux idées abstraites et aux systèmes, devait conduire ces jeunes gens plus avant, les ramener à la source profonde de l'activité, à la vie religieuse.

Dissipons tout de suite une confusion possible. Il ne s'agit pas ici d'une religiosité vague, sans point d'appui et sans cadre, comme celle qui fut à la mode parmi les lettrés vers 1890, manière d'idéalisme mystique et tendre à l'usage des incroyants. C'est dans la forme traditionnelle et franche du catholicisme que s'affirme la sensibilité religieuse des nouveaux venus.

Les aspirations religieuses de la jeune élite intellectuelle, sur qui porta notre recherche, n'ont rien de commun avec cette pitié tolstoïsante et anarchique suscitée en France par Melchior de Vogüé, Édouard Rod, Paul Desjardins. Le *Roman russe*

(1886) et le *Devoir présent* (1891), qui exercèrent l'un et l'autre une si profonde influence, se dressaient alors contre les excès du naturalisme et du positivisme. C'était l'heure où Desjardins prononçait d'un accent prophétique : « Sachez-le, quelque chose non de dogmatique et d'assuré, mais fondé sur la charité seule, va sortir des contradictions où ce temps s'agite. Le monde est revenu au point où le trouva jadis le christianisme naissant... Même dégoût du réel, même soif de miracles, même besoin d'unanimité tendre. » Ce mysticisme nuageux dégénéra bien vite en humanitarisme ; on rêva de fraternité, de solidarité universelle, d'union de toutes les Églises. Henry Bérenger fondait l'idéalisme social sur la Déclaration des droits ; Jules Lagneau créait l'*Union pour l'action morale.*

Cette sensibilité imprécise et anarchique, ce culte de la douceur et de la souffrance, cette piété attendrie n'a pas de prise sur les jeunes gens d'aujourd'hui. Leur sentiment religieux a besoin d'une armature nette et définie où insérer sa vivante richesse ; il tend à une discipline pour assurer sa liberté ; il accepte les positions traditionnelles parce qu'elles lui semblent offrir « un cadre merveilleux d'ampleur et de souplesse pour accueillir et organiser les découvertes du présent ». C'est le goût de la vie, le besoin de réaliser une existence pleine et active, et non pas la désespérance, le manque de courage et de joie qui les guide vers la foi. Ils ne cèdent pas « au vertige du néant divin », ils ont seulement besoin d'un appui solide pour leur vie. Il est, d'ailleurs, remarquable que ce soient les races les plus actives qui se montrent en même temps le plus religieuses, comme le prouve l'exemple des peuples anglo-saxons. Le sens du divin, ne serait-il pas en quelque sorte une forme supérieure du sens du *réel?*

La jeunesse intellectuelle et le catholicisme.

Voici un fait important et dont la signification ne saurait être exagérée. Alors que l'anticléricalisme progresse dans le peuple et gagne même certaines classes bourgeoises de plus en plus indifférentes à leurs traditions, l'élite cultivée spontanément s'en dégage, et la jeunesse intellectuelle, qui, il y a vingt ans, semblait acquise aux doctrines anticléricales, se porte aujourd'hui vers le catholicisme (1).

Qu'on se souvienne de ces pages de la confession du *Disciple*, où Robert Greslou analyse les causes qui déterminèrent la perte de sa foi :

(1) M. Marcel Sembat lui-même reconnaît que la libre pensée n'excite plus la ferveur des jeunes gens cultivés ; qu'il en est beaucoup, au contraire, à qui l'irréligieux inspire de la répugnance, et l'écrivain socialiste ajoute : « Tout homme qui réfléchit aperçoit les inévitables conséquences de cet état des esprits. *Quand une idée cesse d'enthousiasmer les jeunes, elle va mourir.* »

Et encore : « Il y a des périodes littéraires au cours desquelles le vent souffle contre l'Église ; le dix-huitième siècle fut le plus

« Je savais, dit-il, que les jeunes professeurs, ceux qui nous venaient de Paris avec le prestige d'avoir traversé l'École normale, étaient tous des sceptiques et des athées. » Or, à cette même École normale, il y a dans le moment quarante élèves, c'est-à-dire près d'un tiers, qui sont catholiques pratiquants. Nous ne parlons pas des catholiques d'origine, mais des catholiques de conviction et de vie, fidèles aux prescriptions de l'Église, et inscrits pour la plupart à la conférence Saint-Vincent de Paul de leur paroisse. Si l'on remarque qu'il y a huit ou dix ans, on ne comptait guère que trois ou quatre catholiques parmi les normaliens, ce progrès paraîtra difficilement l'effet d'un hasard dans le recrutement des dernières promotions. Autre trait significatif, et que nous commenterons tout à l'heure : dans ce groupe, et contrairement à ce que l'on pourrait penser, le nombre des scientifiques est un peu plus élevé que celui des littéraires.

Il semble, d'ailleurs, que toute la jeune Université soit travaillée par le catholicisme. Depuis deux ans, une entreprise libre, fondée par un professeur de grammaire, M. E.-J. Lotte, et qui publie le *Bulletin des professeurs catholiques de l'Université*, a réuni dix-huit professeurs de Faculté (huit de droit, six de lettres, quatre

fameux, plus près de nous la fin du second Empire. Mais il y a d'autres périodes où le vent souffle pour l'Église, et il semble que nous soyons tout près d'une de celles-là. »

de sciences), douze membres de l'enseignement primaire et cent quatre-vingt-quatre professeurs de lycées et collèges. Ces chiffres, comme l'œuvre elle-même, sont modestes, mais la qualité est plus expressive que la quantité, et ce groupement naissant est un centre d'active vie chrétienne. Ces deux cents professeurs ont déclaré s'unir pour redoubler, « par la communauté de sentiment et d'action, l'élan de la vie spirituelle, donner à leur foi un rayonnement plus vif, et faire fructifier ainsi chez leurs élèves l'influence de leur caractère et de leur dévouement ».

Pour justement apprécier la signification de cette œuvre, songeons d'abord à l'indépendance dont font preuve les fonctionnaires qui participent à une telle organisation; dans une occasion récente, lorsqu'il s'est agi de dire son sentiment sur la question de la culture classique, question qui demeurait purement professionnelle, l'enseignement secondaire a montré moins d'audace. Et surtout rapprochons ce *Bulletin* des premiers *Cahiers* de Péguy et des *Pages libres* de Guiyesse, créées en 1900, publications qui exprimaient alors le socialisme des jeunes universitaires. On mesurera l'évolution accomplie par les esprits (1).

(1) Depuis 1902, elles sont nombreuses, chez les intellectuels, les conversions du genre de celles que raconte M. Lotte, à propos de Charles Péguy, l'ancien normalien : « Péguy se dressa sur le coude, et, les yeux remplis de larmes : « Je ne t'ai pas tout dit... « J'ai retrouvé la foi, je suis catholique. » Ce fut, soudain, comme

Au reste, parmi les jeunes croyants, on rencontre presque toujours des convertis. C'est l'un d'eux qui remarque (1) : « Ils n'ont pas cherché bien longtemps. Un ou deux ans au plus, et les voilà qui se soumettent fidèlement à l'Église. » C'est qu'ils ne se plaisent plus aux voluptés de la « crise d'âme ». Dès que le problème de la vie se pose devant eux, ils l'identifient avec le problème religieux, car, dans toutes les conceptions que leur proposent leurs aînés, ils cherchent en vain « un objet assez noble et fort où ils puissent se passionner ». A ces jeunes réalistes, il faut « la stabilité, la profondeur, l'inépuisable richesse de la religion ». Le catholicisme leur apparaît moins comme un système de philosophie spéculative que comme une règle, une doctrine d'action morale et sociale.

Les professeurs de philosophie des lycées les plus « intellectuels », Condorcet, Henri-IV, Louis-le-Grand, témoignent de cette renaissance catholique. « La majorité de nos élèves, nous disait l'un d'eux, est composée de catholiques pratiquants. Et parmi les indifférents, nulle passion anticléricale ; ceux-là mêmes qui sont incroyants de nature savent tout le prix de la croyance » ; et d'insister sur le caractère pratique et réaliste de

une grande émotion d'amour. Mon cœur se fondit, et, pleurant à chaudes larmes, la tête dans les mains, je lui dis, presque malgré moi : « Ah ! pauvre vieux, nous en sommes tous là ! »

(1) Cf. Contre-enquête. « Les catholiques. »

cette attitude. « Ces jeunes gens sont catholiques, nous disait un autre, comme ils sont Français. » Et un troisième, plus sceptique : « Je crois qu'ils se plaisent à l'esthétique et à la morale du catholicisme; ce sont surtout des moralistes. » Enfin, à la Sorbonne, les étudiants de philosophie, s'écartant des méthodes sociologiques d'un Durkheim ou d'un Lévy-Bruhl, ont choisi pour maître un catholique, M. Victor Delbos. C'est pour les mêmes raisons qu'ils se groupèrent, un temps, autour de M. Boutroux, dont la spéculation les conduisait au seuil de la vie religieuse.

***

Ces témoignages ne manquent point de force par eux-mêmes. Une étude, même rapide, du mouvement littéraire de l'heure présente en confirmerait la gravité. On a pu justement parler d'un renouveau de la littérature catholique. Les noms de Paul Claudel, de Charles Péguy, de Francis Jammes ne sont encore connus que d'une élite, mais ces nobles artistes exercent un prestige incomparable sur de nombreux jeunes gens, et c'est un fait qu'ils eurent une influence positive dans la conversion de quelques-uns. L'inspiration de ces grands lyriques ne se tire point d'une imprécise religiosité : elle monte du fond même de la doctrine catholique. Dans ses *Odes*, Claudel (1) retrouve le ton des prophètes pour magnifier le Créateur ; et « ce n'est pas l'assentiment de notre goût qu'il désire, mais il exige notre âme, afin de l'offrir à Dieu ; il veut forcer notre consentement intime, il veut nous arracher à l'abjection du doute et du dilettantisme... Il est un missionnaire et un apôtre (2) ». La *Jeanne d'Arc* de Charles Péguy est une sorte de traduction populaire chargée d'un sens réaliste et infiniment puissant des mystères chrétiens et de l'Évangile : elle nous restitue toute la simplicité du catéchisme. Francis Jammes, dans ses *Géorgiques chrétiennes*, nous a donné « presque continûment et comme par transparence un poème sur l'*Eucharistie* (3) ».

Et, chose digne de remarque, ces écrivains s'étaient, dès l'abord, éloignés du christianisme : ce sont des hommes que l'expérience de la vie moderne a menés séparément, vers le milieu de leur âge, à une même croyance. Leur adhésion définitive ne prend tout son sens que des erreurs et de la désillusion qui la précédèrent.

Ce sont là, nous le répétons, des sentiments,

(1) C'est par Claudel que la jeune littérature a connu les grands catholiques anglais : CHESTERTON, l'auteur d'*Orthodoxie*, et Coventy Patmore. Ils sont publiés par la *Nouvelle Revue française*, où nous retrouvons aujourd'hui quelques-uns des écrivains qui collaborèrent jadis à la *Revue Blanche* et à l'*Ermitage*.

(2) Jacques RIVIÈRE, *Etudes*. 1912.

(3) Louis GILLET.

des inclinations qu'on ne discerne guère aujourd'hui que chez des hommes et des jeunes gens de grande culture. Elles sont néanmoins assez précises pour qu'il soit avéré que M. l'inspecteur Payot manquait de clairvoyance, lorsqu'il affirmait dans le *Volume* (1910) : « Le jour viendra bientôt où la carte de la France catholique correspondra ponctuellement à la carte de la France illettrée. » Car les tendances de l'élite valent bien qu'on s'y arrête : elles agiront lentement sur l'âme du pays tout entier. C'est à la pensée désintéressée de quelques philosophes que s'alimente l'idéologie des partis politiques : le suffrage universel se charge ensuite de les réduire en formules électorales.

Le déclin du positivisme.

De cette renaissance catholique, il faudrait, pour comprendre le sens original, montrer les voies lointaines : ce serait, du même coup, esquisser le mouvement philosophique de ces vingt dernières années. Il y faudrait tout un volume : aussi ne pouvons-nous en donner ici qu'un résumé très bref.

Un observateur superficiel à qui les documents de notre enquête seraient présentés, s'écrierait sans doute : « Comment, à une époque d'incrédulité, de critique souveraine, un réveil de la foi est-il possible? Le monde n'est-il pas aujourd'hui sans mystères, selon la parole de Berthelot? Et ne nous a-t-on pas répété que la science allait se substituer au dogme? »

Toute la génération dont Renan et Taine furent les maîtres commença par être inconsciemment pénétrée de la vérité absolue de nos connaissances positives et par suite de la valeur souveraine de la science qu'elle entourait d'un culte passionné, enthousiaste. Et maints jeunes hommes, il y a vingt ans, se fussent écriés avec Renan : « Je jouerais cent fois ma vie et par conséquent mon salut éternel pour la vérité scientifique de la thèse rationaliste ! » « De cette science, conçue comme l'unique maîtresse de vérité, on attendait dans l'avenir qu'elle remplît tous les besoins de l'homme, qu'elle se substituât sans réserve aux antiques disciplines spirituelles. Dans une belle ferveur, on proscrivit toute philosophie véritable, toute métaphysique comme une sorte de rêverie imprécise sur des objets immatériels, imperceptibles à nos sens ; la religion enfin semblait « renversée de toutes parts par le système rationnel et irrécusable de la science moderne (1) ». On chercha dans ses méthodes une règle de con-

(1) Édouard LE ROY, *op. cit.*, *l'Œuvre de M. Bergson et les directions générales de la pensée contemporaine*. Nous nous sommes souvent reporté à ce chapitre, soit que nous le citions ou l'analysions, dans ce rapide tableau du mouvement philosophique actuel. Cf. aussi l'ouvrage de René GILLOUIN, *la Philosophie de M. Bergson*.

duite, une morale, une sociologie et jusqu'à une politique.

Mais, après avoir orgueilleusement prétendu atteindre par l'intelligence les principes mêmes de la vie, cette génération fut rudement rappelée à l'humilité. La grande affaire pour elle fut le passage de l'absolu au relatif. « De la science divinisée que son triomphe accablait en la chargeant d'un poids trop lourd, » elle dut reconnaître l'impuissance à dépasser *l'ordre des relations*, l'incapacité radicale à nous dire l'origine et la fin et le fond des choses. Au delà, c'était donc l'inconnaissable, devant qui l'esprit humain ne pouvait que s'arrêter sans espoir. Ainsi la science n'introduisait qu'au néant : en lisant les philosophes contemporains, le *Disciple* de Bourget avouait avec une sombre mélancolie : « J'aperçus l'univers tel qu'il est, épanchant sans commencement et sans but le flot inépuisable des phénomènes. »

L'esprit humain ne peut vivre dans le relatif, et le relativisme devait susciter, dans toute cette génération, une profonde misère morale, un sombre pessimisme, un manque de confiance dans notre destinée, qui pratiquement la vouaient à l'impuissance. La pensée se retournait contre elle-même ; sa misère naissait de son ambition sans mesure et, pour avoir cru trop exclusivement en ses forces analytiques et logiciennes, elle « devait au bout de son effort s'avouer vaincue en face des seules questions dont il n'est permis à aucun homme de se désintéresser ».

La génération qui suivit immédiatement celle-là, et dont il semble que M. Maurice Barrès ait exprimé les inquiétudes, sentit de façon pathétique « la difficulté de se passer d'un absolu moral » ; à tout le moins marquait-elle une répugnance profonde au matérialisme de ses aînés et à leur dialectique destructive. M. Barrès fut son maître pour lui avoir montré qu'un acte de foi est nécessaire aux opérations élevées de l'esprit. « Rœmerspacher, dit-il, dans ses *Déracinés*, affirme le vrai, le beau, le bien, comme les éléments qui lui sont nécessaires et vers lesquels aspirent les curiosités de sa raison et les effusions de son cœur. A cette âme de bonne volonté, il faudrait seulement qu'on proposât une formule religieuse acceptable. » Maurice Barrès s'y employa par son culte des héros des puissances traditionnelles, par sa religion de la terre et des morts : son œuvre fut hautement éducatrice et salutaire en ce qu'elle redonna le sens des vénérations, mais elle porte encore la marque d' « une génération établie dans le relatif » : elle ne peut satisfaire pleinement les nouveaux venus qui n'ont pas plus à vaincre le dilettantisme moral qu'à reprendre les prestiges illusoires de l'idolâtrie scientifique. Étape nécessaire, consolation qui eut de l'efficace, mais dont certains déjà découvrent l'insuffisance.

C'est qu'un profond mouvement idéologique,

une révolution de la pensée a renouvelé tous les problèmes et du même coup notre notion de la connaissance et de la vie.

Alors que les systèmes qui l'ont précédée étaient positivistes et intellectualistes, la philosophie nouvelle débute par une critique subtile et puissante de la nature des vérités scientifiques et de la valeur de l'intelligence, comme faculté de connaître.

Selon Bergson, le domaine propre de l'intelligence et aussi bien de la science, œuvre de l'intelligence, ce n'est pas le vivant, c'est le matériel, l'inorganique. « Le monde de la vie et de l'âme ne relève plus, en ce qu'il a d'essentiel et de profond, de la connaissance scientifique, mais d'une connaissance spéciale, qui est proprement la connaissance philosophique ou métaphysique (1) », ou encore l'*intuition.* Bergson affirme donc la priorité sur l'activité réfléchie d'une activité plus obscure et plus riche qui consiste dans la faculté de saisir immédiatement la vie, de sympathiser avec elle. A cette démarcation bien nette entre les deux ordres de connaissance, nous gagnons « d'ouvrir le savoir à toute la richesse du réel, en même temps que d'y réintégrer le sens du mystère avec le frisson des inquiétudes supérieures ».

D'autre part, cette indépendance de la science et de la connaissance profonde ou intuitive, l'une se bornant à prendre contact avec les choses,

(1) René Gillouin, *op, cit.*

l'autre visant à les comprendre, est d'une extrême conséquence. Le champ de la science, ce n'est donc plus le vrai, mais l'utile : son rôle, c'est de renforcer notre action sur la matière, d'aider à la satisfaction de nos besoins pratiques et, dans cet ordre, mais dans cet ordre seul, elle pourra atteindre l'absolu. Pour le reste, elle demeure radicalement impuissante à résoudre le problème de la vie humaine.

Aux yeux de philosophes comme Boutroux, Henri Poincaré, Le Roy, Blondel, la science est quelque chose d'infiniment moins réel, en somme, que la philosophie, c'est une sorte de symbolisme arbitraire en son principe, suivi et lié dans son développement continu et qui, d'ailleurs, n'a pas à se préoccuper d'expliquer le fond des choses, mais seulement de constituer un système de relations cohérentes, un discours intelligible, en vue de certaines fins pratiques. La loi scientifique se présente comme une traduction commode du monde extérieur et non plus comme un décret qui, ravissant à l'homme sa liberté, prétend guider sa conduite. Ainsi affranchies de cette servitude que le déterminisme faisait peser sur elles, les âmes se retrouvent directement en face de la vie, prêtes à se diriger elles-mêmes, selon leurs propres forces.

L'apologétique religieuse moderne reçoit de cette philosophie une forme nouvelle. Pour les apologistes d'il y a vingt ans, le grand point était de réconcilier la foi et la raison. Convaincus de l'universalité de l'explication évolutionniste, ils tentaient une interprétation darwinienne des livres sacrés. Le positivisme lui-même était utilisé par un Brunetière pour revenir *sur les chemins de la croyance.* Tout l'effort consistait à accorder le dogme à la science désormais infaillible.

Une telle conciliation n'a plus de sens pour les nouveaux apologistes, ni pour ces jeunes hommes que la foi catholique a ralliés : ils pensent que la religion et la science se développent sur deux plans indépendants. Et, pour la plupart, ils se déclarent bien moins soucieux d'exégèse que de ce qui fonde vraiment la vie religieuse : l'expérience intime. Un jeune docteur en médecine nous écrivait : « Cette expérience est toujours convaincante lorsqu'on la fait de plein cœur. Quand une fois on a *trouvé cela*, le reste de notre vie, d'abord bouleversé, se réorganise peu à peu, selon une nouvelle perspective qui doit être la vraie. C'est du point de vue de la vie, du point de vue humain, qu'on aborde le problème religieux. »

En développant ces prémisses, certains penseurs ont été plus loin. A la faveur de cette distinction du rationnel et du vivant, de ce qui est soumis à l'intelligence et de ce qui la déborde, ils ont construit toute une théorie de la vie religieuse et de la croyance. Pascal disait que la foi est un don de Dieu, et non pas un don du raisonnement. En effet, nulle théorie philosophique, si logique soit-elle, nulle critique historique, si pénétrante qu'on la suppose, ne suffisent à déposer le moindre germe de foi dans le cœur : celui-ci doit donc en appeler à sa propre inspiration. Sur les raisons logiques doivent l'emporter les raisons personnelles, ou les « raisons du cœur ». C'est dans ce sens que W. James (1) considère le « personnalisme » comme le fond même de la pensée religieuse (2).

C'est dans ce sens encore que Newman, chez qui plusieurs de nos aînés immédiats trouvèrent des directions religieuses, définit la croyance une sorte de vie de l'esprit, étrangère à tout mécanisme logique, un travail invisible de forces latentes (3). Il y a des idées, pense-t-il, qui peuvent vivre en nous, et d'autres qui sont inertes ou purement rationnelles, comme les vérités mathématiques. Les premières ont prise sur l'être sensible, les secondes non. L'*assentiment*, condition de la foi, selon Newman, est autonome. Il dépend de la conscience, de l'inspiration intime. La simple logique ne remue pas l'homme, ne touche pas le cœur, ne

(1) Il importe de remarquer l'influence qu'exerça l'*Expérience religieuse* de W. JAMES, où la religion est considérée comme une certaine forme de vie de la conscience individuelle, une modification profonde du *moi* : c'est surtout comme livre de psychologie qu'on l'estime, car la valeur apologétique, philosophique même, en paraît bien incertaine.

(2) Cité par Dom PASTOUREL, *Egotisme et acceptation.*

(3) Cf. BAZAILLAS, *la Crise de la croyance*, et les ouvrages de l'abbé BRÉMOND, THUREAU-DANGIN, Mme FÉLIX-FAURE-GOYAU, Georges GRAPPE.

nous porte pas à agir. La croyance est de l'ordre de l'action. C'est pourquoi le goût d'agir mène spontanément au culte de ces idées vitales, vivaces, qui sont principalement les idées morales et religieuses. La foi est une puissance créatrice, non une puissance critique (1).

Toute cette construction philosophique aboutit donc à fortifier le sens de l'action. Par une opération subtile, elle intègre les deux éléments prétendus antagonistes : la pensée et l'acte. Elle restitue du même coup à notre être le sentiment de la liberté et la joie. L'univers scientifique, avec ses dures lois d'airain, incline l'âme au découragement ; la connaissance rationnelle tend à nous isoler du monde et à nous entraver. Seul le sentiment nous affranchit. Aussi le succès de ces philosophies anti-intellectualistes s'explique-t-il aisément : elles ont rendu au cœur et à ce qu'il y a de plus profond chez l'homme son indépendance.

Mais s'il est vrai de dire de la génération contemporaine qu'elle se défie de l'intellectualisme, de la tendance à vivre uniquement de logique, elle n'entend pas s'abandonner aveuglément à l'instinct, à l'imagination, ni restreindre les droits légitimes de l'intelligence. La métaphysique — chose remarquable — reprend un nouvel essor.

(1) Outre que le prestige de Pascal sur la jeunesse ne subit aucun partage, nous savons que Newman, Blondel sont beaucoup lus. Nombreux sont aussi ceux qui apprécient la haute inspiration de M. Laberthonnière.

Mais c'est une métaphysique qui envisage toute chose du point de vue de la vie. Et qu'est-ce là, dit M. Édouard Le Roy, en une page qu'il faut citer tout entière, qu'est-ce là, sinon *réalisme?* « Réalisme : je veux dire don de soi au réel, travail de réalisation concrète, effort pour convertir toute idée en action, pour régler l'idée sur l'action autant que l'action sur l'idée, *pour vivre ce que l'on pense et penser ce que l'on vit*... En toute chose, chercher l'âme et la chercher par un effort de sympathie révélatrice qui est la véritable intelligence, et la chercher dans le concret, sans dissoudre la pensée en rêves ou en discours, sans perdre le contact du corps ni le contrôle de la critique, et la chercher enfin comme le plus réel et le plus vrai de l'être : voilà partout la vive et profonde aspiration de notre temps. De là son retour vers les questions que jadis on déclarait périmées ou closes ; de là son goût pour les problèmes d'esthétique et de morale, son obsession des problèmes sociaux et des problèmes religieux ; de là sa nostalgie d'une foi où s'harmonisent les puissances d'action et les puissances de pensée ; de là son inquiet désir de retrouver le sens de la tradition et de la discipline. »

De la métaphysique à la croyance.

Que cette résurrection de la métaphysique ait ouvert à beaucoup d'esprits le chemin de la foi, en leur donnant le goût des réalités spirituelles, cela ne paraît pas douteux. « Je crois que je serais un esprit profondément irréligieux, si je n'avais pas fait de philosophie (1), » nous disait un étudiant de lettres en Sorbonne, disciple de Bergson. Et il nous affirmait que son expérience était celle de la plupart de ses camarades. Pour M. Lotte, c'est la lecture de l'*Évolution créatrice* qui fut déterminante : « Je ne sais plus quel Athénien, dans *le Banquet de Platon*, écrit-il, déclare qu'il ne vit vraiment que depuis qu'il a connu Socrate ; j'en dirais autant de Bergson, si, depuis que je l'ai connu, je n'étais redevenu chrétien. C'est l'étude de sa philosophie, étude que j'ai commencée dans le plus épais matérialisme, qui m'a ouvert le chemin de la délivrance. Jusqu'en 1902, j'eus l'esprit bouclé par Taine et Renan : c'étaient les dieux de ma jeunesse... »

Cette dernière phrase nous fait saisir quel est, dès l'abord, le mode d'action de la philosophie bergsonienne : le plus souvent elle est négative, et c'est à sa critique des doctrines mécanistes qu'elle doit une partie de sa séduction et de son influence.

Mais elle offre quelque chose de plus : « Je n'oublierai jamais, dit encore M. Lotte, l'émotion dont me transporta l'*Évolution créatrice* : j'y sentais Dieu à chaque page. » Cette philosophie

(1) Cf. *la lettre de Pamphile*, contre-enquête.

contient, en effet, la plus catégorique réfutation du monisme et du panthéisme en général. Et M. Bergson lui-même s'est exprimé là-dessus avec une grande netteté dans sa lettre au P. de Tonquédec (1) : « Les considérations exposées dans mon *Essai sur les données immédiates* aboutissent à mettre en lumière le fait de la liberté ; celles de *Matière et Mémoire* font toucher du doigt, je l'espère, la réalité de l'esprit ; celles de l'*Évolution créatrice* présentent la création comme un fait : de tout cela se dégage nettement l'idée d'un Dieu créateur et libre, générateur à la fois de la matière et de la vie, et dont l'effort de création se continue du côté de la vie, par l'évolution des espèces et par la constitution des personnalités humaines. »

Pour aller plus loin, pour préciser davantage, il faudrait, note M. Bergson « aborder des problèmes d'un tout autre genre, les problèmes moraux », et ces problèmes, M. Bergson les a jusqu'à présent réservés. Mais il est permis, dès maintenant, d'entrevoir qu'il n'est point de doctrine « qui se prête mieux à des prolongements extérieurs ».

Chose digne de remarque : ce sont précisément des mathématiciens, comme Édouard Le Roy, des physiciens, comme Duhem, qui se sont attachés à montrer que la science ne connaît pas le réel et qu'elle s'en éloigne d'autant plus qu'elle énonce des

(1) Publiée dans les *Etudes* du 20 février 1912 ; citée et commentée par Ed. Le Roy, *op. cit.*, p. 202 et suiv.

lois plus parfaites, des principes plus absolus ; et ils l'ont établi en vue de prouver l'indépendance de la science et de la foi : « Je ne crois pas, écrit M. Georges Sorel, qu'il y ait de phénomène de conscience plus curieux que celui que nous observons chez les mathématiciens de notre temps ; de tous les savants, ils sont ceux qui acceptent le plus facilement le dogme catholique. Quand on interroge un algébriste, il répond généralement que le miracle n'offre rien d'étrange, parce que le miracle comporte l'introduction de données qu'on ne connaît pas. » Nous avons noté, pour notre part, qu'à l'École normale les scientifiques donnent une proportion de catholiques plus élevée que les littéraires.

Quelques intellectuels s'efforcent encore de défendre l'idéal positiviste ; mais ce n'est pas pour son mérite propre, c'est qu'ils s'effraient à l'idée d'enlever à la masse une croyance simple, utile, faute de quoi elle retournerait sans doute aux « superstitions » primitives. De cet état d'esprit témoigne ce passage d'un cours professé, en 1904, à l'École normale, par Frédéric Rauh : « Le kantisme universitaire de ces quinze dernières années, remarquait-il dès l'abord très justement, a fait des religieux sans Dieu, absorbés dans l'extase du moi pur, dédaigneux et ignorants de l'action. Puis l'usage de l'idéologie, la foi dans la valeur autonome des idées, indépendamment de tout contact avec le réel, aboutissent à de véritables hallucinations de l'intelligence, à la pure folie. Et ainsi la fantasmagorie dialectique mène au fanatisme... » Mais, tout en reconnaissant le danger de fonder sa vie sur un faux idéalisme, Rauh n'hésitait pas plus loin à conclure : « Aujourd'hui on veut élever tout le monde à la pensée, propager l'éducation scientifique, mais il n'y a là qu'une nécessité d'un certain moment de l'histoire ; *tant qu'on peut craindre une réaction religieuse contre l'esprit laïque, il faut maintenir à tout prix l'idée de la valeur de la science.* »

Cette déclaration est grave, en ce qu'elle semble conseiller une utilisation politique de l'idéal positiviste. Celui-ci ne serait-il donc qu'une duperie organisée par des intellectuels pour maintenir leur domination ? Comment des jeunes gens fonderaient-ils leur vie sur un tel sophisme de partisan ? On comprend que l'un d'eux se soit écrié : « Ce sera le résultat de l'enseignement universitaire d'avoir aidé par son caractère négatif à me faire connaître plus clairement les principes positifs de ma vie (1). »

L'attitude de la jeunesse religieuse.

La critique du positivisme scientifique, une délimitation plus précise de l'objet de la science, un retour à la métaphysique ont donc dès longtemps préparé ce renouveau du sentiment religieux auquel nous fait assister la jeunesse intel-

(1) Edouard SCHNEIDER, *les Raisons du cœur.*

lectuelle. Est-ce à dire que nous soyons en présence d'une jeunesse religieuse une et homogène?

Non, il y faut distinguer deux groupes d'esprits, sur plusieurs points secrètement opposés. Ces deux groupes se rallient à l'ordre catholique et, pour l'un comme pour l'autre, c'est l'action qui est le principal. On leur voit une même préoccupation de discipline et c'est le mot de réalisme qui doit servir pour les désigner communément.

Mais que ces notions identiques recouvrent de sentiments différents ! Les uns — les plus nombreux — pour qui l'âme du christianisme est un idéal de vie intérieure, s'efforcent de le réaliser en eux, d'y trouver l'ordre du cœur, et se préoccupent, avant toutes choses, de donner à leur foi toute sa force d'expansion, en créant des centres d'action religieuse. Les autres ont de l'action, de la discipline, une conception tout extérieure : ils procèdent d'une doctrine qui est une sorte de soumission à la constitution religieuse de leur pays et se fondent sur ce raisonnement : « Le catholicisme est la forme religieuse de la société où je suis né. Considérant, d'une part, que la religion est un élément nécessaire de toute société ; d'autre part, que la religion ne se conçoit pas pour un peuple sans une forme particulière, et que le catholicisme est cette forme, je suis amené à pouvoir me dire catholique. »

Toutefois, malgré des manières irréductibles de sentir et de penser la religion, catholiques véritables et catholiques « extérieurs » d'*Action française* se rencontrent sur tous les terrains *pratiques*. Tous, par exemple, s'entendent à rejeter cette hypocrisie qui mène « chaque égoïsme à se justifier sur le nom de Dieu et chacun à nommer divine son idée fixe ou sa sensation favorite, la Justice ou l'Amour, la Miséricorde ou la Liberté » : ces fantômes leur inspirent une pareille défiance (1). Nous verrons qu'ils combattent les mêmes adversaires, les mêmes erreurs et que sur les vérités dogmatiques, le sens de la hiérarchie, de la tradition, il y a entre eux un constant accord de fait.

Mais, de ce pragmatisme d'*Action française*, élaboré, voici quinze ans, pour une génération de sceptiques et d'incrédules, peu de jeunes catholiques aujourd'hui s'accommodent : alors même que le nationalisme d'un Maurras les séduit, ils ne reconnaissent à sa doctrine politique aucune valeur proprement religieuse. De la tradition ils ont une autre idée, et pour eux « la théorie qui accepte une tradition sans exiger la vie qui l'a inspirée ne peut être qu'un traditionalisme mort (2) ».

Ce sont surtout des moralistes, et la plupart d'entre eux se formèrent, dès l'abord, dans l'atmosphère du *Sillon* : mais ils s'en détachèrent bien-

(1) « Soyez béni, mon Dieu, dit Paul Claudel, vous qui m'avez délivré des idoles et qui faites que je n'adore que Vous seul et non point Isis ou Osiris, ou la Justice, ou le Progrès, ou la Vérité, ou la Divinité, ou l'Humanité, ou les Lois de la nature, ou l'Art, ou la Beauté. »

(2) Dom PASTOUREL.

tôt et donnèrent aux *Semaines sociales* (1) ces forces si nombreuses et si ardentes que le *Sillon* ne sut ni organiser, ni faire épanouir, faute d'une doctrine précise. Au *Sillon*, on se montrait trop soucieux de « vivre des émotions communes » : « Soyons d'abord des vivants... Ne heurtons pas la vie, laissons-nous faire par elle. » Cet idéalisme tout d'effusions mystiques, de désirs fougueux, d'élans du cœur, a lassé cette jeunesse, soucieuse de réalisations, de points de vue définis, naturellement organisatrice, et dont l'esprit d'organisation se révèle de toutes parts : « Songez, disait naguère Mgr Baudrillart, que, jadis, nous avions purement et simplement l'œuvre de Saint-Vincent de Paul. Aujourd'hui notre jeunesse a des chefs, elle a des cadres, elle est enrégimentée elle-même dans une multitude d'œuvres qui s'augmentent chaque jour (2). »

Voilà nettement marquées les différences essentielles des deux groupes de jeunes catholiques et de leur point de départ. Le plus grand nombre, disions-nous, appartiennent à l'âme et au corps de l'Église : dans leur foi, il faut encore remarquer qu'ils apportent plus de simplicité, de franchise que leurs aînés (3). Il n'est que de voir comme

(1) Les *Semaines sociales* ont leur siège à Lyon et sont répandues dans toute la France. Cf. Contre-enquête.

(2) Enquête de M. Jules Bertaut (*Gaulois*, 15 juin 1912). C'est également ce qui ressort des réponses faites par des membres du clergé à l'enquête de *la Revue hebdomadaire*. Elles signalent la multitude des œuvres d'éducation et des œuvres de charité créées ces dernières années.

(3) M. Lotte remarque très justement que la foi que l'on retrouve

ils méprisent les compromis subtils, faux semblants où s'ingénièrent plusieurs générations de philosophes et d'écrivains.

Le mouvement actuel n'a rien de commun non seulement avec l'idéalisme de 1890, mais avec cette évolution souvent affirmée vers une sorte de « laïcité religieuse », de religion de l'esprit où se rassemblerait et s'épurerait l'expérience religieuse de tous les temps et de tous les lieux. Rien n'est plus étranger à la nouvelle génération que le « mysticisme sans Dieu », la « dévotion athée » d'un Mæterlinck, si ce n'est le dilettantisme esthétique d'un Renan pour qui le christianisme devait cesser d'être un dogme pour devenir une « poétique ».

La religion comme thème artistique, le christianisme comme mythologie, voilà qui inspire une profonde répugnance à l'esprit réaliste de ces jeunes gens ; ou ils restent franchement en dehors de l'Église, ou en fidèles ils la servent. Leurs aînés, par désir de conserver certaines délicatesses morales, et aussi par une sorte de sympathie historique, s'étaient, à la suite de Renan, posé cette question : « N'y aurait-il pas moyen d'être catholique, sans croire au catholicisme? » Ils rêvaient d'une religion sans dogme, décor sans drame, chaleur sans flamme. Et c'est bien à cette manière

à notre âge, chez les intellectuels, est une foi franche, une foi simple. Et il note que c'est cette *simplicité* qui fait la force des *Mystères* de Charles PÉGUY.

de culte pour incroyants qu'Oscar Wilde songeait lorsqu'il écrivait : « La Congrégation des infidèles l'appellerait-on, où, devant un autel sur lequel on ne brûlerait aucun cierge, un prêtre, dans le cœur de qui la paix n'aurait pas de demeure, célébrerait l'office avec du pain profane et un calice vide de vin... » Pensée qui rejoint celle du jeune *Patrice* : « Nous voudrions employer nos plus précieux parfums à embaumer le christianisme et déposer sur sa tombe nos lacrymatoires, s'il consentait sérieusement à se tenir pour mort. » Il y a dans cet esthétisme une complication morbide qui semble détestable aux nouveaux venus ; en outre, elle repose sur une dissociation entre le *fait* et l'*idée* qu'ils n'admettent pas et dont l'action montre la duperie.

Bref, cette jeunesse a une même défiance à l'endroit de tous les sophismes par quoi la *religiosité*, un déisme inorganique voudraient se substituer à la religion véritable. De la vie spirituelle, elle se fait une idée autrement riche et n'essaie point de l'escamoter.

« La réalité religieuse, nous écrit un jeune normalien, est intérieure et vitale, et le problème religieux nous apparaît d'abord comme un problème où nous sommes engagés par la vie même. Mais si nous croyons que la religion n'est rien sans la vie du cœur, nous savons que, pour nous élever au-dessus du caprice individuel, il est besoin d'une règle universelle. Aussi sommes-nous séduits par ce qu'il y a d'absolu dans le dogme (1). Loin de penser que le christianisme est une morale sublime à prendre en faisant bon marché du dogme et que celui-ci n'est dans la religion qu'une partie très secondaire, une sorte d'algèbre insignifiante, nous le tenons pour une réalité vivante qui dirige et inspire notre conduite. Nous ne sommes pas de ceux qui disent : *Non serviam.* Nous ne trouvons la plénitude du christianisme que dans le catholicisme. »

Tel est le *réalisme* religieux des nouveaux venus. Ils ne conçoivent le sentiment religieux que sous la forme d'une société effective, d'une tradition durable. Bien que pénétrés de la dignité et de la valeur absolue des âmes individuelles, il leur semble que l'individualisme religieux est contradictoire dans les termes : ils tiennent cette transposition mystique du « vivre sa vie » pour une attitude anarchique, séditieuse ; et les jeunes philosophes qui, à la suite de certains maîtres, se laissèrent tenter par le protestantisme s'en éloignent décidément. Voilà le point — M. l'abbé Brémond l'a bien vu — où se rejoignent la renaissance du sentiment religieux et le catholicisme *extérieur*, le « romanisme » de Charles Maurras. C'est ici que l'union pourrait

(1) Certains jeunes gens se passionnent pour la théologie et l'étude du dogme : ils veulent *savoir* leur religion. Il est incontestable que la plupart ont pris, dès l'abord, les voies modernistes ; mais ce ne fut qu'un détour et déjà l'on signale un retour à l'intellectualisme thomiste, à la théologie traditionnelle. Cf. Jacques MARITAIN, *les Deux bergsonismes*, et aussi notre contre-enquête.

se faire entre les deux groupes d'esprits que nous avons, dès l'abord, opposés.

Ce qu'il nous faut retenir dans cette enquête, c'est l'élément qui leur est commun, appelle leur contact, constitue le germe de l'unité possible, c'est ce désir d'action et de discipline qui ramène lentement les meilleurs d'entre les jeunes hommes vers l'organisme puissant et séculaire du catholicisme ; c'est aussi cette harmonie que beaucoup d'entre eux trouvent entre le dogme et leur sensibilité réaliste ; c'est enfin cette sécurité que la doctrine catholique leur confère pour vivre et accomplir leur tâche.

CHAPITRE V

LE RÉALISME POLITIQUE

Il y a quinze ans, la jeunesse intellectuelle, formée par l'idéalisme universitaire et une culture cosmopolite, était tout entière gagnée au socialisme international. Aujourd'hui, ce n'est plus l'humanité, l'universel, mais la nation, qui lui semble le centre où tout se discipline et prend ses vraies proportions ; c'est du point de vue français qu'elle aborde la question politique. La tendance naturelle de son esprit l'a ramenée à une plus saine notion du possible. Divisée quant aux partis, c'est-à-dire quant aux systèmes et aux conclusions qu'elle adopte, elle est unanime dans le vif sentiment qu'elle a des causes de notre diminution nationale.

La critique des mœurs politiques.

La critique des mœurs politiques, voilà le point où elle s'accorde. Le régime parlementaire actuel est en défaveur. Une grande partie de la jeunesse écoute ceux qui lui répètent passionnément : « Le gouvernement des partis n'est que le règne de l'accident et de l'incohérence, il s'oppose à tout dessein continu dans le développement national, il abaisse la moralité individuelle en détruisant toute responsabilité. » La vigueur dialectique, apportée dans leurs attaques par les néo-monarchistes d'*Action française*, a donné je ne sais quelle allure de nouveauté révolutionnaire à des doctrines qui eussent semblé, il y a vingt ans, celles d'un parti arriéré, sans pensée, irrémédiablement déchu. A l'autre extrémité de l'horizon politique, une doctrine également faiseuse d'ordre, parlant au nom du prolétariat, engage un procès aussi âpre contre la démocratie ; et la jeunesse trouve dans le syndicalisme de M. Georges Sorel quelque chose de sain et de fort.

Aussi bien serait-il puéril de nier que l'idée républicaine traverse une crise dans la conscience de nombreux jeunes hommes. M. Pierre Baudin, dans la conclusion générale de la précieuse enquête menée par M. Henri Mazel dans la *Revue des Français*, se voit dans la nécessité de reconnaître que cette foi en la vertu propre de la République, à qui nos aînés attribuaient « l'efficace de l'idée chrétienne de bonté, de justice..., a cessé de convenir à l'activité des générations nouvelles (1) ».

(1) M. J. Paul-Boncour reconnaît que depuis quelques années « une sorte de désaffection » semble entraîner la jeunesse loin de tout ce qu'aimèrent leurs aînés :

« Querelles d'intellectuels, dira-t-on ? Oh ! les profonds politiques, qui croient que tout se mesure au nombre des bulletins de vote ! Les partis au pouvoir accroissent leurs effectifs, c'est entendu. Que m'importe cet accroissement si, dans le même temps les idées, qui sont notre raison d'être, sont désertées, si tout ce

Les congrès des jeunesses laïques et républicaines témoignent eux-mêmes d'une déception significative (1). Elles ne cachent pas leurs mécomptes ni le prestige déclinant de l'idéal révolutionnaire.

Par une réaction emportée et excessive, c'est l'idéalisme politique lui-même qui est mis en cause par beaucoup de jeunes gens, c'est lui qu'ils accusent de la faiblesse matérielle de la patrie. Dans les polémiques passionnées que suscita parmi les jeunes revues le centenaire de Jean-Jacques Rousseau, en juin dernier, l'artiste, l'écrivain passèrent au second plan, l'influence politique devint le prétexte d'attaques violentes. Des élèves d'un lycée de la rive droite adressèrent à Maurice Barrès une lettre où ils déclarèrent « répudier, avec la grande majorité des Français, la philosophie du citoyen de Genève ». Non moins

qui pense, tout ce qui vibre, tout ce qui se passionne pour la lutte des doctrines, tout ce qui travaille à préparer la France de demain est tenté d'aller chercher aux extrêmes un idéal plus net et une doctrine plus haute

« Quelques-uns vont au parti socialiste. D'autres vont demander à l'*Action française* une systématisation monarchique. Le plus grand nombre va chercher dans l'Église un refuge pour toutes les lassitudes et le charme enveloppant de disciplines séculaires. »

(1) Tels ces considérants d'un vœu adopté par un Congrès de jeunesse laïque tenu récemment dans le Midi :

« Considérant... 4° Que les mœurs politiques actuelles, trop souvent indignes d'un peuple libre, doivent être l'objet des efforts de tous ceux qui croient à la puissance de l'éducation ou de l'exemple, afin que le désintéressement, la courtoisie, la tolérance et la sage mesure s'installent définitivement chez nous au décisive est l'enquête qui fut faite alors par une grande Revue sur les sentiments de la jeunesse à l'égard de Rousseau. Elle condamne en lui l'anarchiste du sentiment, le métaphysicien des droits de l'homme (1).

Si les adversaires du régime ont gagné tant de cœurs ardents, c'est que, depuis plusieurs années, les faits leur apportaient régulièrement la démonstration de leurs thèses. Il faut songer que toute l'évolution de la jeunesse présente a été dominée par le sentiment cruel des humiliations que l'étranger a fait subir à la France ; on s'expliquera alors

lieu et place de l'égoïsme, du sectarisme sous toutes ses formes et de la surenchère hypocrite et criminelle ;

« 5° Qu'une profonde réforme politique et administrative (à base régionaliste) s'impose pour relever le rôle de nos représentants, limiter leurs pouvoirs, enrayer le favoritisme, faire cesser les exigences des agents électoraux et présider à la naissance d'une démocratie nouvelle, où l'ordre et le travail, conditions du progrès, seront garantis par une politique idéaliste et moralisatrice. »

(1) Cette enquête sur « l'Influence de Rousseau » a été faite par la *Vie heureuse* (15 juin 1912). Parmi les jeunes gens interrogés, rares sont ceux qui ne firent point de graves réserves sur le moraliste et le penseur. Lisez MM. Jérôme et Jean Tharaud : « Cet homme, il est dans notre sang ; et pourtant, qui ne voit aujourd'hui, chez les meilleurs écrivains de ce temps, une aspiration à se délivrer de sa sentimentalité confuse, de son génie obscur, étouffant, plébéien, pour faire triompher en eux les pensées claires et volontaires sur les parts indomptées de l'âme ? » Et M. Edmond Jaloux : « Je sens trop combien je suis attaché à cet homme que j'admire et que je juge haïssable. Son influence, exaltante pour l'individu, est détestable pour la société... » Mais il faut lire surtout la réponse faite par les élèves du *Borda* : « ... Ah ! Rousseau, tu n'as jamais parlé de cela, la Patrie !... » — et celle du chef de promotion de l'École normale : « ... Son système d'éducation me répugne, sa morale me blesse, sa façon d'aimer me convient, mais je l'ai reçue d'autres que lui... »

qu'elle ait écouté avec ferveur ces doctrinaires, qui tenaient la patrie pour la réalité supérieure, et concevaient, traitaient, « entendaient résoudre toutes les questions pendantes dans leur rapport avec l'intérêt national ». Ce sont les périls publics qui ont déterminé leur attitude politique. Les luttes civiles, les luttes d'idées et de croyances, avaient épuisé l'énergie du gouvernement, qui se trouva surpris par la menace étrangère. Le débarquement de l'empereur Guillaume à Tanger est un fait d'une importance capitale dans l'histoire de nos mœurs. La blessure de l'orgueil national, intime, cachée, mit dans notre sang un ferment secret, dont les effets éclatèrent tout à coup lors des incidents d'Agadir. La transformation était si complète qu'elle étonna nos gouvernants, qui ne l'avaient point pressentie.

Il serait injuste de méconnaître la part que l'*Action française* a prise à ce réveil de la conscience nationale et tout ce que lui doit, pour le redressement de sa culture et de son intelligence, un jeune Français de 1912. Elle l'aida à se débarrasser des troubles, des inquiétudes que l'anarchie mentale du siècle dernier avait fait lever dans son âme : elle lui apprit à se borner, à considérer les nécessités positives de l'existence d'une race, à dominer l'esprit d'insurrection et de négation ; d'un mot, elle fortifia en lui le sens réaliste. On ne peut aujourd'hui causer avec un de ces jeunes gens des écoles sur qui notre enquête a porté, sans reconnaître dans leurs raisonnements la trace de certaines idées d'origine nationaliste. Le vocabulaire commun lui-même en a été modifié. Il serait facile, par exemple, de déterminer avec précision la date où le mot *français* a pris ce sens plus strict, défensif et quasi belliqueux, que la jeunesse aujourd'hui lui donne.

Tout ce qui est de « seconde zone » dans la politique nationaliste, toutes ses campagnes contre les éléments perturbateurs de l'ordre et de la santé française, contre le germanisme de l'enseignement, les excès romantiques, l'impuissance parlementaire, etc., a été utilisé spontanément par ceux-là mêmes des jeunes gens qui repoussent la conclusion monarchiste de la doctrine. Mais, du même coup, le bénéfice escompté de ces idées pour la cause royale lui échappe. Leur succès lui porte le coup le plus funeste. En dépit de la géométrie politique de Maurras, cette expérience même montre que l'idée de patrie est indépendante du principe monarchique. Ainsi s'ébranle la thèse selon quoi la démocratie ne saurait servir ni même vouloir le bien de la nation.

Bien qu'ils en aient, ni la jeunesse intellectuelle, ni même la majorité de cette jeunesse ne suit les doctrinaires d'*Action française* jusqu'à la monarchie. A l'École normale supérieure, on ne compte que deux tenants du « nationalisme intégral ». Le caractère abstrait, rationnel, la logique implacable de ces démonstrations, ne parvient pas à déterminer son assentiment ni à dissimuler ce manque d'amour qu'aucun effort dialectique ne saurait combler. Le royalisme n'entraîne pas l'adhésion de son cœur, et les explications les mieux construites ne peuvent rien contre des puissances de sentiment, qui, elles, demeurent secrètement attachées à la démocratie. Nous avons trouvé, chez maints jeunes hommes, une opposition ferme, résolue, nullement agressive, à la thèse essentielle de l'*Action française*, et cela, non point pour des raisons strictement politiques, mais parce que l'attitude intellectuelle, le mode de raisonnement des disciples de Maurras, heurtent et leur intime croyance, et leur goût des réalités, étant établi que la politique est un problème, non d'idées pures, mais de faits, et que les sentiments sont les moins négligeables des faits.

Jeunes démocrates et néo-monarchistes.

S'il n'y a de jeunesse, en effet, qu'ardemment patriote, il y a une jeunesse démocrate. C'est la plus nombreuse et, sinon la plus agitée, sans doute la plus vraiment réaliste.

« Aujourd'hui, nous dit l'un des esprits les plus avertis de cette génération nouvelle, tous les jeunes gens ont le sens de l'ordre. Mais ils le conçoivent différemment, les uns dans la monarchie restaurée, les autres dans une démocratie organisée (1). Je crois que l'idée royaliste a rallié aujourd'hui tous ses fidèles, mais l'idée d'une démocratie forte et ordonnée se précise chaque jour, s'accroît du bénéfice même des campagnes nationales menées par l'*Action française.* »

Cette idée, en effet, nombre de jeunes gens l'exprimèrent devant nous. Ils proclamèrent leur foi en l'avenir d'une république fondée sur une autorité centrale non illusoire, un parlementarisme

(1) Démocratie organisée, nous dit-on, c'est contradiction dans les termes. « Organiser signifie différencier, c'est-à-dire créer des inégalités utiles ; démocratiser, c'est égaliser... » (MAURRAS, *Dilemme de Marc Sangnier*, p. 150.) C'est raisonner sur la forme politique dite démocratie ainsi qu'un logicien sur une idée abstraite. On suppose une démocratie idéale, un système unitaire et parfait, un théorème avec le bel accompagnement de ses corollaires. Ainsi serait, par exemple, une démocratie qui aurait réalisé l'égalité absolue des citoyens, non pas seulement l'égalité devant la loi, mais l'égalité des fortunes, l'égalité des salaires selon le temps de travail, etc... Et dès lors on triomphe sans peine. Encore faudrait-il savoir si un tel communisme, en théorie, ne s'accommoderait point d'une différenciation toute naturelle, celle des métiers. Mais considérons une démocratie telle que la nôtre. C'est une égalité relative ou *virtuelle* qu'elle édicte, égalité dans la soumission aux lois, dans l'admission à tous les emplois, etc. C'est donc que le régime démocratique n'est point contraire en fait à une organisation, une hiérarchie, une classification des citoyens, pourvu que celle-ci soit fondée sur *les capacités personnelles*, et non pas sur *l'hérédité*. Car tel est le seul principe essentiel d'une démocratie. Maurras peut donc soutenir que l'hérédité assure le maintien des classes plus fortes et plus immobiles, mais non pas plus actives ni plus fécondes. Les effets ruineux de la tendance égalitaire sont bien compensés par d'autres effets, qui neutralisent, parfois même utilisent le venin de l'égalité. Par exemple, ne faut-il pas considérer comme salutaire ce goût « d'avancement social », dont parle Proud'hon, qui tend l'énergie des individus, et leur fait rendre le plus possible ?

réduit, de solides groupements professionnels (1), une Chambre de travail élue, une large décentralisation, et dont le principe de réforme serait d'abord dans les mœurs, non dans un pur arrangement extérieur. A leurs yeux, c'est peu qu'une réforme politique qui ne serait point précédée d'une réforme intérieure.

Or, l'ordre d'un Maurras est un ordre purement rationnel. Non pas qu'il refuse toute valeur au sentiment, puisque le point de départ de ses raisonnements, c'est l'amour de la patrie. Mais, dès ce point franchi, il n'attend plus rien que de l'agencement politique et ne fait plus appel à l'individu. Cependant, qu'est-ce que le système apparent des institutions et des lois, s'il ne reflète et ne traduit l'harmonie cachée des croyances individuelles? Une architecture bien vaine et bien précaire. Ces jeunes gens se défient d'une perfection formelle qui fait fi de la perfection intérieure.

On pourrait opposer l'ordre logique des sociétés monarchiques à l'ordre psychologique des sociétés démocratiques. L'un s'appuie sur l'utilité sociale, il est tyrannique et simple ; l'autre sur la justice sociale, il est plus subtil, plus nuancé, plus savant. Ce que le premier demande à une organisation

(1) L'idée de souveraineté nationale, telle que l'a conçue la Révolution, subit une crise. La volonté générale ou populaire, source de tous les pouvoirs selon les théoriciens révolutionnaires, n'apparaît plus à ces esprits réalistes que comme une vague entité métaphysique ; elle se résout pour eux en volontés précises et particulières, qui, elles seules, ont compétence, donc sou-

juridique puissante et coordonnée, le second le demande à la cohésion morale, à l'accord intime des individus. Or, de cet accord intime, les néo-monarchistes d'*Action française* ne se soucient guère. Ils avouent les dissentiments individuels qui les séparent ; ils déclarent se contenter de la concordance pratique de leur action (1). Du moins rattachent-ils leur système à quelque dogme reconnu de tous? Pas davantage. Un complet scepticisme moral inspire leur doctrine. Ils bâtissent un ordre social autoritaire hors de toute vérité morale ou métaphysique, il fondent un régime absolu sur l'incroyance. N'est-ce pas une chimère d'intellectuel? Comte lui-même, dont Maurras se

veraineté. Or, ces volontés précises se révèlent dans les corps et syndicats, ces « sociétés intermédiaires » proscrites par la législation révolutionnaire. C'est en eux que réside la souveraineté véritable.

(1) Ce désaccord interne au sein même d'un parti, ce serait pour lui une cause de faiblesse grave à l'heure où il devrait, non plus critiquer, mais construire, car comment concevoir un système social durable sans unité morale? Ce défaut d'harmonie se fait déjà sentir dans la doctrine. « Le paradoxe de l'*Action française*, a-t-on écrit, c'est d'avoir défendu les doctrines réactionnaires au nom de principes qui en semblaient autrefois la négation : le monarchisme au nom de la science et de l'histoire ; le catholicisme au nom du positivisme incroyant, voire athée ; le bon ordre social, la famille et la propriété, au nom du plus parfait scepticisme intellectuel et moral. D'où il suivra peut-être que la nouvelle philosophie politique, n'aspirant à rien tant qu'à la cohérence logique, *sera pourtant travaillée de toutes sortes de contradictions internes, et s'épuisera à tirer l'harmonie d'inspirations opposées.* »

Ces dissentiments ne sont point supprimés parce qu'une habile dialectique les atténue. Le parti d'*Action française* est suivi par un clergé et une noblesse qui conservent leur idéal propre, idéal non positiviste, égoïste et périmé, qui vite aurait raison de l'idéal désintéressé d'un Maurras.

dit le disciple, ne croyait point qu'aucun ordre social fût possible sans la subordination « à une puissance extérieure dont l'irrésistible suprématie ne nous laisse aucune incertitude (1) ».

C'est, en effet, l'amoralisme intellectuel de l'*Action française* qui heurte beaucoup de nouveaux venus. « Charles Maurras, nous disait l'un d'eux, reproche à qui n'est pas royaliste de ne pas obéir aux « lois du monde » et de prétendre vainement sauver son pays à rebours de ces lois. Sa physique sociale impose la monarchie à notre raison, comme la conclusion d'un syllogisme. La royauté rétablie, tout succède. C'est une philosophie mécaniste qui veut atteindre, dans la politique, une certitude rationnelle du même ordre que celle des sciences pures. Sous le prétexte de faire de la science, elle compte sans les éléments sensibles, sans les aspirations sentimentales et morales, voire sans ce legs riche et vivant de passions qui compose notre sensibilité et prédestine notre être; elle mutile les forces de la vie. »

Cette résistance secrète, mais catégorique, à la méthode même de l'*Action française*, en dépit de l'accord provisoire sur les résultats, atteste, à n'en pas douter, la vitalité des sentiments démocratiques dans une grande part de la jeunesse cultivée. Elle leur sert même à se définir par contraste. Un jeune parti républicain national aspire

(1) *Système*, t. II, p. 13.

à la vie. Que jusqu'à présent lui ait fait défaut le prestige d'un chef incontesté, c'est un accident fâcheux pour la République, mais il n'en reste pas moins que des forces attendent, dont le néo-royalisme se prive aveuglément. Le sentiment démocratique est encore vivace, quoique déçu. Ces richesses de sensibilité demeurent sans emploi, ne consentant pas à servir une discipline qui cache mal un autoritarisme brutal et sceptique. Car il y a une « mystique républicaine », pourparler comme Charles Péguy, et il n'y a pas une mystique royaliste.

Cette mystique républicaine ne tient pas pour un vain mot la vie intérieure, ni les exigences de la conscience morale. Les jeunes démocrates considèrent que nul édifice de vérités contraignantes et soi-disant immuables ne saurait remplacer l'adhésion individuelle (1). Ils cherchent l'harmonie d'abord en eux-mêmes, et n'attendent point de la recevoir d'un régime politique. Fidèles à la démocratie par une sorte de bon sens conservateur, d'attachement secret à un principe entré définitivement dans les mœurs, et aussi de pru-

(1) Qui fait fi de cette adhésion, comment espérerait-il forcer l'individu à sacrifier ses intérêts aux intérêts supérieurs et permanents de l'État? Suffira-t-il de lui prouver que l'intérêt social l'exige, qu'il a tort de s'insurger contre la société? Ou bien espère-t-on lui faire comprendre que, l'intérêt collectif et les intérêts particuliers coïncidant (selon la vieille chimère des utilitaristes anglais), son intérêt est de se soumettre. Eh bien! non, *s'il ne le veut pas*, si la source de ce sacrifice n'est pas dans sa volonté, c'est-à-dire dans son être moral, jamais on n'obtiendra cette abdication, sur laquelle repose en définitive la société.

dence réaliste, ils s'efforcent de l'améliorer et de la refaire par l'intérieur. Aussi n'attachent-ils pas à la réforme des institutions la même vertu que les nationalistes d'*Action française.*

N'est-ce pas en effet le fond même de cette doctrine que la forme du gouvernement et l'édifice de la législation déterminent les mœurs d'un pays, et que son progrès moral dépend d'un changement constitutionnel? Fixez les lois de la politique, et vous aurez celles de la morale. La bonne volonté individuelle est fugitive, les actes des vivants même les plus nobles s'évanouissent en un instant. « Il faut, dit Charles Maurras, que les individus fixent et prolongent en des institutions un peu moins éphémères qu'eux le battement furtif de la minute heureuse qu'ils auront appelée sagesse, mérite ou vertu ; seule l'institution, durable à l'infini, fait durer le meilleur de nous. »

Cette vue, essentielle au positivisme nouveau, nous mènerait logiquement au « réalisme social » des juristes allemands : l'institution détachée de l'individu, placée en dehors et au-dessus de lui, lui donnant son être et ses qualités. Elle nous mènerait du même coup à la sociologie germanique d'un Durkheim : la nation être collectif, vivant d'une vie propre, dont les êtres individuels tirent substance et réalité. C'est la théorie d'un Schœffle, d'un Wundt, d'un Wagner et aussi bien d'un Savigny, d'un List, d'un Roscher, d'un Knies... C'est toute la pensée allemande du dix-neuvième siècle, dont l'apport vient aujourd'hui troubler le clair courant de la pensée française (1). Selon Montesquieu et les philosophes de notre dix-huitième siècle, la législation vaut ce que valent les hommes, ceux qui la font et ceux pour qui elle est faite (2). Selon les Allemands, au contraire, la législation est l'expression d'une volonté supérieure, la volonté sociale, elle a sa valeur propre indépendante, sa valeur en soi. La modération et le bon sens sont du côté de la thèse classique française ; le mysticisme, l'outrance, le dogmatisme autoritaire, du côté de la thèse allemande.

Une discussion là-dessus, bien qu'elle nous introduisît au cœur du sujet, serait trop longue. Il serait aisé de montrer pourtant comment les lois et les systèmes politiques sont impuissants lorsqu'ils ne sont point soutenus par les mœurs ; comment l'institution, qui ne saurait durer que par l'adhésion continuée des esprits, sans elle n'est qu'une vaine entité, une coque vide. L'histoire nous rappellerait les déviations et les entorses que la réalité inflige aux institutions, même le plus logiquement construites, lorsqu'elles ne sont

(1) Le prestige de cette philosophie germanique ne remonte, si l'on excepte Renan, qu'à la guerre de 1870, qui a accrédité l'idée de la supériorité intellectuelle des peuples germaniques. Ainsi le traité de Francfort a joué le rôle inverse des traités de Westphalie, qui préparèrent la domination des idées françaises au dix-huitième siècle.

(2) Cf. notamment tout le livre XIX de l'*Esprit des lois :* « Des lois dans le rapport qu'elles ont avec les principes qui forment l'esprit général, les mœurs et les manières d'une nation. »

point d'accord avec cette intime logique sociale, toute-puissante, bien qu'invisible, qui est l'harmonie des croyances, le faisceau des mœurs et des coutumes d'un pays. C'est qu'une institution n'est forte que de la force des valeurs morales qui l'ont créée, qui la maintiennent, qui la défont et la refont sans cesse (1). Concluons qu'il faut attendre le salut moins d'un déterminisme politique souvent illusoire que d'une réforme individuelle. Au surplus, l'histoire même de tous les partis le prouve. Que font-ils? Avant que de perfectionner leur système, ils convertissent des âmes. Ils les convertissent par le raisonnement, dites-vous? Certes, mais parce qu'ils fournissent ainsi une nouvelle force à des inclinations préalables, au mécontentement, à l'honnêteté froissée, aux énergies impatientes.

Un parti serait bien fragile qui ne se fonderait que sur les lois historiques et le raisonnement pur. Rien de plus sujet à caution que l'expérience historique, chacun l'énonce à sa façon (2) ; quant au raisonnement, il est à craindre que chacun le

(1) Pour prendre un exemple actuel, quel rapport y a-t-il entre le texte de notre Constitution de 1875 et la pratique parlementaire qui en est issue? Comparez la faiblesse réelle du pouvoir exécutif et la puissance théorique qui lui est conférée. Les mœurs, il faut le regretter, ont eu raison de la loi. Il semble qu'elles soient plus éclairées aujourd'hui.

(2) Pour Taine, c'est l'esprit classique qui a préparé la Révolution ; pour Maurras, c'est l'esprit genevois et romantique. Et la controverse est d'importance ; elle met en cause la méthode même d'*Action française* et sa critique des idées révolutionnaires. Qui croire, Taine ou Maurras? (Voir *Trois idées politiques*, note 1.)

dirige selon ses préférences secrètes. La faiblesse du jeune parti monarchiste vient de ce qu'il prétend plier le monde à la seule raison, et méconnaît des sentiments vivants et des réalités morales dont nul parti ne saurait se désintéresser. D'un tel oubli les syndicalistes ne se rendent point coupables. Ils cherchent avant tout leurs directions morales, et c'est pourquoi on les voit s'échauffer au souffle de probité passionnée d'un Proudhon.

Ils se scandaliseraient sans doute de ces paroles de Maurras : « Il n'est au pouvoir d'aucun homme de faire naître des saints, mais chacun peut connaître les lois de la vie politique et, ces lois connues, en faire l'application dans son pays. » Pour vivre en effet, serait-ce tout que de s'unir à un parti? Ne devons-nous pas considérer d'abord l'effort moral, individuel? Ce serait la démission de tout héroïsme que de n'attendre l'élévation de l'homme que du bon ordre du gouvernement. Ne serait-ce pas même en quelque sorte anticornélien, peu conforme au meilleur idéal français? Au contraire des traditionalistes intransigeants, les jeunes syndicalistes pensent : « C'est l'homme qui fait l'histoire, et non pas l'histoire qui fait l'homme. » Et telle est, au surplus, la conviction des générations actives.

En résumé, le réalisme politique des jeunes gens suit deux voies divergentes : l'un, confiant dans les vertus de l'agencement politique, bâtit sur d'audacieux syllogismes une France non parlementaire, antidémocratique, logiquement ordonnée autour de la personne centrale du roi ; l'autre prend son point d'appui dans les aspirations individuelles et dans le sentiment démocratique qu'il ne veut point refouler, mais redresser et élever... Deux partis qui, sur bien des points et particulièrement dans le souci qu'ils ont de la force nationale, marchent d'accord, mais dont l'un poursuit une réforme catégorique et surtout extérieure, l'autre des réformes progressives et morales, dont l'un pense que le régime républicain est désorganisateur par essence, l'autre seulement par la faute des individus (1).

(1) Signalons la concordance de notre enquête sur les idées politiques de la jeune génération avec celle de *la Revue hebdomadaire*. M. Émile Faguet la résume ainsi (numéro du 20 juillet 1912) :

« *La majorité, la très grande majorité, est très nettement et très franchement républicaine.* Un seul, si je ne me trompe, des enquêtés a nettement posé en principe la monarchie absolue. Tous les autres se sont déclarés ou montrés républicains modérés et, comme tels, ont signalé comme les deux grands abus du régime actuel l'instabilité ministérielle et le *régime parlementaire.* Et c'est l'effet et la cause.

« Il m'a semblé que dans leur pensée une plus grande autorité présidentielle remédierait à l'omnipotence du Parlement et à l'instabilité gouvernementale qui en est la suite. Il m'a semblé encore plus que *la réforme du régime parlementaire et c'est-à-dire de tout le régime était, dans leur pensée, une affaire de mœurs politiques meilleures* et, par conséquent, d'éducation politique nationale. »

Voir dans cet esprit les articles de M. François Perilhou dans la *Vie française* (septembre-octobre 1912).

Les lettres de M. Henry Leyret au *Temps* témoignent à leur tour de cette renaissance de l'idée d'autorité.

CONCLUSION

Le philosophe sceptique, l'esprit élégant d'autrefois sourit et nous dit :

« Votre enquête est curieuse, elle ne m'ébranle pas. Et même, vous l'avouerai-je, elle m'affermit dans mes conclusions. Car ce mouvement que vous décrivez, n'importe quel observateur, avec un grain de sens historique, eût pu le prévoir. L'inévitable rythme des générations appelait à la vie, après une période de pessimisme, de neurasthénie, de rêveries humanitaires, cette génération saine, confiante, avide de réalités, et si pleine d'un fol optimisme patriotique. Ne savez-vous pas que les jeunes gens s'opposent presque toujours avec violence aux directions d'esprit suivies par leurs aînés? Je ne veux donc pas m'effrayer d'une jeunesse si passionnément gouvernée par un idéal contraire au mien, et je me rassure en attendant, d'ici dix ou quinze années, le retour de forces aujourd'hui manifestement déclinantes. »

Ne dénions point à ce raisonnement sa valeur. Qu'il y ait une secrète vertu de contradiction à l'origine des grands courants d'idées et de sentiments, il serait puéril de le contester. A propos de notre enquête, M. Marcel Sembat citait dans l'*Humanité* cette phrase de Taine : « Les grandes inclinations publiques sont passagères ; parce qu'elles sont grandes, elles se contentent, et parce qu'elles se contentent, elles finissent, » et il y trouvait du réconfort. Mais il faut bien voir que nous ne sommes pas en présence ici d'une simple mode intellectuelle. Le goût de l'action, de la vie pratique, d'une discipline morale et religieuse, c'est autre chose que la manifestation d'un snobisme de l'esprit. Le principe du changement est beaucoup plus profond ; il est dans l'être intime, dans la volonté.

S'il ne s'agissait que d'un entraînement d'idées, peut-être faudrait-il douter de la réalité d'une évolution qu'accuse depuis six à huit ans la jeunesse, et, plus que toute autre, la jeune élite sur qui porta notre enquête. Mais c'est son caractère qui s'est modifié plus encore que ne se sont renouvelées ses doctrines. « Oui, vraiment, disait M. Bergson à un rédacteur du *Gaulois* (1), je crois à une sorte de renaissance morale française, et ce qui me frappe le plus, ce qui me fait bien augurer de cette renaissance, c'est qu'elle n'est pas seulement une transformation des idées... mais une transformation, ou plutôt une vraie création de la volonté. Or la volonté, c'est l'expres-

(1) *Gaulois littéraire* du 15 juin 1912.

sion même de tempérament, c'est-à-dire de ce qu'il est le plus difficile de modifier. De ce point de vue, l'évolution de la jeunesse actuelle m'apparaît comme une sorte de miracle. »

Considérons, par exemple, la vogue des sports. Elle entraîne toute la jeunesse des lycées et des collèges, qui lit avec passion les feuilles sportives ; et nul ne saurait exagérer son influence sur la santé, sur le courage et la moralité de nos jeunes écoliers (1). Cependant cette vogue elle-même est-elle cause ou effet? Elle ne s'expliquerait pas, croyons-nous, sans une disposition nouvelle du caractère. C'est l'amour de l'énergie, le désir d'une vie pleine et active qui ont fait le plus pour ramener chez nous le goût des jeux en plein air et de la culture physique. C'est un penchant de la volonté qui a décidé de cette culture physique. C'est un penchant de la volonté qui a décidé de cette vocation sportive. Le ressort de la vie est certainement plus fort que jamais chez les jeunes gens.

Considérons aussi leur ardent patriotisme. Certains n'y veulent voir qu'un mouvement d'humeur qui suivit les provocations de Tanger et d'Agadir ; il n'impliquerait nulle sérieuse réforme du caractère. Cependant le propre de telles secousses, c'est de provoquer une sorte d'examen de conscience, de revision interne de toutes les

(1) Voir aux annexes l'article de Georges ROZET, *la Jeunesse et le sport.*

valeurs. Ce serait peu s'il se réduisait à un sursaut de colère ; tout démontre que ce fut mieux que cela, un retour sur soi-même, qui aboutit à l'expulsion réfléchie de certaines chimères auxquelles nous tenions trop. Dans le domaine moral, les idées se joignent par de subtiles antennes ; le dépérissement de l'une entraîne la langueur de toutes celles qui lui sont secrètement liées. Une claire vue des nécessités patriotiques nous prépare à accepter toute une série de vérités parallèles dans le domaine moral, intellectuel, littéraire, politique.

Ce qui prouverait que la mode est absente de ces inclinations nouvelles, c'est qu'au moins pour les tout nouveaux venus, elles sont à peu près inconscientes. Ils ne veulent s'opposer à personne, ils sont différents, voilà tout. Carlyle, dans un de ses *Essais*, développe cette pensée que « les gens bien portants ne connaissent pas leur santé, mais seulement les gens malades ». Or, ces jeunes garçons lisent moins que leurs aînés ; ils sont moins qu'eux enclins aux idéologies, ou ne vont qu'à celles qui leur peuvent fournir une règle active. Préoccupés plus tôt d'une carrière et de sécurité matérielle, l'action les prend dès le plus jeune âge. Ils se marient sans tarder et se donnent allégrement de nouvelles responsabilités. Utilitaires? Oui, sans doute, si c'est être utilitaire que de calculer et d'escompter le bénéfice réel de ses actes, mais le mot ne signifie nullement ici l'abandon de tout idéalisme. Un professeur au lycée de Versailles, M. Bezard, exprime avec netteté cette différence : « Malgré la prédominance des soucis positifs, malgré l'*auri sacra fames* qui pousse de plus en plus nos jeunes lycéens vers le travail « qui paie », et partant vers les études scientifiques, on constate chez eux un idéalisme certain, un amour du courage et de l'audace, que l'aviation symbolise à leurs yeux (1). »

C'est un idéalisme actif, sans nul romantisme, sans cette vaine « nostalgie des paradis perdus, cet amour des hautes contemplations intellectuelles et des belles fêtes de l'esprit » contre quoi les ont garantis les maîtres qu'ils préfèrent ; un idéalisme qui prend l'existence à plein, qui aime à se heurter aux choses et met au-dessus de tout les qualités viriles. En un mot, cette génération n'est pas celle des vœux impossibles.

Qu'on ne s'étonne pas de voir renaître en même temps dans cette jeunesse plus volontaire et plus vivante un attrait certain pour la morale et la religion traditionnelles. Même sans les raisons théoriques que nous avons indiquées, sans les déceptions causées par le positivisme et le culte de la science, un puissant amour de l'action suffirait à expliquer ce retour. Une règle morale, un dogme religieux sont de puissants auxiliaires pour la vie active. Le désir de stabilité est plus

(1) *Revue des Français*, 25 avril.

impérieux chez celui qui agit que chez celui qui pense. Beaucoup se disent ramenés au catholicisme parce que, dans l'effondrement des systèmes, ils ne voient plus que lui qui fournisse une maison acceptable, éprouvée et qui dure.

Il se peut que l'éloignement des jeunes gens pour la vie de plaisirs, leur dégoût pour le libertinage et pour « la bohème de l'amour », ne soient pas inspirés d'un autre sentiment et que ce ne soit qu'un prudent calcul d'économie de forces et de temps... Et sans doute c'est là une sagesse tout utilitaire... Mais peut-être est-ce la vraie sagesse !

***

Eh ! dira sans doute quelque moraliste, je vois là bien des nuances qui m'inquiètent ; cette jeunesse n'est donc point si désintéressée que vous sembliez le dire d'abord. Mon Dieu ! il n'est pas de vertu qui, selon le tempérament, ne puisse dégénérer en défaut. L'amour du sport peut conduire au culte des valeurs brutales, à un injuste dédain pour les scrupules et les délicatesses du cœur. Le souci des nécessités pratiques peut mener aussi bien au reniement de certaines élégances spirituelles chères à notre race, et quelques-uns déjà déplorent la décadence d'un certain esprit curieux et raffiné, joliment nuancé d'ironie. Enfin, la préoccupation trop exclusive d'une carrière peut entraîner quelque hâte d'arriver qui serait déplorable.

Peut-être les jeunes gens de demain entendront-ils trop bien le vœu que Barrès formait pour Philippe dans les *Amitiés françaises* : « Sois actif et quelque peu rude... Puisses-tu n'avoir pas trop de cœur ! » Barrès souhaitait par là non pas moins de sensibilité, mais moins de désordre dans les nerfs, moins de lyrisme éperdu, moins de ces emportements passionnés qui s'accordent d'ailleurs si bien avec une âme sèche ; il souhaitait une sensibilité réglée, munie contre les suggestions du désir, et qui se fortifie dans un ordre réel... Seulement, aguerrie de la sorte contre les embûches d'une molle sentimentalité, il se peut qu'une telle génération soit moins pitoyable que son aînée.

En revanche elle s'affirme douée pour la plus grande et la plus rude tâche, qui est d'organiser. Elle organise sa vie individuelle selon une discipline morale, en attendant d'organiser le pays selon une discipline politique. En toutes matières, c'est le trait de son esprit de faire de l'ordre et de la hiérarchie, comme son aînée faisait du désordre et des ruines. Son intelligence a l'appétit du classement et le goût de ce qui dure. C'est pourquoi on peut ne pas écouter ces esprits chagrins qui, prévoyant déjà les excès de cette tendance réaliste, redoutent pour l'avenir le triomphe de certain esprit bourgeois, intolérant et peu soucieux de culture. Oui, peut-être faudra-t-il redécouvrir un jour les bienfaits de l'intellectualisme... En attendant, une considération dictera notre conclusion : une seule, mais assez forte pour couvrir les regrets inutiles des mécontents.

Ce qui prime tout à nos yeux aujourd'hui, c'est la pensée du relèvement national. Nos lecteurs attentifs l'auront retrouvée, invisiblement présente, à chaque ligne de ce livre. Il n'est rien qui doive l'emporter sur ce sentiment poignant et profond de la patrie humiliée, affaiblie, et dont les forces vives sont menacées. De toutes parts on la sent s'affirmer, cette « renaissance de l'orgueil français (1) », qu'Étienne Rey, un jeune, lui aussi, vient de saluer à son tour, dans un petit livre ardent et courageux.

(1) *La Renaissance de l'orgueil français* (Grasset, édit.). M. Georges Lecomte, président de la Société des gens de lettres, fit, lui aussi, à la distribution de prix du lycée Lakanal, un vibrant éloge de cette génération nouvelle « qui a reconquis la confiance, l'espoir et la bonne humeur des forts ». Enfin, M. Alexandre Ribot s'exprimait ainsi à l'Académie française, le 21 novembre dernier : « La génération qui monte joint à la recherche inquiète des conditions de la vie une confiance que n'avaient pas ses devancières. Elle n'est pas vaincue d'avance. Elle veut être sérieuse et sincère avec elle-même. On dit aussi qu'elle est moins disposée à croire que l'intelligence suffise à la vie individuelle et à la vie des nations. Ce n'est pas assez de tout comprendre pour être apte aux grandes entreprises. Ce renouveau de faveur pour les doctrines morales ou philosophiques qui préparent à la vie intense, cette disposition à chercher la pierre de touche de la vérité de telle doctrine, dans la force qu'elle communique à l'âme pour l'action féconde, tout cela semble être l'annonce d'un temps où l'on aimera mieux agir que disserter. »

Et puisque rien ne peut être plus utile pour la rénovation du pays, qu'une génération sportive, réaliste, peu idéologique, chaste et apte aux luttes économiques, puisque rien ne peut mieux assurer la reviviscence et le salut de la race, il faut que nous fassions crédit à ses espérances, à ce sentiment si mystérieux qu'elle possède de son audace et de son triomphe, et que nous communiions en elle dans cette foi qui l'anime, toute française, et française avant tout.

ANNEXES

LA FRANCE NOUVELLE
DEVANT L'ÉTRANGER

Par L. DUMONT-WILDEN.

Votre enquête sur les « jeunes gens d'aujourd'hui », mon cher Agathon, a donné une précision parfaite à ces observations que font, même malgré eux, non seulement les Français à qui il arrive de réfléchir à l'avenir de leur race, mais aussi les étrangers qui voyagent en France autrement qu'en touristes distraits.

Depuis cinq ou six ans, il y a quelque chose de changé dans les allures, dans les mœurs, dans les façons de sentir et de penser de la jeunesse française, cela saute aux yeux. Certains mots sonnent autrement, d'autres n'ont plus le même sens, et il faudrait être complètement insensible pour ne pas se rendre compte que le climat moral de Paris, surtout, s'est profondément modifié. On voyait bien dans quelle direction soufflait le vent nouveau, mais il importait grandement de déterminer ce qu'il avait desséché, ce qu'il avait vivifié. C'est l'œuvre que vous avez menée à bien, et votre rigoureuse analyse ne peut que donner une impulsion nouvelle à un mouvement d'esprit dont les bienfaits, au point de vue exclusivement français, se font déjà sentir. Mais c'est un des dangereux privilèges de la France que d'intéresser passionnément l'étranger. Cette renaissance de l'énergie française a produit en Europe un étonnement et une inquiétude, où les Français pourront voir peut-être quelques enseignements.

L'étranger connaît mal la France, d'autant plus mal qu'il croit la bien connaître. Même dans les pays qui ont avec la France les liens les plus étroits et qui participent à sa culture, comme la Suisse et la Belgique, il y a certaines valeurs françaises qui échappent à la pénétration des observateurs les plus bienveillants ; pour les étrangers qui ne parlent pas la même langue, il y a un monde français qui leur reste complètement fermé, et c'est l'essentiel. A côté d'une France aimable et superficielle, qui se donne aisément, qui semble s'offrir au touriste le plus vulgaire et dont n'importe quel professeur peut répandre la culture aisément assimilable au moyen d'une bonne anthologie scolaire, il y en a une autre qui se réserve, se replie sur elle-même, et que l'étranger le plus intelligent et le plus fin n'arrive que rarement, et après de longs efforts, à pénétrer. Voltaire, Rousseau, la plupart des romantiques sont d'un usage psychologique universel : hors de France, il est bien rare qu'on goûte pleinement la musique mystérieuse d'un Racine, l'accent vif et précis, le tour parfaitement noble d'un La Rochefoucauld. Il y a là quelque chose de spécifiquement français, et tant qu'un étranger ne s'en rend pas compte, il s'expose, s'il veut juger des choses françaises, aux plus graves erreurs de psychologie.

Un notable Américain qui se pique de sociologie, venant étudier la France il y a peu, demandait qu'on lui montrât le tombeau de Napoléon, le Moulin-Rouge et un paysan français. C'était d'une psychologie un peu sommaire, mais assez juste et dont peu d'étrangers sont capables. Ne sont-ce pas là les trois choses qu'un Américain ne peut trouver qu'en France : un paysan qui soit un homme libre et civilisé, un lieu de plaisir où les plaisirs les plus élémentaires ont tout de même un certain vernis de politesse, d'élégance et de fantaisie, — vous connaissez les music-halls d'Allemagne — et le plus beau souvenir qu'ait gardé, de tant d'aventures, l'esprit guerrier de la France ! La plupart des étrangers auraient négligé la visite au paysan et au tombeau de Napoléon ; mais ils auraient demandé à voir la Sorbonne, car la France qu'ils aiment et qu'ils admirent avec une nuance de dédain d'ailleurs, c'est la France rationaliste, humanitaire et décadente, que la jeune génération répudie si violemment. Le reste, généralement, leur échappe.

***

Les Français, autrefois, furent pour l'Europe un peuple aimable et dangereux, séduisant et peu sûr, follement amoureux de la gloire, et dont les enthousiasmes et les caprices étaient un perpétuel danger pour la paix du monde. A côté de cette France guerrière, cette bonne vieille Europe avait bien appris à connaître une France humanitaire et chimérique, passionnée de répandre le culte de l'esprit comme la France chrétienne avait été passionnée de répandre le culte de Dieu ; mais elle s'en défiait. Sous prétexte d'assurer le bonheur de l'humanité, la France guerrière, alliée de la France humanitaire, n'avait-elle pas fait flotter ses drapeaux sur les grandes routes du monde? Or, vers 1885, il semblait à l'Europe que la France humanitaire et pacifique avait décidément étouffé l'autre : le désir de la revanche s'éteignait, l'organisation de la démocratie devenait la préoccupation capitale, et la génération de la défaite, arrivant automatiquement à fournir les cadres du parlementarisme et de l'administration, apportait dans le gouvernement de la République, et particulièrement dans la politique étrangère, une résignation lassée, une timidité, une humilité qui tranchait violemment avec les attitudes historiques d'une nation qui a tant de fois sacrifié son intérêt à son honneur.

Vous avez très délicatement analysé l'espèce

d'orgueil maladif avec lequel les jeunes Français de 1889, ceux qui arrivèrent à l'âge d'homme aussitôt après la fièvre boulangiste, acceptaient toutes les conséquences du traité de Francfort et souriaient à la décadence acceptée de la patrie. Comme l'Europe admira cette attitude ! Elle était généreuse, elle était raisonnable. L'acceptation du fait accompli n'était-elle pas conforme à la sagesse d'un vieux peuple civilisé, décidément dédaigneux de la force. N'était-il pas juste que chaque nation eût à son tour les bénéfices de l'hégémonie? La France, laissant délibérément aux races fortes, conquérantes et triomphantes, le premier rang qu'elle avait occupé autrefois, ne cédait-elle pas élégamment à la destinée? Et son rôle n'était-il pas le meilleur, puisqu'on lui reconnaissait la supériorité du goût, de la culture, le soin de défendre théoriquement la justice éternelle et de philosopher à l'usage de l'univers? N'était-il pas dans la logique des choses que le Français devînt le *græculus* de l'Europe moderne? Le *græculus?* Non pas. Car l'Europe cultivée ne demandait qu'à honorer, qu'à admirer cette France de l'Idée, cette France renonçante et souriante ; elle était pour elle pleine de tendresse et de sympathie. Souvenez-vous des effusions de Nietzsche, de son enthousiasme pour « cette France du goût, qui est aussi la France du pessimisme ». Comme il les aimait, ces hommes dont les jambes ne sont pas des plus solides, en partie des fatalistes, des mélancoliques, des malades, en partie des efféminés et des artificiels, de ceux qui ont l'amour-propre de se cacher. Toute l'élite européenne partageait ces sentiments, et encore aujourd'hui, sa très sincère et très profonde sympathie pour la France est faite de ce qu'elle croit à une élégante décadence française.

Vous avez pu vous en rendre compte, l'an dernier, au congrès des Amitiés françaises de Mons ; à quelques nuances près, presque tous les amis très nombreux et souvent très sincèrement passionnés que la France compte à l'étranger, sont dans le même état d'esprit. Les uns sont ces aristocrates de l'intelligence qui considèrent que le sacrifice du moindre des raffinements aux nécessités de la défense nationale est un crime contre la civilisation universelle, ces cosmopolites pour qui le préjugé patriotique est une entrave au rayonnement de l'esprit. Les autres sont des jacobins anticléricaux, héritiers plus ou moins attardés de l'idéal humanitaire et démocratique de 1848, qui comptent sur la France pour réaliser la révolution sociale, ou du moins pour faire triompher, par la force de la persuasion, les principes mystiques de la démocratie et de la république. Tous ont la crainte et l'horreur de l'esprit guerrier de l'ancienne France, et, dans leur amour pour la France d'aujourd'hui, la conviction que cet esprit guerrier était décidément aboli, entrait pour une bonne part.

Or, c'est cet esprit guerrier qui se réveille, car une renaissance de l'énergie nationale suppose chez un peuple naturellement belliqueux un sursaut de l'esprit guerrier, et l'Europe ne s'y trompe pas.

Comprenez son étonnement et sa crainte : certes, lors de la crise d'Agadir, toutes ses sympathies allaient d'enthousiasme à la France. Dans toutes les villes plus ou moins cosmopolites où bat le cœur de la vieille Europe, il y eut contre le procédé allemand une indignation sincère : il troublait la fête, gênait les affaires, empêchait de croire au désarmement prochain. Et les « bons Européens » maudissaient l'agression injuste. Aussi la bonne tenue de la nation devant le péril d'abord les enchanta. Mais depuis qu'ils s'aperçoivent que ce sursaut d'énergie n'est pas momentané, qu'il a été le véritable point de départ d'une renaissance non seulement du patriotisme, mais même d'une sorte d'impérialisme français, ils s'effarent et s'inquiètent : faudra-t-il de nouveau apprendre à la craindre, cette France que l'on s'était mis à aimer autant pour sa faiblesse que pour ses grâces? L'ennui d'avoir à reviser un jugement, autant que l'horreur instinctive pour l'esprit guerrier, les jettent dans une vague indignation. Ces symptômes que vous avez signalés, ils ne veulent pas les voir. L'entraînement de la jeunesse vers les sports les fait sourire ; l'enthousiasme pour l'aviation, enfantillage ! La reprise de la question d'Alsace-Lorraine, vain sentimentalisme ; l'antiromantisme de la jeunesse littéraire, mode passagère ; l'*Action française*, nouvelles agitations des « trublions » d'Anatole France. Ces symptômes, ils ne veulent pas les voir, mais tout de même ils en sont irrités. Eh quoi ! disent-ils, la France d'aujourd'hui renoncerait-elle à cette élégance d'esprit, à ce culte des idées, à ces raffinements d'art et de mœurs qui en faisaient notre vraie patrie ? Que nous importerait une France militariste, impérialiste, prussianisée par horreur pour la Prusse ?

La France ne sera jamais prussianisée. D'instinct, elle a trop le culte des idées, elle a trop de générosité naturelle aussi pour tomber dans les excès du réalisme allemand. Mais il faut que ses amis de l'étranger, les plus éclairés du moins, s'en rendent compte : pour qu'elle continue à représenter avec éclat la culture la plus raffinée, la plus aristocratique et la plus humaine qu'il y ait en Europe, il faut qu'elle garde son rang parmi les peuples forts. Et il me semble que le mouvement que vous avez si bien décrit ne vise pas à autre chose. Nos « bons Européens » peuvent se rassurer. Mais se rassurent-ils ? Qu'importe, d'ailleurs ! Parmi les nouveaux sentiments français dont vous avez signalé l'éclosion, il y a d'abord une confiance en soi-même qui accepte les sympathies, mais ne les sollicite pas.

LA JEUNESSE ET LE SPORT

Par M. Georges Rozet.

Agathon m'invite à compléter son enquête sur la jeunesse d'aujourd'hui par un chapitre spécialement consacré à la jeunesse sportive, se refusant à lui-même l'autorité suffisante pour la bien juger. J'apprécie à la fois cet honneur et la loyauté scientifique dont il est le résultat. Mais le stylographe, le *poids plume* comme nous disons entre critiques de sport, ne m'en semble que plus lourd aujourd'hui. Réunir en quelques formules nettes, arrêtées, les espérances à peine écloses que nous donne la toute nouvelle « âme sportive » est chose bien délicate : on risque encore de prendre ses prévisions et surtout ses désirs pour la réalité.

Pourtant je retrouve quelque assurance à constater que plusieurs de mes observations coïncident avec celles d'Agathon lui-même et que — avec des points de départ différents, poussée par d'autres stimulants — l'âme sportive croise ou double en plus d'un endroit cette ligne de conduite idéale attribuée par lui à la jeunesse intellectuelle, religieuse, politique. Car il n'est nullement artificiel, du moins pour l'instant et en attendant que soit scellée la conciliation finale, de distinguer assez rigoureusement encore, en France, entre les jeunes gens qui se passionnent plutôt pour les choses du corps et ceux qui s'obstinent à ne s'intéresser qu'à celles de l'âme ou de l'esprit.

Ce qui frappe avant tout dans la jeunesse sportive, c'est la tendance qu'elle a et l'entrain qu'elle met à se diriger et à s'organiser elle-même. Il y a là, dans le domaine du concret, un rapprochement curieux à établir avec ce goût de l'auto-direction morale qu'Agathon souligne chez la jeunesse plus spécialement intellectuelle. La vie des clubs athlétiques étonnerait, s'ils y pouvaient assister de plus près, ceux qui ne connaissent, par leurs souvenirs, que la jeune génération d'il y a quinze ou vingt ans, qui vivait une vie assez morcelée, peu organisée, sauf peut-être pour le plaisir, et, pour tout dire, égoïste. Fortement administrés pour la plupart, malgré des ressources trop souvent minimes, divisés parfois à l'intérieur, mais en somme très unis dans la lutte contre les rivaux, les groupements athlétiques ont déjà une existence solide, rendue chaque jour plus drue par la multiplication des matches interclubs et par la concurrence grandissante. L'esprit de club athlétique n'est pas un vain mot : j'imagine qu'il égale en intensité, en ferveur, ce que fut dans la première moitié du siècle dernier l'esprit de club philosophico-politique ou littéraire.

Il se traduit, hors du terrain de sport, par une aptitude singulière de la jeune génération athlétique à diriger et à défendre ses intérêts matériels. Il serait trop long d'expliquer ici combien la gérance de ces intérêts — achats ou location de terrains, installation et entretien desdits, élections de Commissions sportives ou autres, rédaction des Bulletins de clubs, etc. — est complexe et parfois fastidieuse ; nos jeunes sportifs en acceptent la corvée avec un enthousiasme, une ténacité surtout qui font plaisir à voir. Il semble qu'ils soient ravis de se mettre plus tôt que leurs aînés à l'apprentissage de la vie sociale. Ouvriers, bureaucrates ou étudiants, ils apportent à leurs réunions hebdomadaires, prises sur leurs loisirs, c'est-à-dire sur leur plaisir (de même que les cotisations sont prises sur leur argent de poche) un sérieux, une gravité dont on se fait difficilement une idée si l'on n'a pas assisté à quelques-unes de ces réunions. En un mot, grâce au sport, une importante fraction de la jeunesse française prend de meilleure heure la robe virile, et cela tout naturellement, sans esprit de parodie ni puérile forfanterie.

Car j'entends ici par « jeunesse » aussi bien le potache ou l'apprenti de quinze ans que les jeunes hommes de vingt à vingt-cinq. Et je sais bien que, dès l'adolescence, la génération précédente faisait, elle aussi, des efforts pour s'organiser en face et à l'instar des grandes personnes, pour jouer à l'homme fait. En avons-nous vu, dans les lycées de province, avant l'époque des clubs sportifs, de ces sociétés juvéniles, littéraires ou dramatiques, de ces fondations de journaux minuscules, tirés en cachette, sur gélatine, par une vingtaine de rhétoriciens !... Tout cela se dissolvait et mourait vite, parce que les enfants eux-mêmes sentaient assez rapidement leur insuffisance, leur incapacité à de telles entreprises, bref, pour employer un terme fréquent en matière de sport, leur incompétence. Le sport, au contraire, leur a fourni tout d'un coup une matière exactement proportionnée à leurs facultés physiques et intellectuelles : leur âge même — de quinze à vingt-cinq ans — y est une condition essentielle et ils sont nettement assurés, pour l'instant tout au moins, que leur compétence y égale, souvent même y dépasse celle de leurs aînés. Par le sport, plus mathématiquement que par tels principes nouveaux de religion, de morale, de politique ou d'art, les jeunes sportifs sentent qu'ils « existent », ou, selon une expression argotique qui leur est chère, qu'ils « se posent un peu là » en face de leurs ascendants.

Puisque j'ai prononcé les termes de *politique*, de *religion* et de *morale*, je crois pouvoir discerner de suite et très vivement qu'à l'égard du premier l'attitude de ces jeunes gens est le franc scepticisme. J'entends à l'égard de la politique de mots, d'étiquettes et de nuances : habitués dès leur jeune âge à manier et à organiser des choses réelles, des forces musculo-mécaniques, je crois bien que nos jeunes sportifs ne donneront plus tard leur confiance qu'à des administrateurs lucides et actifs, non à des hommes épris de la scolastique politicienne. Leur attitude à l'égard de la religion et de la morale est moins évidente. Quant au premier de ces termes, j'avoue même que je ne la discerne pas très bien : scepticisme ou pudeur, les sportifs sont assez fermés sur ce sujet. Je puis dire seulement que je n'ai jamais entendu les diatribes antireligieuses prendre chez eux un ton bien passionné.

Encore qu'ils ne la formulent pas davantage, je discerne mieux leur profession de foi morale. Ils pratiquent assez naturellement, souvent, il faut le dire, par nécessité sportive, un certain nombre de vertus que j'appellerais *négatives*, la tempérance et la chasteté par exemple. Du moins, ils ne se livrent que par à-coup, non chroniquement, aux excès contraires, y gardent toujours une certaine réserve et comme un remords du péché, qui n'est peut-être que le remords physique d'avoir compromis leur « forme ». Surtout, et c'est là l'essentiel, moralement parlant, ils n'apportent point à la pratique de ces excès ou à leurs déviations (drogues, morphine, etc... excès sensuels, amours illicites, adultère, etc...) cet esprit de parade, cette notion d'*héroïsme* qu'y apportaient leurs aînés, n'ayant pas d'autres panaches dont ils pussent orner leur front.

En résumé, l'immoralité physique des jeunes sportifs, toutes les fois que j'ai pu l'observer, m'a fait l'effet d'être temporaire, individuelle, isolée en quelque sorte, non pas endémique, collective et systématique comme le fut trop souvent celle de leurs aînés. J'ajoute — autant qu'on peut prévoir ces choses — que leur attitude en face d'autrui, dans la lutte pour la vie, sera très probablement loyale et honnête : c'est une maxime assez répandue chez les sportifs de vingt à vingt-cinq ans, qui ont déjà débuté dans les affaires, que la probité stricte est aujourd'hui une valeur sociale et même la meilleure des habiletés. Ils me paraissaient avoir gardé de leurs jeux cette idée solide qu'il faut des règles précises dans le grand match de la vie. Morale plutôt utilitaire, mais qui n'est pas à dédaigner. C'est dire que leur honnêteté ne sera guère sentimentale et qu'elle s'accommodera fort bien, en face de l'adversaire, d'une rigueur tranquille, parfois même inflexible, qui ne sera que du « jeu serré ».

Précisément, le grand reproche qu'adressent à la génération sportive ceux qui ne considèrent que son *habitus* extérieur, moins nerveux que celui de la génération précédente, c'est d'être froide, précise, brutale même au moral comme elle le paraît au physique. Pour être très franc à l'égard de jeunes camarades que j'estime, je ne veux pas les innocenter absolument de ce reproche. Sans désirer qu'ils reviennent à la nervosité maladive et aux grâces trop maniérées de la génération dite « artiste », j'aimerais cependant que certains d'entre eux, même parmi les mieux nés et les plus cultivés, ne rompissent pas aussi complètement avec des qualités d'urbanité, de sociabilité, qu'ils prennent peut-être à tort pour des marques de faiblesse. J'avoue même que la mentalité de champion, ou plutôt de demi-champion, assez analogue à celle du mauvais ténor, enlaidit moralement une partie de la jeunesse sportive et que la morgue en est tout aussi déplaisante que celle du faux artiste ou du littérateur manqué. Il y a plus : le sport — à la fois nouvelle philosophie pratique et science nouvelle — a ses « piqués » (c'est ainsi que disent les sportifs eux-mêmes), qui sont d'un commerce bien désagréable ; soit ses puritains et ses métaphysiciens qui n'admettent rien en dehors du sport et, dans le sport même, en dehors de l'idée qu'ils s'en sont faite, des définitions qu'ils en ont données, soit encore ses savants à lunettes et à fiches qui considèrent le sport comme une collection de petits faits précis dont on n'a pas le droit de parler ni de tirer une apparence même d'idée générale avant de s'y être taillé une formidable érudition. Le sport, si jeune en France, a déjà sa vieille Sorbonne de techniciens et de « compétences », qui, tout comme d'autres que nous connaissons, finissent par avoir tort à force d'avoir raison.

Pour en revenir à ce reproche plus général de froideur ou, pour mieux dire, à ce manque d'enthousiasme dont on accuse volontiers la jeune génération sportive, on peut y répondre ainsi. Il est évident que leurs aînés (sauf du moins ceux qui firent profession de douter de tout et de mépriser l'effort dans son essence) firent montre d'un enthousiasme plus expansif et plus tumultueux. Le sport a beaucoup réduit, dans les collèges, le nombre de ces enfants qui rêvaient d'être à la fois Napoléon et Victor Hugo, Edison et Paganini, ou, pour le moins, de remporter les quinze premiers prix de leur classe, et qui souvent d'ailleurs, très vite découragés de ne pouvoir réaliser tous ces espoirs en même temps, les abandonnaient tous en bloc. Enthousiasmes de purs nerveux, qui ne tenaient pas devant l'effort à accomplir.

La jeunesse athlétique paraît moins exigeante et moins ardente dans ses ambitions, en paroles surtout : je veux dire que ses aspirations sont plus raisonnées et plus tenaces. Je crois — et ceci me semble très important pour l'avenir de l'activité française — que le sport, en montrant à chaque adolescent, par des mesures ou des chronométrages indiscutables, quelle est la limite *maxima* de ses forces physiques, l'entraîne, dès son début dans la vie, à l'art de se connaître soi-même, qu'il ne faut pas confondre d'ailleurs avec l'humilité ni avec la trop prompte résignation. Plus tôt que ses aînés, l'adolescent qui fait de la course et du saut doit être préparé à l'idée que ses autres facultés naturelles, même entraînées à fond, ne peuvent le situer, dans la vie, que dans la seconde ou la troisième catégorie. Cela ne l'empêchera pas de mettre toute son énergie à rester le premier de sa « série ». Il trouvera même un réel plaisir et une très suffisante satisfaction d'orgueil (toujours l'image et l'influence du sport) à se résigner dans la vie à une seule spécialité, qu'il perfectionnera avec amour. Le champion du lancement de disque dans un chef-lieu de canton de l'Ariège n'est ni moins heureux ni moins fier que le gagnant du 100 mètres plat d'une Olympiade. Dès maintenant, il me semble que l'éducation sportive a préparé notre Émile moderne à être bientôt (en allongeant légèrement la formule anglaise) « l'homme convenable *et satisfait* dans la place qui lui convient ». Ce serait un joli résultat.

Il ne me reste pas assez de place pour résumer ces notes et les condenser en un portrait qui devrait être nettement arrêté et coloré, mais que je voudrais avant tout et franchement sympathique. Peut-être vaut-il mieux que ces notes sur une physionomie très nouvelle de la jeunesse française gardent le caractère imprécis ou du moins provisoire d'une simple esquisse.

A l'étude de Georges Rozet, joignons cette confession personnelle, que nous adresse un jeune écrivain sportif, J. RAYMOND GUASCO, l'auteur d'attachantes notes psychologiques sur l'âme anglaise, intitulées *John Bull's Island.* Elle est un témoignage direct des transformations morales que le sport suscite parmi les jeunes.

La contribution que j'apporterai à votre *Enquête sur la jeunesse d'aujourd'hui* sera, si vous le voulez bien, d'ordre concret. Son caractère autobiographique et son authenticité feront oublier, je l'espère, l'absence d'idées générales et l'inaptitude foncière à philosopher qu'elle manifestera fort clairement.

Ce sera donc l'histoire mentale abrégée du jeune homme que je fus entre 1905 et 1910, ou, plus exactement, celle du groupe dont je faisais alors partie et qui devait s'appeler plus tard « les sportifs ».

Tout d'abord, j'ai un aveu à vous faire, un aveu qui m'attirera, j'en suis sûr, toutes vos sympathies attristées. Je fus compris dans la fournée liminaire des « jeunes premiers » de l'Université, en d'autres termes, je suis un produit des nouveaux programmes tant haïs par vous. Et cela expliquera le manque de composition de cette réponse et l'inattendu un peu choquant de ses considérations.

A l'époque dont je veux vous parler, j'ignorais tout ce que mon cas avait de pendable, et je n'avais nulle honte de compter parmi les élèves de la section B.

Je lisais mes classiques, je faisais du latin, j'apprenais l'anglais et, il me semble bien, aussi l'allemand. Mes camarades faisaient de même.

— Et le dimanche, quelles étaient vos occupations? demanderez-vous avec une certaine hâte, manifestant par là le désir d'avoir quelques renseignements sur ma vie spirituelle.

— Le dimanche, mon cher Agathon, je faisais du cross-country, du foot-ball, ou de l'athlétisme suivant la saison.

— Et le jeudi?

— Le jeudi, je faisais de l'athlétisme, du foot-ball ou du cross-country.

Ce fut à ces occupations variées que se passa mon année de rhétorique, pardon, de première, et vous ne serez pas étonné que je n'eusse durant ce temps aucune préoccupation philosophique, morale ou politique.

L'année suivante, survint un changement profond. Au bout de deux mois de philosophie, j'étais — je puis même dire nous étions, mes camarades et moi — farouchement socialistes. Parfaitement socialistes, et la lecture des œuvres de Menger n'était pas une des moindres causes de cet état mental.

Mais, d'un autre côté, j'étais — et nous étions également — des sportifs. C'est-à-dire que nous avions une admiration irraisonnée de la force, que nous nous soumettions à une discipline sévère, que nous reconnaissions un chef, qu'il fût l'entraîneur, le recordman ou le capitaine de l'équipe, que nous avions une notion concrète de l'inégalité des hommes.

Toutes choses antithétiques, comme vous le voyez, avec nos tendances socialistes.

Là-dessus vint s'ajouter une crise d'ordre littéraire. Elle fut causée — dans mon groupe du moins — par la lecture de Rudyard Kipling.

Tous avec Mowgli, nous parcourûmes la jungle à la poursuite des Chiens rouges du Dekkan, tous nous sentîmes avec le Dick de *la Lumière* la fièvre du départ faire bouillir notre jeune sang, tous nous fûmes ivres d'horizons nouveaux et d'océans inconnus, et les bateaux qui passaient sur la rivière, le soir, emportaient nos espoirs et nos joies.

La morale de « l'homme blanc » devint notre morale, l'idéal anglo-saxon devint notre idéal et bientôt l'*Evénement* surgit.

Alors que, dans la génération précédente, l'influence de Kipling se fût manifestée par une surproduction de romans sur la vie indienne, dans la nôtre, éprise de réalisation, elle se manifesta par des actes.

Et ces actes furent enfantins, comme bien vous le pensez. Il y eut d'abord une épidémie de départs vers les « contrées vierges où l'énergie de l'homme peut se donner libre cours ». Pour ma part, je disparus un jour vers l'Algérie en compagnie d'un de mes amis, après avoir dépensé la majeure partie de notre argent disponible à acheter des revolvers. Je ne vous raconterai pas notre vie sur les quais à Alger, nos démêlés avec la police, peu « éprise de réalisation », et la difficulté qu'il y a à gagner sa nourriture en embarquant les primeurs ou en surveillant le déchargement du cardiff. Tout cela, je le garderai pour moi... jusqu'à mon prochain roman, si vous le voulez bien, Agathon.

Cependant la littérature ne devait pas être la cause principale des changements profonds qui allaient survenir dans nos idées. Ce rôle était réservé au sport. Car, bien entendu, le foot-ball et l'athlétisme nous occupaient encore. Ils nous occupaient d'autant plus que l'espoir de devenir des champions paraissait plus proche. Et ce fut lui qui nous façonna à notre insu. Nos idées semblaient toujours les mêmes. Égalité, fraternité, socialisme, ces concepts hantaient toujours nos cerveaux. Mais le dimanche, alors qu'il fallait dépasser un concurrent en tendant toutes ses forces comme un arc, ou bien lorsqu'en possession du petit ballon ovale, nous filions vers la ligne de but avec le désir sauvage d'arriver coûte que coûte, ces idées disparaissaient. Et la morale des forts était introduite en nous à coups de talons et de genoux. Nous ne le savions d'ailleurs pas et nous continuions dans les Universités populaires à élucider les mystères de Kant devant de pauvres bougres fatigués par l'usine et que saoûlaient nos idées générales.

Puis un jour vint la boxe, cette reine incontestée des sports. Ce ne fut pas, comme on pourrait le croire, Nietzsche et son appel maladif vers la santé qui nous guérirent, ce fut elle, la boxe anglaise dont on a tant médit. Son influence sur la jeunesse actuelle n'a pas encore été assez mise en lumière. Elle nous enseigna le courage et le sang-froid, elle nous apprit à souffrir, à encaisser, à réserver nos forces, à deviner dans les yeux de « l'autre » la défaillance fatale, elle nous redonna enfin le *goût du sang*.

Et ce jour-là, ce fut la fin.

Nous fûmes obligés de nous avouer qu'on nous avait menti. Non, la guerre n'était pas une chose bête, cruelle et haïssable. C'était du « sport pour de vrai », tout simplement. Elle était nécessaire comme la maladie et la mort... pour donner du goût à la vie.

Voilà où j'en suis, et tous les sportifs avec moi.

Je sais que cette courbe d'évolution ne fut pas la même pour tous.

Il en est qui quittèrent le socialisme, parce qu'ils découvrirent tardivement que, quoi qu'il fasse, l'artiste est toujours un aristocrate.

Il en est d'autres qui le quittèrent pour des raisons

intellectuelles, et ce sont ceux que vous avez si bien décrits, Agathon.

Quant à moi, et à tous ceux de mon groupe, ce fut le sport qui m'éclaira sur moi-même et sur mes vrais sentiments.

D'aucuns jugeront peut-être inférieure et banale la cause de notre évolution. Qu'importe ! Pour nous autres, pragmatistes, seul le résultat compte.

Et ce résultat, il est tangible, il est là, il est même un peu là, comme nous nous plaisons à dire dans notre argot, avec une forfanterie que vous nous pardonnerez en faveur de nos bonnes intentions.

APRÈS L'ENQUÊTE

DES TÉMOIGNAGES

De la génération nouvelle, nous nous sommes efforcés de tracer un visage cohérent et net : il ne nous a pas semblé suffisant de noter des traits épars. Après avoir analysé, nous avons reconstitué, et parmi les documents que nous apporta notre enquête, — qu'ils vinssent de confidences individuelles, d'observations ou d'expériences propres — nous avons introduit un ordre. Et non pas un ordre de composition littéraire, né d'un désir systématique de cohésion, mais un ordre qui nous fut imposé par les faits. Goût de l'action, foi patriotique, netteté des mœurs, renaissance catholique, réalisme politique, ce ne sont pas des affirmations arbitraires, une classification commode : ces traits saillants se dégageaient de toutes nos observations accumulées, comme des portraits superposés d'une même famille se forme un visage générique : ils composent la ressemblance de la génération nouvelle. Tous n'étaient pas également répartis, accusés, et l'ordre des chapitres sous lesquels notre tableau les distribua n'est pas non plus vide de sens : il diminue le risque d'erreur qu'il y aurait à mettre tous les termes sur un même plan, à leur donner à tous même degré de certitude, de généralité et semblable importance.

Mais si nous avons voulu que notre portrait fût achevé, si nous l'avons un peu simplifié, schématisé, pour que chacun pût s'y reconnaître et ne point se perdre dans les nuances, nous sommes trop respectueux de l'individu, pour n'avoir pas eu à cœur de restituer ensuite son témoignage divers.

A notre enquête, on aurait pu reprocher d'avoir fait taire les confidences, les aveux, et, à nos affirmations, d'avoir exclu ces doutes, ces inquiétudes qui font la noblesse des âmes juvéniles. Et précisément certains regrettèrent — on le verra — de ne point percevoir dans nos articles de l'*Opinion* « l'accent d'une confidence personnelle où se fût révélée quelque vérité plus intime, quelque aspiration moins sûre d'elle-même et cette belle angoisse de l'adolescence à laquelle une génération si bien orientée, si fermement décidée qu'elle soit, ne saurait échapper ». C'est pourquoi nous avons fait cette manière de contre-enquête. Nous souhaitions d'abord y contrôler la vraisemblance de notre description et de réintroduire dans notre cadre un peu abstrait, la diversité d'expériences concrètes, vivantes. La génération nouvelle, sur qui la doctrine, le système n'ont guère d'efficace, est surtout curieuse de témoignages vécus : elle mépriserait une affirmation qui ne viendrait point de la vie.

Mais tout de suite une observation s'impose : unanimement, la réalité et l'ordre de nos observations sont approuvés. Tous accordent que ce sont bien là les sentiments généraux, les préoccupations essentielles de la jeunesse d'aujourd'hui. Alors même qu'ils critiquent, nos correspondants acceptent les principes fondamentaux de l'enquête et les prennent pour commun dénominateur. On les voit bien différer sur des nuances d'opinion ou sur les moyens de réforme, mais de ces réponses, parfois antagonistes, apparemment contradictoires, une impression d'unité se dégage qui vient non seulement de la ressemblance du langage et du ton, mais de l'attitude même qu'elles révèlent. Les mêmes problèmes se posent devant ces jeunes gens et de la même façon. S'ils diffèrent sur ce qu'ils veulent, ils s'entendent sur ce qu'ils ne veulent plus.

Les réponses que nous groupons ici viennent de diverses sortes de témoins.

Les premiers sont de tout jeunes hommes, que spontanément leurs amis, leurs compagnons d'études nous désignèrent, comme les plus capables de traduire leurs sentiments et leurs idées. Nous ne nous connaissions pas avant l'enquête, et il n'y avait entre nous d'autre amitié que cette amitié subtile qui unit les hommes d'une même génération.

Les seconds, qui ont de vingt-cinq à trente ans, sont de jeunes écrivains, de jeunes philosophes, qui nous ont semblé les plus représentatifs, dans des milieux différents, religieux, politiques, littéraires, de la pensée nouvelle. Leur nom est attaché à celui de revues suivies par la jeunesse : quelques-uns ont publié des essais ou des livres. Ils sont mêlés à l'action elle-même et la conduisent.

Ainsi, ces témoignages, qui émanent d'esprits distingués, jeunes, actifs, libres, ont une valeur plus considérable que ceux d'un petit nombre d'unités personnelles : ils expriment ou signifient une infinité d'autres témoignages : ce ne sont pas seulement des individus dont nous avons ici les réponses, mais « des têtes de groupes, de véritables unités collectives ». Par delà leurs personnes intellectuelles et morales, nous saisissons leurs frères d'intelligence et de culture. Si nous n'avons voulu nous adresser qu'à ceux qui comptent, c'est-à-dire à ceux qui apportent quelque chose de neuf, d'actuel, nous avons tenu à ce que toutes les opinions de la jeune élite française fussent représentées. Républicains, néo-royalistes, catholiques sociaux, syndicalistes, ont eu tour à tour la parole : l'armée, comme la littérature, a été entendue.

D'autre part, nous nous sommes adressés à leurs aînés immédiats et aussi à ceux-là qui ne sont plus dans le rang et peuvent juger leurs successeurs, à ces hommes de trente-cinq à quarante ans dont ce fut le rôle de déblayer la route, de leur apprêter la besogne, et qu'il serait injuste d'oublier dans ce réveil de la jeunesse française. On trouvera, enfin, le sentiment de quelques-uns de ceux qu'elle a élus pour maîtres.

I

DANS LES ÉCOLES ET LES FACULTÉS

Il importait, dès l'abord, de connaître l'opinion de ceux-là qui sont encore dans les Écoles, à la Sorbonne, dans les Facultés. Nous avions dès l'abord causé avec certains d'entre eux, et nous avons tenté de traduire leurs sentiments dans nos essais. Mais nous n'avions gardé de leurs propos que ce qui coïncidait avec l'esprit général des autres témoignages. Les nuances et l'accent des confessions particulières disparaissaient dans l'ensemble. Comment ces adolescents qui nous ont apporté quelques esquisses ardentes, variées, ont-ils, dans notre tableau, retrouvé leurs jeunes visages?

Leurs réponses nous le montrent, et elles mettent quelques détails, des lumières, des ombres sur la toile.

Pamphile est un pseudonyme qui cache un candidat à l'agrégation des lettres; avant d'être étudiant en Sorbonne, il fit de fortes études scientifiques. Il a vingt ans et ses camarades le tiennent pour l'un des plus représentatifs de leur groupe.

Sa réponse est celle d'un intellectuel très raffiné, c'est-à-dire qu'elle nous offre des sentiments qui ne sont pas ceux de la moyenne : ils ont une qualité exceptionnelle. Mais sur un ton plus élevé, c'est un exact témoignage des préoccupations qui suscitent la jeunesse des écoles.

Je vois que les traits sont bien dessinés, nous écrit-il ; je ne trouverais que fort peu de retouches à faire ; il ne manque que cet air de famille, cette indéfinissable expression du regard que les proches seuls recherchent et reconnaissent.

Oui, une renaissance des besoins religieux, principalement de la foi catholique, une intuition rajeunie de la réalité morale qu'est l'âme française, l'amour des hommes plutôt que des idées, d'un poète plutôt que d'un hémistiche, le goût de s'imposer, sans honte, une discipline morale, — tout cela, je l'aperçois autour de moi — mais tout cela fait une génération sérieuse, ardente, riche de sensibilité, idéaliste, voire mystique, non une génération « sportive » et « apte aux luttes économiques ».

Ce n'est point le « foot-ball » qui nous fait patriotes : nous ne jouons point au foot-ball.

Pamphile a encore certains préjugés intellectuels contre le sport, et son idéalisme lui fait écrire : « Nous mépriserions fort celui qui resterait chaste pour gagner un match. Des gens qui se contenteraient de si petites raisons ne seraient point des nôtres ; la vie, pour nous, n'est point si quotidienne ; nous la mettons tout entière dans chacun de nos actes, nous nous épuisons tout entiers à chaque instant. » Et poursuivant, dès l'abord, ses objections, il ajoute :

C'est par là que nous sommes des gens d'action; entre un homme actif et un homme passif, la différence n'est qu'une attitude de la pensée; aussi je m'étonne de voir opposer la « pensée pure » à l'action; l'une est pour moi l'envers de l'autre.

Voilà par où nous nous opposons à la génération qui nous a précédés de vingt ans. Il me paraît étrange qu'on puisse écrire sérieusement cette phrase, que vous citez : « La question est de savoir si je dois préférer mon idéal à tout ». En vérité, quel doute incompréhensible, et combien le sens du mot « idéal » est différent pour nous! Ce ne serait plus un idéal, celui qu'on hésiterait à préférer. Un idéal n'est pas une vague image que l'on a sous les yeux et qu'on peut faire évanouir à volonté; ce n'est point une possibilité que l'on entrevoit, mais une réalité que l'on aime, que l'on porte en soi; on le crée à chaque instant par tout son être. Il n'est pas loin de nous, de manière que nous puissions nous en détourner : il est en nous. Et nous n'avons nul mérite à lui faire des sacrifices : nous ne pourrions faire autrement; ce n'est point même une vertu qu'il a de nous dominer, c'est sa définition même. Par là, vous le voyez, nous supprimons tout hiatus entre la pensée et l'action; nous sommes moins idéologues, mais, au sens strict, bien plus *idéalistes*, c'est-à-dire que notre idéal est pour nous une réalité, et la seule : non point un concept, mais un amour.

Voilà en quel sens nous sommes des jeunes gens actifs.

Il y a, vous l'avez vu à merveille, une « vie active » et une « vie pratique »; il y a de même deux jeunesses. Je n'envisage que la première; de là vient sans doute notre léger désaccord. De la génération précédente vous ne retenez que les écrivains, et c'est naturel s'ils sont là, dans la lumière, et leurs livres restent, seuls témoins immuables d'années écoulées. Au contraire, parmi nous, les intellectuels sont encore dans l'ombre, ils ne masquent point encore les autres ; mais attendez quelque temps... Et quand même nous sentirions assez la vie tout autour de nous pour ne la point chercher uniquement dans les livres, cela prouve-t-il que nous ne soyons pas des intellectuels? Mettez que nous soyons, dans l'ensemble, moins cultivés : à quoi pensez-vous que nous donnions le temps que nous retirons aux études livresques? J'accorde que la plupart le consacrent à développer leurs muscles et à satisfaire leurs instincts « bourgeois », mais je n'accorde pas que ce soit l'élite. J'en sais dont la pensée personnelle et la sensibilité, souvent peu distinctes l'une de l'autre, absorbent la vie ; un mysticisme intellectuel, sentimental, ou religieux, voilà ce que j'aperçois chez beaucoup. Nous « préférons les réalités du sentiment et de l'action aux idées abstraites et aux systèmes », comme vous dites très bien ; ou plutôt les idées auxquelles nous nous prenons se présentent à nous aussitôt toutes vibrantes d'émotion ; elles cessent d'être impersonnelles ; elles sont *nôtres*, éprouvées plutôt qu'aperçues.

Voici donc en quel sens nous sommes moins intellectuels. Il est vrai que nous sommes moins amoureux de l'intelligence, mais, pour ne pas enlever à cette accalmie son vrai caractère, il faut montrer qu'elle n'est que la rançon d'un amour infini de la sensibilité. J'ai des amis qui n'ont pas lu un nombre considérable de volumes, et qui pourtant lisent beaucoup : c'est qu'ils aiment trop certains auteurs, parfois certaines œuvres, et y reviennent sans cesse. Aimer comme un être vivant, un Pascal, un Alfred de Vigny, voilà qui manifeste ce « goût de l'héroïsme » que vous avez si justement mis en lumière ; ainsi nous remplaçons souvent le goût des idées par un élan de sympathie vers un être qui a vécu et souffert ; nous en faisons notre société, nous nous mettons en harmonie avec lui, si bien qu'à chaque instant nous nous retrouvons en lui. Moins curieux que ceux à qui vous les opposez, mes amis sont plus riches de sensibilité, d' « expérience » intime, souvent moins froids, moins satisfaits, plus facilement étonnés de tout ce qu'il y a de mystère dans le monde. Je leur vois des troubles, des anxiétés, une vie intérieure, au lieu de ce « rationalisme » et de ce positivisme borné qui envahit tant d'hommes intelligents de la génération précédente. Un réveil de la sensibilité, c'est, à mon sens, ce qu'il y a de plus important dans la jeunesse contemporaine. *Non point une réaction, mais un progrès.* Nous ne sommes point fermés à tout ce qu'ont créé ces vingt dernières années ; nous en avons fait notre profit. Nos aînés pourraient croire que nous ne les avons pas lus ou pas compris et que nous en sommes restés à la simplicité naïve que leur intelligence lucide avait critiquée. Il n'en est rien, et je voudrais vous dire maintenant en quel sens nous sommes patriotes et catholiques.

Ce n'est pas par un vague sentimentalisme et par une inexpérience de pensée que nous sommes patriotes ; c'est par un mysticisme intellectuel. Les dilettantes prêteraient, à leur tour, à sourire s'ils méprisaient nos croyances sans examen ; car nous nous sommes donné la peine de plonger dans les leurs. Nous avons fait leur expérience, et elle ne nous a pas suffi ; nous avons été des dilettantes aussi ; mais, comme ils avaient éclairci la route, nous l'avons parcourue bien plus vite qu'eux. Nous avons cultivé notre moi, et nous avons été persuadés que la satisfaction de le posséder pleinement nous suffirait ; mais, ensuite, nous avons senti qu'il nous fallait davantage, que des besoins nouveaux se trouvaient en nous (et peut-être, en cela, n'avons-nous fait encore que suivre Barrès). De même que leur clairvoyance avisée avait dissous les sentiments aveugles d'une bourgeoisie éloquente, et refusé de se laisser prendre à des habitudes de pensée qui n'avaient pour elles que d'être fortement établies, de même nous avons, à notre tour, senti le néant de la satisfaction nouvelle qu'ils nous proposaient ; et nous avons trouvé un point d'appui dans un mysticisme intellectuel. Notre patriotisme est fondé sur l'intuition profonde des besoins certains de notre esprit, sur la conscience de notre idéal et de sa force invincible, et non, je le répète, sur un vague sentimentalisme, qui consiste précisément à manquer d'un idéal, sans savoir même regretter d'en manquer. Notre Moi ne nous suffit plus ; nous cherchons en nous-mêmes ce qui le dépasse. Nous avons l'intuition de la réalité morale qu'est l'âme française ; c'est une intuition patriotique, non un sentiment bruyant et irraisonné. Chacun sait aujourd'hui distinguer ces deux choses.

De même, je vous ai dit que je ne serais pas religieux, si je n'avais pas fait de philosophie. En devenant religieux, nous ne sommes pas retournés vers le passé : nous avons fait un pas en avant. Nous avons trouvé, en nous-mêmes, quelque chose de plus vaste que notre Moi, et par là nous avons été introduits à Dieu. Nous ne sommes plus religieux à la manière de nos ancêtres, et pourtant nous adoptons, avec une pleine bonne foi, les mêmes formules et les mêmes dogmes. Chacun des mots que nous employons exprime une idée qui est nouvelle, ou du moins qui a vécu et s'est enrichie ; mais tandis que ces idées ont changé, leurs rapports sont restés immuables, et ce sont les mêmes dogmes qui expriment ce que nous croyons de tout notre être. Ainsi que voulait Pascal, nous parlons comme le peuple « avec une pensée de derrière ». Aussi nous ne sommes plus gênés par l'incrédulité de nos pères, de nos oncles. Nous avons pu, un temps, avoir le sentiment qu'il était ridicule pour un homme d'être religieux ; nous avons pu croire que l'âge de la religion était passé, et qu'il fallait la laisser à un peuple peu averti ; nous savons aujourd'hui que les vieux dogmes immuables sont parés de couleurs fraîches et printanières, et nous les aimons davantage d'avoir triomphé de la honte que l'on avait d'eux. Par rapport aux sceptiques, nous ne sommes plus des retardataires ; nous nous sentons au contraire plus avancés qu'eux. Nous n'avons point accepté des dogmes sans autre contrôle qu'une vague sympathie pour la poésie du christianisme : nous avons mis en eux toute notre expérience intime, toute notre vie intérieure ; nous les avons créés à nouveau. Nous pouvons nous les affirmer à nous-mêmes avec bien plus de certitude que des vérités démontrées par la science. La science me paraît être une étude accessoire, jeu de symboles : avant de jouer, il faut vivre, avant de vivre, il faut philosopher !

A la base de toutes nos croyances est une notion précise de la réalité ; le mot de « réalité » s'est vidé pour nous de tout son sens ancien et en a pris un nouveau. Le réel des positivistes est laissé par nous à la vieille ferraille ; nous ne nous sommes pas contentés de la réalité phénoménale qu'un sentiment irréfléchi porte à élever à la dignité la plus haute. Nous avons critiqué la notion de la réalité ; nous avons à notre tour dépouillé une vaine habitude d'esprit, et nous sommes maintenant, en vertu de notre expérience intérieure, certains d'avoir progressé. Une de vos phrases exprime bien cela : « Le sens du divin est une forme supérieure du sens du réel. » C'est Bergson qui a ouvert une nouvelle voie, où nous nous engageons à la suite de Le Roy, de Blondel, du P. Laberthonnière. Notre raison peut ainsi accorder à notre sensibilité les effusions religieuses dont elle avait besoin.

Vous voyez, Agathon, que je ne vous contredis presque jamais. Je me suis contenté, comme on faisait au temps du jansénisme, d'extraire de votre livre quatre propositions et de les commenter. La jeunesse d'aujourd'hui est active, plus sensible qu'intellectuelle, patriote, catholique. Remarquez, si vous relisez ma lettre, que ces quatre tendances ont quelque chose de commun : c'est une sorte de ferveur et, si je puis dire, un besoin d'expansion, d'élargissement. Actifs, nous élargissons chacun de nos efforts pour en faire l'expression de toute notre vie morale ; écrivains, nous élargissons nos émotions fuyantes pour que monte d'elles tout ce qu'elles peuvent évoquer ; mystiques, nous nous élargissons nous-mêmes jusqu'à entendre résonner au fond de notre cœur une voix qui n'est pas la nôtre. Je ne crois pas que soit à craindre « l'abandon de tout idéalisme ». J'ai peur un peu que vous ne nous considériez comme de petits bourgeois, voulant très bien employer leurs forces et se livrant « à de prudents calculs ». Je tenais à dire que je vois autour de moi des recherches ardentes, une vie intellectuelle et mystique de tous les instants. C'est peut-être de la conscience qu'elle a d'avoir traversé déjà bien des luttes intérieures que la génération nouvelle tire « ce sentiment si mystérieux de son audace », cette volonté « d'affirmation, de création ». C'est parce qu'elle a délaissé la réalité positive qu'elle s'étonne moins de la voir si pauvre. C'est parce qu'elle s'est éprise de son idéal qu'elle devine en lui de quoi combler ses désirs, et qu'on lui voit un « optimisme » qui n'est qu'une confiance courageuse.

• •

C'est une attitude assez semblable que nous retrouvons dans la lettre qu'un jeune licencié de philosophie, M. André Isambert, nous adressa spontanément après la lecture de nos articles de l'*Opinion* :

Je vous demande, écrit-il, de vous laisser entendre quelques idées que vos questions m'avaient amené à définir, idées que je sais partagées par plusieurs de mes amis et que je vous aurais exprimées, avant l'enquête, si j'en avais eu l'occasion.

Vous avez raison, je crois, de vous attacher à l'importance de M. Bergson et des idées que son nom symbolise, comme de lui attribuer un rôle « négatif », je dirais plutôt *préparatoire* de nos doctrines et de notre conduite. Aussi est-ce par lui que je débute. M. Bergson nous a expliqué ce que nous étions prêts à sentir, c'est-à-dire que nous ne recevons pas la vie du monde, que ce n'est pas un mécanisme extérieur à nous, que ce n'est pas la matière (quel que soit le sens que l'on donne à ce mot) qui nous permettait de vivre. La vie, nous la sentons à l'intérieur de chacun de nous ; son œuvre est au contraire de maîtriser, d'asservir la matière, ce que faisant, elle croît, elle grandit. Nous ne sommes pas prêts à nous répandre, contemplatifs, inactifs, dans un monde où nous ne retrouvons pas la nature de notre être et auquel nous refusons de nous abandonner. Ce monde, nous essaierons bien de nous y répandre, mais en conquérants, et de lui imprimer notre marque ; et cette action que nous sentons être la fonction essentielle de la vie, loin de l'épuiser, lui donne plus de force en même temps qu'elle l'instruit.

Nous lisons moins, dites-vous, que nos aînés ; et pourtant plus loin, vous nous félicitez de nous attacher à la « culture » latine et française. C'est justement, messieurs, que nous ne cherchons pas à lire en hâte et indistinctement le plus d'ouvrages possible. Une culture qui consisterait à emmagasiner tant d'idées dans le but définitif de les connaître nous paraîtrait un piètre bagage. Nous refusons à l'écrivain, à tout artiste, du reste, « l'incorruptible orgueil de ne servir à rien ». Pour nous, l'art lui-même a son rôle et nous aidera à vivre. Pourtant ce ne sont pas des leçons ni des exemples que nous lui demandons. Nous ne pensons pas tant à « sentir et à vivre selon des modèles littéraires » qu'à nous servir d'eux pour voir mieux la vie. Nous considérons une œuvre d'art originale comme une mine de points de vue nouveaux. Le propre du génie est de toucher les choses par une face encore inaperçue ; et les personnages, les tableaux qu'il construit, tous les détails d'expression qu'il crée, enrichiront, exerceront notre esprit, accroîtront ses ressources qui trouveront leur emploi au moment où nous aurons à agir.

Ainsi, nous avons, nous aussi, le souci de nous instruire, et cela, autant que par l'étude des lois scientifiques, par ces connaissances directes et particulières dont on parle tant aujourd'hui sous le nom d'intuitions ; nous venons de dire que l'art nous en est une source. Nous en puisons aussi dans les études psychologiques, qui ne sont pas choses passées. Nous sommes trop persuadés que l'essentiel de la réalité est cette « vie » intérieure pour ne regarder que le dehors des choses ; et nous nous sentons trop isolés, parmi la matière, pour ne pas vouloir entrer le plus intimement possible en contact avec des âmes. Mais la connaissance directe intuitive que nous voulons en avoir n'a rien de la curiosité ; nous avons, pour nous diriger besoin de connaître les hommes, puis nous avons besoin d'amitié, d'intimité, pour trouver le repos, la sécurité, la force.

Et pour ce nouveau genre de connaissances, nous nous faisons un aide de l'esprit de la femme, qui y trouve l'emploi de ses qualités. Nous ne méprisons plus de nous enrichir de son expérience, de la connaître et de nous faire connaître d'elle. Loin de les considérer comme des jouets, nous avons pu faire naître entre certaines femmes, certaines jeunes filles et nous les liens d'une amitié nouvelle et que nous avons crue bienfaisante. Et peut-être cette attitude d'esprit a-t-elle conduit certains d'entre nous à des habitudes plus chastes, qui semblent aussi s'accorder davantage avec les bases de notre vie intérieure.

Ce qui nous importe, en effet, surtout dans l'action, c'est son influence sur celui qui agit. La matière en elle-même ne nous intéresse pas, mais nous nous préoccupons de l'action de notre âme sur la matière qui aura accru et fortifié notre vie. Car toute action n'est pas également bonne pour notre croissance ; certains actes au contraire nous affaiblissent, nous diminuent. Là, se tient donc la place d'une règle, d'une loi ; là est le domaine de notre religion. La merveilleuse finesse psychologique de la religion catholique devait lui conquérir le premier rang : elle nous indique la loi qu'il faudra suivre et nous distribue la force de lui obéir. Le dix-neuvième siècle semble avoir particulièrement considéré, parmi la religion chrétienne, l'un de ses aspects, l'une de ses forces, l'une de ses vertus, la charité. C'était là ce que même les indifférents se piquaient d'admirer ; mais, la détachant ainsi de cet élan unique que doit être la vie religieuse, ils la comprenaient mal. Nous avons vu la nécessité de la foi ; nous en avons senti le vrai caractère. Avec M. Péguy, nous avons connu la nature, le rôle, la puissance de l'espérance. Et surtout, nous avons reconnu dans la religion une vie unique, puissante, dont nous avons l'intuition immédiate et indécomposable et sans laquelle, elle nous apparaîtrait comme vide, étrangère.

Même aujourd'hui, reconnaissons-le, cette vie n'anime pas tous les Français de notre âge ; vous avez limité le groupe auquel s'étendait votre enquête; les sentiments que j'exprime sont sans doute ceux d'un groupe encore plus restreint. Je me figure pourtant que les sentiments, les goûts, les possibilités, les forces, dont notre éducation nous a permis de prendre conscience, naissent en chacun des autres comme en chacun de nous; et les doctrines qui, chez nous, les ont satisfaits, peuvent aider à les définir même chez ceux qu'elles n'ont pas pu atteindre. Déjà d'autres attitudes, telles que le dégoût de la politique, pratiquée pour elle-même et non comme un simple moyen, la conscience d'une énergie nationale, qui constitue, à mes yeux, notre patriotisme, se rencontrent répandues dans tous les groupes. Oui, je crois à une force, à une volonté qui s'élèvent, qui ne cherchent pas tellement à se répandre en mots et en grands gestes, qui ne sont pas une ruée vers la gloire, ni un débordement d'arrivisme. Cette volonté tend, au contraire, il me semble, à se consacrer à une vie moins bruyante sinon plus calme, comme pour se cacher, se recueillir, non dans un but égoïste, mais en vue d'une œuvre que certains n'ont pas encore su définir, mais que d'autres ont cru découvrir déjà.

M. Henri Hoppenot nous fut désigné par ses camarades de la Sorbonne et de l'École des sciences politiques comme l'un des plus capables de traduire leurs sentiments et la pensée commune aux meilleurs d'entre eux. Esprit très critique, écrivain subtil, ce jeune homme, très respectueux des nuances individuelles, s'accorde cependant à subordonner tous les points de vue au point de vue français; il nous prouve que les esprits les plus délicats ont un vif sentiment des réalités actuelles. On trouvera, dans sa réponse, une marque de ce « réalisme politique » que nous avons signalé et qui se concilie avec la démocratie.

Je préfère ne porter mon examen que sur trois points : la patrie, la religion, l'esthétique, revoir avec vous la façon dont nous acceptons aujourd'hui ces idéals, la part de vie que nous leur infusons ou que nous en retirons, l'orientation que nous en recevons, l'unité d'action que nous voulons voir résulter de leurs impulsions singulières.

Il est évident, tout d'abord, que nous ressemblons assez peu à la génération qui nous précéda, celle qui lut les premiers ouvrages de Barrès dans leur édition originale, ignorante du résultat de l'expérience. Tout d'abord, vous ne voulez pas nous croire moins intelligents, mais uniquement « moins amoureux de l'intelligence ». Je crois que vous nous flattez trop. C'est un fait : oui, nous sommes moins intelligents ; nous avons des idées plus intelligentes, mais nous les acceptons de plus en plus toutes faites, et nous ne sortons pas du système, très commode, qu'elles nous offrent. Nos bibliothèques sont pleines de « critiques » : critique de l'individualisme, du romantisme, de l'idée républicaine ; c'est très bien, et, socialement parlant, elles valent mieux que celles que l'on trouvait dans les bibliothèques de nos aînés. Seulement nous ne les écrivons pas nous-mêmes, nous les lisons sans souplesse, nous en tirons des méthodes très rigides. Si nous nous avisons d'en écrire une, elle n'est que l'application de principes antérieurement posés et non la réaction naturelle d'un esprit qui se voudrait avant tout libre et sincère ; elle est œuvre de politique, non d'art ; ce n'est plus une « critique », mais une « défense ». C'est sûrement meilleur, sûrement aussi moins intelligent.

En second lieu, vous nous croyez plus héroïques... Dites que notre héroïsme porte des fruits plus sains, qu'il s'attache à des réalités plus tangibles. Mais ne niez pas celui de nos aînés, qui fut plus méritoire peut-être, moins applaudi, plus difficile souvent, parce que plus conscient. J'entends le témoignage que Charles Péguy apporte à ceux qui furent ses compagnons d'armes aux jours de l'Affaire : « Nous avons été des héros. » Je crois que Marchand entraînait avec lui bien des jeunes vers le Nil, des adolescents qui écrivaient alors selon leur goût, n'avaient que bien rarement l'occasion de rencontrer celui du public qui achète ou des Académies qui couronnent. Ils entouraient de pauvres hères comme Verlaine ou Villiers de l'Isle-Adam. Ne recevaient-ils pas de Mallarmé, aux mardis de la rue de Rome, une certaine leçon d'un certain héroïsme que nous chercherions en vain aujourd'hui. Dans la langue des salons, dès que l'on parlait littérature, « jeune » voulait alors dire « fou » ; aujourd'hui cela signifie : « sage, mesuré, traditionaliste, digne d'éloges ». Félicitons-nous-en, mais laissons aux « fous » d'hier la palme d'une véritable grandeur, et parfois d'un véritable martyre.

Quant à être plus patriotes que nos aînés, nous le sommes certainement. C'est un fait, mais il serait intéressant d'en approfondir les causes. Ce n'est point, comme vous paraissez peut-être le croire, l'effet de plus d'intelligence, de plus de bon sens. C'est surtout parce que nous en avons davantage besoin : de 1887 à 1905, l'Allemagne nous laissa tranquilles. Nous étions redevenus en Europe une force. Hanotaux et le jeune kaiser se souriaient ; plus tard l'Affaire et les luttes qui la suivirent nous donnèrent bien d'autres sujets d'occupation ; l'Alsace et la Lorraine étouffaient leur gémissement. En même temps, nos aînés connurent, un peu pêle-mêle, Nietzsche, Gœthe, Hegel, Tolstoï,

Ibsen, Swinburne, Wagner. Ils découvraient que l'art n'avait point de frontières ; ils se grisaient de ces voix nouvelles, qui chantaient la pitié, la bonté, la vie, la fraternité, toutes choses du reste exaltées par Hugo, mais dominées chez lui par un patriotisme territorial qui n'avait plus sa raison d'être, puisqu'il se fondait uniquement sur une supériorité mystique de la France, que l'on ne pouvait plus affirmer après la découverte de ces grands frères étrangers.

Paix extérieure ; rajeunissement d'un certain idéal mystico-politique de la Révolution ; Affaire où l'idée de patrie parut à toute une moitié de la France le voile d'appétits de réaction, le déguisement de passions aveugles et sanguinaires ; enthousiasme enfin de la jeunesse intellectuelle pour la littérature étrangère, vous trouverez toutes ces causes dans l'antipatriotisme d'alors.

Aujourd'hui pourquoi suis-je patriote? Pour deux ordres de raisons : premièrement parce que, depuis sept ans, l'Allemagne, — passez-moi l'expression, mais en ce moment je suis peuple, — parce que l'Allemagne m'embête ; parce qu'elle me tient sous la menace d'une guerre, qui « m'amuserait » (elle nous « amuserait » tous), mais où je veux vaincre ; parce qu'en cherchant ce qu'elle gênait en moi, j'ai vu que c'était tout un ensemble de choses qui constituaient ma vision de la France ; alors j'ai chéri celle-ci davantage, et haï, comme on hait l'homme qui veut vous retirer la vie, l'Allemagne. C'est là un patriotisme défensif. L'autre raison, c'est que, revenu de la griserie où me plongea, moi aussi, la première lecture des Slaves et des Germains, je m'aperçus que tout cela était très beau, mais n'était pas moi. Je jouissais de ces œuvres, mais je ne pouvais en vivre ; à vrai dire même, je n'en jouissais pas entièrement, car l'on ne jouit que de ce que l'on pourrait créer, et si j'ai virtuellement en moi la puissance d'écrire *Bérénice*, je n'ai point celle d'écrire *Résurrection*. J'ai quitté Gœthe pour Racine et Mallarmé, Tolstoï pour Balzac et Stendhal. J'ai senti que je me réalisais, que je me possédais, que je vivais dans la mesure même où ceux dont je faisais ma nourriture spirituelle étaient de ma chair et de mon sang. C'est avec mon amour pour eux que se confond mon amour le meilleur de la France ; je veux les chérir sans entraves. Ceux qui s'opposent à leur influence sont les ennemis de ma patrie, de moi-même. Je lutterais avec la même énergie pour conserver un sonnet de Ronsard ou une province de l'Est, un tableau de Poussin ou un paysage de l'Ile-de-France ; devant l'un comme devant l'autre, je me comprends mieux ; *je me libère de toute inquiétude*, je m'aime davantage. De même, tel vers de Hugo m'exalte autant qu'un planisphère d'Afrique, où de larges taches rouges m'indiquent les terres où rayonne une âme qui est la mienne, où se prolonge une puissance dont je sens les racines en moi ; je combattrais pour leur défense, comme pour celle de la strophe, comme pour celle de mon pain quotidien.

Je serai bref sur la question politique. Je suis républicain : les puissances de sentiment dont parlait Barrès, des raisons d'ordre plus scientifique m'ont rendu démocrate nationaliste ; je crois peu à la force de l'idée politique, même mystique, lorsqu'elle s'émiette dans un parti ; je la crois invincible, condensée, incarnée dans un individu. Aujourd'hui la jeunesse républicaine cherche un système et un chef ; si celui-ci peut lui donner celui-là, engendrer comme fait Maurras une science et une croyance, prolonger au besoin les raisonnements par des poings, nous assisterons, avant vingt ans, à de beaux changements. Mais cela sera-t-il ? En attendant, la grande majorité de la jeunesse intelligente se tourne vers l'*Action française.* J'admire la beauté géométrique de son théorème politique, mais il ne m'a pas convaincu. En revanche, je ne dirai jamais assez combien sur beaucoup de points vitaux elle m'a libéré. En moi Maurras a chassé les nuées du libéralisme révolutionnaire, comme Bergson les nuées du dogmatisme, tant scolastique que scientiste. L'un a redonné la clarté, l'autre la vie à l'intelligence française. Leurs deux méthodes s'inspirent également du même « empirisme organisateur ». Ils sont les pères spirituels de beaucoup d'entre nous.

Catholique croyant et pratiquant, j'applaudis à cette renaissance du catholicisme que vous signalez. Je crois que vous n'y faites pas assez considérable la part du *Sillon.* La réaction traditionaliste de l'*Action française* nous donne toute une génération de catholiques plus romains que chrétiens, qui acceptent le fait catholique plutôt comme extérieur que comme intérieur à eux-mêmes. S'ils peuvent être utiles à l'Église, ils ne la feront que se consolider, non s'étendre : ils n'engendreront ni croyance ni mysticisme. Vous nous dites vous-mêmes qu'ils ne sont que deux à l'École normale. Ne vous y trompez pas : les autres catholiques qui s'y trouvent, n'y seraient pas en tant que catholiques, sans le *Sillon.* Indépendamment de tous ceux auxquels il montra dans le catholicisme une force vivante et moderne, il créa une atmosphère, dont des milliers d'âmes furent effleurées, dans tous les milieux, tous les partis, et ceux qui la respirèrent en gardèrent, malgré tout, quelque chose. Son malheur fut de n'avoir pu vivre que soutenu par un élan mystique ; le jour où, conséquence de la condamnation, cette mystique déclina, il ne se trouva pas d'intelligence pour la remplacer, soutenir le mouvement. Les sillonistes furent les premiers chrétiens perdant la soif du martyre avant d'avoir une solide théologie. Un mysticisme diminué, lassé, une doctrine trop imprécise... rien ne dirigeait plus ces militants, qui avaient souvent été des héros, et leur force périclita. Leur influence n'en avait pas moins été profonde. Quand les jours d'aujourd'hui, qui sont pour les jeunes catholiques les jours du silence, auront passé, vous vous en apercevrez.

Terminons par les tendances morales et esthétiques. Je partage dans une assez forte mesure votre avis sur la moralité plus grande des jeunes d'aujourd'hui ; elle est une conséquence de la renaissance religieuse. Sans croire peut-être énormément à une proportion beaucoup plus forte qu'hier de jeunes gens chastes, je crois au respect grandissant qu'ils inspirent autour d'eux, à l'audace croissante avec laquelle ils affirment leurs façons de vivre et leur liberté de vivre ainsi. Il faut songer aussi à la place de plus en plus grande que la jeune fille prend dans notre vie. A mesure qu'elle s'émancipe, qu'elle se modernise, elle se rapproche de nous davantage : elle se fait plus femme, plus consciente de son pouvoir. Les conséquences de ce fait, parfois salutaires, seront le plus souvent désastreuses. Toute une force est en nous qu'elle excite sans la satisfaire, qu'elle énerve et fatigue. Le flirt ravage nos énergies. Seulement, même exerçant ce rôle néfaste, elle ne nous éloigne pas moins d'autres plaisirs, plus immédiats, plus faciles. Les jeunes filles, même ou parce que nous affaiblissant, nous préservent des filles. Reste à savoir quel mal est socialement le plus grand.

En art, vous constatez une renaissance classique. Pourquoi employer ce terme, trop étroit, propre à n'entretenir que des querelles d'écoles. Parlez plutôt d'une renaissance du goût. Nous nous éloignons des romantiques, mais dans la mesure seulement où ils manquèrent de cet ordre, de cette clarté, de cette discrétion que nous prisons aujourd'hui au-dessus de tout. C'est beaucoup plus une question de forme que de fond. La preuve n'en est-elle point dans Moréas. Il n'est pas un thème de l'école romantique, lassitude de vivre, souffrance sans cause, divinisation de la nature, que cet Athénien n'ait chanté dans ses stances. Pourtant celles-ci sont le livre de chevet de nos néo-classiques. N'en cherchez la raison que dans son goût exquis, dans la sobriété de sa forme. De même si nous laissons de côté les messies romantiques, — car remarquez-le bien, la haine de tout messianisme, messianisme de l'amour, de l'humanité, de l'art est un de nos traits dominants, — les meilleurs des symbolistes gardent tout notre amour ; Verlaine a sa place dans nos bibliothèques à côté de Ronsard ; Mallarmé à côté de Rac ne. Nous demandons à nos écrivains du goût, aucun « m'as-tu-vu ? », aucune pose de sacerdoce...

Voici, terminée, cette trop longue réponse. La jeunesse d'aujourd'hui a acquis le goût des choses utiles et vivantes. Elle a perdu celui de l'ironie, et peut-être de la pitié ; elle a découvert que Sirius était très loin, et la France très près.

Ce sont des appréciations plus critiques que nous apportent les témoignages suivants. Ils nous viennent de jeunes hommes de vingt-cinq à trente ans, plus capables de « juger » l'attitude de leurs cadets et soucieux de les connaître.

M. François Poncet, ancien élève de l'École normale supérieure, agrégé, pensionnaire de la Fondation Thiers, s'attache à vérifier, par des exemples concrets, quelques-unes de nos observations.

Je veux croire, je crois comme vous, que la jeunesse d'aujourd'hui diffère de ce que nous étions hier, et qu'elle s'en distingue notamment par un sens impérieux de l'action, une médiocre estime de l'intellectualisme, un goût marqué des fins pratiques, une foi vivace dans l'avenir de la patrie, enfin par son culte passionné du sport.

Je n'ai pas à chercher longuement dans mes souvenirs pour y trouver des faits particuliers qui confirment ceux que vous avez rapportés. Quand nous avions dix-huit ans, l'œuvre d'Anatole France était, pour mes amis et pour moi, un sujet de délectation, une occasion de pur ravissement ; cette intelligence lucide, ce scepticisme, ce nihilisme souriant, ce style juste et mesuré nous semblaient la perfection même. Depuis lors, j'ai entendu plus d'un jeune lecteur professer qu'Anatole France lui paraissait ennuyeux, perpétuellement raisonneur, jamais ému, décevant et desséchant, inutile et déjà d'un autre âge.

Parmi mes compagnons de rhétorique, bien peu savaient à quelle carrière ils se destinaient ; ou plutôt, dans nos pensées d'avenir, nous n'envisagions pas tant le métier précis qu'il nous faudrait un jour exercer, que les études qui nous y amèneraient. Un de nos camarades attirait sur sa tête tous nos sarcasmes et tous nos mépris, parce qu'il déclarait résolument : « Moi, je veux être notaire ! » Il l'est devenu. Aujourd'hui on ne rirait plus de lui. Les élèves de première et de philosophie, que j'ai observés au cours d'une année d'enseignement dans un grand lycée du Midi, m'ont paru fort avertis de ce qu'ils voulaient faire, fort soucieux d'adapter avec exactitude et économie leurs études au résultat qu'ils en attendaient.

De leurs voyages à l'étranger, et particulièrement en Allemagne, j'ai noté aussi que les jeunes gens revenaient, non seulement fortifiés dans leur conscience nationale, mais avec une disposition belliqueuse, et je sais bien que pour ma part, quand me furent révélées pour la première fois la prodigieuse vitalité allemande et ses immenses réserves de forces, je me demandai si notre pays ne devait pas borner son ambition à garder et à accroître uniquement sa supériorité intellectuelle. A l'École normale, il n'y a pas très longtemps, on pouvait entendre résonner dans les couloirs les accents de *l'Internationale;* je veux bien que ce chant fut lancé un peu par amour du scandale et un peu pour plaisanter. Mais à ce moment nous laissions faire. Aujourd'hui *la Marseillaise* étouffe aussitôt les quelques voix qui reprennent encore, chez nos cadets, l'hymne révolutionnaire.

Nous avions bien aussi, au lycée, des camarades en petit nombre, qui, timidement, jouaient au foot-ball et s'intéressaient aux sports ; mais nous les prenions en pitié, comme des crétins, et, bien plus, nous les tenions pour des voyous. Aujourd'hui, mon jeune frère, de dix ans plus jeune que moi, m'entraîne, le dimanche, à des matches de rugby, au Parc des Princes, où il retrouve toute sa classe.

Je vous parle en dernier lieu du sport pour ne pas oublier que, si j'ai quelques critiques à vous adresser, la première est que vous ne me semblez pas dans cette révolution de la jeunesse attribuer au sport le rôle qui lui revient (1). Je crois ce rôle essentiel. Ce n'est pas parce que la jeunesse actuelle est anti-

(1) Dans nos articles de l'*Opinion*, nous avons signalé l'importance de ce rôle, mais nous avons voulu nous en remettre à quelqu'un de plus compétent que nous pour le traiter. C'est pourquoi nous avons demandé à M. G. Rozet les pages reproduites ici sur *la Jeunesse et le Sport.*

intellectualiste qu'elle est sportive ; c'est au contraire, et à mon avis, parce qu'elle est sportive qu'elle est anti-intellectualiste. Le sport enferme en soi une politique, une esthétique, une morale. C'est le sport qui a rendu la jeunesse plus hardie, plus combative, plus réaliste. C'est en posant la valeur du sport, qu'elle est sortie de ce nihilisme qui, d'après vous, était le propre de la génération précédente.

Et de cela, il est juste de lui faire honneur. Car elle n'a reçu de personne le goût du sport ; elle l'a apporté avec elle, et c'est elle qui l'a imposé. Je ne puis, en revanche, admettre comme un trait propre à la jeunesse ce que vous appelez « le réalisme politique » ; c'est là un phénomène beaucoup plus général, qui résulte de toute notre récente histoire intérieure. Je crois même les jeunes gens assez indifférents, dans le fond, à la politique, beaucoup plus indifférents, en tous cas, que leurs aînés, et disposés, en cette matière, à se laisser conduire par eux.

Il ne me semble pas non plus que le retour à la religion marque une originalité des jeunes ; de ce retour à la religion leurs aînés leur ont encore donné l'exemple ; succédant à une période d'anticléricalisme violent, ce fait dépasse de beaucoup les mérites propres de la génération qui vient, et je ne pense pas qu'on puisse encore en apercevoir l'exacte portée.

J'aurais souhaité aussi que vous accusiez ce qui manque à la jeunesse actuelle, et, à mon sens, c'est la bonne grâce, l'élégance, l'ironie, fort compatibles avec les qualités dont vous la louez. Voyez-la en société ; voyez comment elle se comporte avec les femmes ! En vérité, j'ai peur qu'il ne faille réagir avant peu contre une influence excessive de l'américanisme, pour garder à la manière d'être française ce charme et cette aimable politesse qui la distinguaient jadis et que le sport pourrait bien avoir compromis !

Je m'associe quand même de grand cœur aux espérances que vous mettez en la génération nouvelle. Les qualités que vous remarquez chez nos jeunes gens sont de celles qui doivent grandir notre pays, de celles dont il a besoin. La jeunesse ne les eût-elles pas, d'ailleurs, telles ni si complètement que vous les lui attribuez, qu'il faudrait encore lui en faire des compliments, pour qu'elle s'attachât à les mériter.

M. Milhac, avocat à la Cour, ancien élève de l'École des sciences politiques, a trouvé dans notre enquête prétexte à certaines réflexions qui valent d'être notées :

Un des hommes qui connaît le mieux les jeunes gens — et à coup sûr une élite d'entre eux — Mgr Baudrillart, faisait à une enquête similaire cette prudente réponse : « Nous jugerons l'arbre par ses fruits. » Il serait difficile assurément d'y voir une boutade de sceptique ou de ces « esprits chagrins » qui ne peuvent pardonner au présent de leur rappeler qu'ils appartiennent au passé. En revanche, nous serions tentés de comprendre par là qu'à côté des vertus indéniables signalées par Agathon, il est des défauts qui expliqueraient pourquoi l'on peut ne pas faire trop confiance à « ceux qui viennent » et craindre que les fruits ne tiennent pas entièrement les promesses des fleurs.

Il serait pourtant injuste d'exprimer quelque défiance à l'égard de la foi patriotique qui anime les jeunes gens d'aujourd'hui. Ne doit-on pas au contraire admirer pleinement cette extraordinaire reviviscence d'un souvenir qu'on aurait pu craindre aboli, à mesure que s'éloignaient les visions douloureuses et sanglantes d'hier. Que la mémoire fût demeurée fidèle chez les jeunes gens de l'Est, que parmi eux l'armée recrutât de nombreux officiers, il n'était à cela rien de surprenant : de Sedan comme de la ligne bleue des Vosges, leur cœur « entend toujours la plainte douloureuse des vaincus ». Mais, à l'heure actuelle, c'est partout le pays, dans les rangs de la jeunesse un désir belliqueux moins violent que profond, moins agressif que tenace. L'administrateur d'une de ces revues qui mènent le bon combat nous disait récemment : « Nous sommes soutenus par le Midi presque autant que par le Nord et l'Est. » L'unanimité même de l'élan national, qui s'affirme chaque jour en dehors et au-dessus des catégories confessionnelles ou politiques, nous apparaît comme le plus sûr témoignage de sa sincérité et le garant réconfortant de sa durée.

Pour ce qui concerne la renaissance catholique, et plus généralement religieuse, nous sommes heureux de nous rallier encore à l'opinion d'Agathon. Chez les jeunes gens d'aujourd'hui, la foi n'est pas sentimentale et vague, mais positive, raisonnée, capable d'avoir sur leur vie intérieure une action importante, et de renforcer leurs tendances morales, qui, pourtant, dans une large mesure, procèdent de sentiments ou d'idées bien éloignées des influences de religion.

Que sera ce mouvement catholique? Intellectuel, certes, si l'on songe aux influences littéraires qu'a soulignées Agathon, aux influences philosophiques, à celles en particulier des doctrines de Ritschl, des limites de la science, de l'expérience religieuse selon W. James et de la philosophie de l'action rattachant à un même principe la religion et la science. Sera-t-il, au même degré, un mouvement social? A considérer certaines tendances, négatrices de l'altruisme, il demeure possible, comme on l'a dit, « qu'une telle génération ne se répande pas autant que celles qui la précèdent dans les œuvres de charité et d'humanité ». Ce qui est certain, d'ailleurs, c'est que, de l'aveu même des personnalités les plus autorisées, le recrutement des prêtres ne bénéficie pas de cette progression de l'esprit religieux. Et il y a lieu de s'en étonner d'autant plus que, par les tendances morales qu'on affirme découvrir en eux, les jeunes gens d'aujourd'hui ont, en quelque sorte, un supplément de force anti-matérialiste et une manière de prédestination que n'avaient point leurs aînés.

Cette question de vocations amène tout naturellement à se demander dans quel état d'esprit les générations nouvelles abordent le problème de la vie et comment, avec ce sens louable de l'action qui est leur caractéristique, elles entendent lui donner une solution.

Ce sens de l'action, joint aux préoccupations morales, les a guidés vers les sports par une réaction extrêmement heureuse contre l'exclusive cérébralité des générations précédentes. Mais ces manifestations d'activité ne nuiront-elles point, par l'exagération qu'il faut prévoir, à l'esprit de curiosité intellectuelle, à la vie intérieure, pour tout dire à l'idéalisme de notre race? On a, avec une injuste malice, prétendu de la femme contemporaine qu'elle était toujours sortie et que, lorsqu'elle rentrait, ce n'était jamais en elle-même. Certains craignent, non sans raison, que l'on en puisse d'ici peu affirmer autant des jeunes gens, et ils concluraient volontiers par cette appréciation que nous donnait un professeur de philosophie : « Il y a dans cette génération de quoi produire des choses excellentes : mais c'est une des moins idéalistes que l'on ait connues. » Non : des moins idéologues, surtout ; et Napoléon, qui ne prisait guère les idéologues, l'eût aimée autant qu'il est admiré d'elle (1).

(1) Une personnalité connue pour son attachement à l'idée

Tout, dans cette jeunesse, décèle une volonté ferme, une pondération précoce et un salutaire équilibre d'esprit : bref, des qualités solides, analogues à celles des bourgeois qui, sous Louis-Philippe, prenaient pour devise : « Enrichissez-vous. » Et ce conseil réaliste d'autrefois nous rappelle précisément les critiques que l'on adressait à la doctrine de W. James d'être « bien américaine... faite pour l'homme qui veut un rendement en espèces ». On ne saurait nier, par ailleurs, que les jeunes gens d'aujourd'hui soient, dans une large mesure, pragmatistes, de ceux pour qui, selon le mot de Boutroux, « la science tend à l'action et n'a d'autre objet que l'action ».

Par là même s'expliquerait cette hâte à choisir un métier et à se rendre capable de l'exercer, en négligeant, de parti pris, ce qui, dans tous les domaines, — intellectuel et moral — les pourrait distraire de ce but précis. Aussi, une École, très justement réputée pour son enseignement qui est, selon le mot de son fondateur, « le couronnement de toute éducation libérale, » a-t-elle, en 1909, développé une nouvelle section de finance privée et de banque, après avoir au contraire, en 1900, organisé une section d'Économie sociale. De même y voit-on les jeunes gens se diriger vers les concours d'État, vers ceux-là surtout qui leur permettent, après une courte carrière administrative, d'accéder très rapidement à cette féodalité financière, dont ils savent qu'elle est la grande puissance du temps présent, et dont l'influence tend à pénétrer tous les milieux, même ceux que leurs fortes

républicaine, causant pendant ces dernières vacances avec quelques amis, hommes politiques importants, disait, sans dissimuler son regret : « Cette génération dont on parle tant, sera, vous le verrez, anarchique et césarienne : anarchique, parce que son individualisme sera vite poussé à l'excès ; césarienne, parce que son orgueil et son patriotisme aimeront la force. »

traditions et leur antique organisation eussent dû rendre réfractaires.

Que, pour des professions comme l'industrie, le commerce, si nécessaires dans notre état de civilisation, il convienne de se décider sans tarder, cela ne saurait être discuté. En retour, on s'explique moins une semblable et aussi utilitaire précipitation à l'égard de ces situations que Gabriel Tarde désignait comme supérieures, parce qu'on exerçait par elles une action intermentale étendue et profonde sur les volontés, les intelligences, les sensibilités. Cette tendance a même été condamnée à l'avance par un homme d'action : M. Raymond Poincaré disait, dans un discours prononcé en 1897 : « Je n'aime pas beaucoup, pour ma part, les vocations trop précoces et trop enthousiastes : à ces déterminations hâtives, je préfère les hésitations scrupuleuses d'une conscience qui s'interroge, et, au besoin même, les révoltes instinctives d'une intelligence curieuse et fière devant le joug d'une spécialisation prématurée. »

Par bonheur, sur les plus jeunes représentants de cette génération a pu s'exercer l'influence de la campagne menée pour la renaissance des études classiques. On les voit, tel ce bachelier d'hier (que citait l'enquête de l'*Opinion*), préférer « les jeunes gens qui se nourrissent d'idées enthousiastes et de sentiments », réprouver au contraire ceux — et il en est beaucoup — qui doivent à « un arrivisme sans noblesse » de ne se passionner jamais « que pour un résultat immédiat et pratique ».

C'est par ces tout jeunes gens suffisamment avertis des nécessités présentes, assez énergiques pour s'y pouvoir adapter, mais aussi non oublieux des enseignements et des utiles influences du passé, que pourrait se réaliser l'harmonieuse synthèse des tendances individualistes et altruistes. S'il en est ainsi, mais dans ce cas seulement, comme la génération qui monte est une génération forte, nous nous réjouirions autant que quiconque à voir, dans l'intérêt supérieur du pays, s'accomplir les prévisions optimistes d'Agathon.

Voici de M. FR.-GUILLAUME DE MAIGRET une lettre précise, qui vient d'un homme qui a médité sa réponse et réalise une condition de compétence véritable. Dans son livre : *le Carnet d'un vieux maître,* M. de Maigret nous avait présenté divers types de jeunes gens d'aujourd'hui.

Il n'y a guère à dire, après votre excellente enquête. Vous avez abordé la question tout entière et l'avez résolue. Elle est, pour l'instant, épuisée. Et même (c'est la seule objection que je trouve à faire) vous avez été, selon le mot, trop explicite, trop logique, trop philosophique. Là-dessus portera la critique que vous me demandez. Vous nous avez montré l'esprit des jeunes plus organisé, plus « intellectuel » qu'il n'est en réalité, je crois, au moins dans son ensemble. Vous avez surtout interrogé l'élite *pensante* de la jeune génération, étudiants de Sorbonne, élèves de l'École normale, jeunes écrivains et journalistes. Tous ceux-ci, certes, — et c'est ce qui les distingue de leurs aînés, les intellectuels de 1890 — sont en étroite communion de sentiments avec le reste de leurs contemporains ; mais ils possèdent l'esprit nouveau d'une façon très exceptionnellement consciente. Ils savent ce qu'ils sont et pourquoi ils le sont. Ils ont une philosophie. Leur attitude est, dès maintenant, et en face de tous les problèmes actuels, définie, voulue.

Ils sont, dites-vous, patriotes, moralistes et catholiques. La masse des autres n'a pas raisonné assez pour être tout cela, au moins de la même manière. Elle s'est contentée de sentir. Elle n'a pas d'opinions très déterminées ni de ligne de conduite arrêtée. Ce sont là, dites-vous, des différences sans importance. « C'est cette jeunesse intellectuelle que seule nous étudions. Elle seule est intéressante. » Est-ce bien exact? Dans un temps où, comme vous dites, l'admiration va moins aux idées qu'aux hommes, l'élite effective sera-t-elle bien l'élite *pensante?* Je crois plutôt qu'il se créera, pour conduire la masse de ces nouveaux venus — parmi cette masse et différente d'elle seulement par l'ardeur de sa volonté — une élite *agissante*, tout autre que l'élite intellectuelle, et qui aura plus de prestige qu'elle. Cette élite, il me semble la voir déjà se former et, puisque vous voulez bien me demander mon sentiment, c'est d'elle que je parlerai.

Comment se compose-t-elle actuellement? De jeunes « bourgeois » et de « populaires » également ardents, qui, ne devant pas être des intellectuels de carrière, n'ont, ni les uns, ni les autres, fait ce qu'il fallait pour le devenir d'esprit. Les plus avantagés ont reçu une bonne éducation secondaire. Quelques-uns en ont profité, quoiqu'ils se soient empressés d'oublier les leçons qu'on leur avait données. Les autres n'ont qu'une instruction sommaire, mais une expérience plus forte de la vie. Tous ne s'occupent guère de débrouiller les idées confuses qu'ils ont, ni de les rendre claires, ni d'en tirer un principe d'action. Futurs commerçants, industriels, officiers, sportsmen, etc., ils ne se soucient que d'être « calés » dans leur partie. Dans la vie courante, ce sont des « professionnels ». Leur morale ordinaire est faite, en grande partie, des habitudes de leur milieu de métier. Pour tout le reste, en art, en politique, dans le domaine religieux, ils suivent les conseils de leur « sensibilité » ou, si vous voulez, de leur tempérament. Et c'est leur tempérament seul, non leurs idées, qui les rend différents de leurs éducateurs.

Pour dire ce qu'il est, ce tempérament, je n'ajouterai rien à votre enquête, qui, je le répète, est complète. Je me contenterai de dégager de toutes vos remarques celles qui paraissent le mieux s'accorder avec mes observations personnelles. Mais, tout d'abord, je les résumerai d'un mot. C'est celui qu'ils ont hérité de leurs aïeux par-dessus la tête de leurs pères, anémiés par la défaite. Il est tout *militaire*. Ce qualificatif peut sembler mal choisi. Mais, dans son acception psychologique, c'est non seulement le meilleur qu'on puisse opposer à la pusillanimité, à l'esprit compliqué, discuteur, anarchique et utopiste de l'autre génération ; mais le seul qui exprime une certaine qualité d'énergie, d'activité, de simplicité morale, de gaieté et de résistance physique. Il s'applique à merveille à ceux dont je parle. Nous allons le voir, en relevant, par sélection, dans votre enquête, leurs tendances particulières.

Leur patriotisme, d'abord. — Il est tout militaire. C'est surtout un esprit de solidarité. Pour reprendre vos propres paroles : « le caractère original de leur sentiment national, c'est qu'il est devenu moins territorial. Il s'est transformé en sentiment de race, de culture ». Très exact. Leur foi patriotique, à ce que j'ai pu remarquer en écoutant beaucoup d'entre eux, est dégagée, ou presque, de cet attachement passionné au territoire et aux choses locales, à la terre et aux morts, qui formait et qui forme encore le fond du patriotisme des Français plus âgés. Un tel sentimentalisme en eux n'est point dominant. Ils se sentent moins d'un pays que d'un peuple. Non seulement « de réalités physiques, naturelles, les frontières sont devenues à leurs yeux une réalité morale », mais encore cette réalité morale a plus de place dans leur cœur que le sol même de la patrie. Elle prime aussi l'amour du semblable, du compatriote. La phrase d'un aîné que vous avez citée : « Je sacrifierais la vie de cent imbéciles français à celle d'un intelligent de n'importe où, » les ferait bondir, ces jeunes. Mais, notez-le bien, non pas tant parce qu'ils en seraient affectés dans leur cœur (comme on peut l'être, par exemple, lorsque la vie d'un ami ou d'un proche est mise en jeu avec légèreté), que parce que leur fierté de race, leur esprit de solidarité à l'égard de tous les membres de la nation, disons le mot, leur *loyalisme* en serait blessé. Voyez comme ce sentiment est militaire. C'est celui du soldat d'autrefois, du soldat de carrière, qui mettait l'amour pour les siens, pour ses camarades, bien au-dessous de la fidélité à son corps de troupe, qui était sa suprême loi. Le patriotisme des jeunes est à base *d'esprit de corps.*

Remarquez aussi qu'il n'est pas chauvin. Je veux dire qu'il ne s'agrémente pas nécessairement de la haine de l'étranger. Ces jeunes ont plus voyagé que la plupart de leurs aînés. Ils ont senti, comme vous avez dit, « l'opposition des étrangers à eux-mêmes, » ils ont « pris conscience de leurs différences ».

Mais, par là même, ils ont acquis une certaine objectivité dans le jugement qu'ils portent sur les autres peuples. Ces différences ne les irritent plus. Ils se préfèrent, voilà tout. Leur sentiment, loin d'être haineux, n'est qu'une sorte de quant-à-soi calme et fort. En somme — et peut-être faut-il voir là l'influence des sports collectifs — sur quelque terrain que ce soit, économique, politique ou autre, ils se considèrent, vis-à-vis de leurs adversaires, un peu comme des joueurs de foot-ball ou de tennis. Leur souci n'est que d'être plus vigoureux, plus habiles, mieux préparés, pour vaincre. Mais pourquoi détesteraient-ils l'ennemi? Il faudrait pour cela que celui-ci leur en eût donné des motifs particuliers, comme ce fut par exemple le cas de l'Allemagne, avec ses agaceries de ces dernières années.

Cette attitude encore est toute militaire. Seul de tous les hommes, le soldat peut ne point avoir d'antipathie pour celui dont il se garde et qu'il combat, puisque seul il n'obéit point à son sentiment personnel, mais à des nécessités ou à une cause supérieures.

Militaire encore — il n'est point besoin d'y insister — cet attrait de la guerre, non pour se défendre, « non pour conquérir une province. Non pour exterminer une nation. Non pour régler un conflit d'intérêts » mais « pour l'amour de l'art ». Quant à cette admiration du héros, de celui « qui a donné de l'homme concret, vivant, la formule la plus saisissante », ils l'éprouvent, certes, comme toutes les natures généreuses, mais d'une façon encore moins théorique, moins « en principe » que les jeunes intellectuels dont vous vous êtes fait le porte-paroles. Ils ne la satisfont pas par la lecture des livres d'histoire ou des biographies. Ils la vivent, si l'on peut dire, en ce sens qu'ils s'attachent fortement, quelle que soit leur profession, banale ou aventureuse, aux individualités les plus puissantes de leur entourage. C'est ainsi qu'ils respirent le mieux cette « contagion de vaillance », cette « conscience de la réalité et de la lutte » que vous avez dites. Mais, s'ils ne sont point curieux, comme leurs aînés, de la réalité « en amateurs », ils ne le sont pas davantage par une sorte « d'égoïsme spontané qui pousse à se demander : Qu'en puis-je faire qui profite à ma vie, qui aide à mon perfectionnement? » Ils sont ardents et enthousiastes, tout simplement. Ils ont du sang jeune et des muscles. Ils se dépensent et se dévouent sans réfléchir. En cela encore, ils sont ce que j'appelle *militaires*.

Leur absence d'esprit de recherche, de souci philosophique, que j'ai souvent constatée, m'oblige à n'être pas de votre avis en ce qui concerne le mouvement catholique dans la jeunesse. Ou du moins, je crois que ce mouvement n'a lieu que chez les « intellectuels ». Les autres, ou bien sont catholiques par habitude, par éducation, et le resteront, ou bien ne le sont pas du tout et ne tendent pas à le devenir. Le désir de se confirmer ou de s'engager par la réflexion métaphysique dans une foi, pour ensuite se soumettre à une discipline religieuse, suppose qu'on manque de foi, qu'on a l'esprit inquiet. Ce qui n'est pas le cas des jeunes gens dont je parle. Ils ont foi dans la vie, dans l'homme, dans leur jeunesse, et ils n'ont pas besoin même de se le dire. Leur assurance est instinctive. Ils ne doutent de rien, bien qu'ils ne lisent — et j'avoue qu'ils ont tort — ni Claudel, ni Péguy, ni Francis Jammes. Seulement, ils ne connaissent rien ou que peu de chose du « mouvement philosophique de ces vingt dernières années », y compris la philosophie de Bergson, et, comme vous le laissez entendre, le néo-catholicisme des jeunes « intellectuels » n'en est que la suite logique.

Je ne noterai que ceci : ceux que j'appelle l'élite effective de la génération nouvelle sont dénués de toute passion cléricale ou anticléricale. Les querelles de leurs pères en cette matière ne les intéressent pas.

Les tendances morales. — Je ne suis pas convaincu du « moralisme » des jeunes, ou du moins, là encore, il est nécessaire, je crois, d'établir une distinction entre les « intellectuels » de la génération nouvelle et les « agissants ». Les premiers, dites-vous, éprouvent le besoin d'un ordre sensible, d'une discipline *intérieure* pour soutenir et diriger leur vie active. Ils ont horreur du dérèglement, de l'anarchie comme de la pire entrave au développement de soi-même, à la véritable liberté. Mais les autres, pour la même raison qu'ils se préoccupent peu de se définir une ligne de conduite rationnelle, ne sont point animés d'un tel sentiment de *self-controle* Par contre, je crois avec vous qu'ils ont le sentiment d'une « concience professionnelle » et c'est, à mon sens, à une discipline *extérieure*, discipline nationale, politique, militaire, sociale ou *syndicale*, qu'ils aspirent. Ce qu'on peut appeler leur sens moral, ne me paraît être que le sentiment tout militaire de l'honneur : esprit de fidélité à son idéal, à ses amis, à ses pairs, à ses engagements, mépris et honte de la lâcheté, esprit de dévouement, franchise, etc. S'ils vivent pour la plupart sans désordre, c'est que, comme vous l'avez dit, « l'action est le critérium de la moralité ». Mais alors donnons à ce mot un sens large et dépourvu de toute contrainte voulue. La morale des jeunes ne leur est ni inspirée par une croyance ou une philosophie, ni dictée par des principes personnels, ni imposée par des préjugés quelconques. Elle résulte forcément de ce que j'ai nommé le tempérament militaire. Un cerveau dépourvu de littérature, un corps sain et aguerri ne peuvent se complaire « à l'étrange et au morbide ». Tout au plus, un soldat peut-il être enclin « au vice impétueux qui bouillonne dans le cœur d'un roi barbare ou d'un prince de la Renaissance italienne »; mais encore faut-il pour cela qu'il soit blasé sur le reste, et ce n'est pas le cas. Ceux dont nous parlons n'ont besoin d'aucun vice pour se satisfaire. Ils sont jeunes. Les plaisirs naturels leur suffisent. Mais, Dieu merci ! leur manière d'être n'a rien de puritain. Je doute même qu'ils soient, comme vous dites, « pénétrés de la gravité de certains sentiments que leurs aînés traitaient avec ironie et légèreté ». L'amour est pour eux un plaisir comme pour tout le monde et, s'ils se marient tôt, c'est simplement qu'ils ont plus de courage, plus d'élan que leurs aînés et qu'ils supputent moins les difficultés de la vie.

Que dirai-je, pour terminer, des tendances politiques de la jeunesse, sinon que vous les avez indiquées mieux que quiconque. Ceux qui formeront l'élite agissante de demain ne sont encore embrigadés dans aucun parti. Jusqu'ici, leurs occupations, leurs plaisirs, autant que le peu d'intérêt qu'ils portent aux discussions de leurs pères, les ont tenus éloignés des réunions publiques et des affiches électorales. Ils ne lisent ni Georges Sorel, ni Maurras — je les en blâme encore. Aussi ne sont-ils que Français, mais ils le sont de toute la force de leur tempérament militaire, c'est-à-dire sans raisonner, avec courage, avec violence, avec injustice, comme il faut l'être. Ils sont dans l'attente. Toute grande chose qu'on leur présentera les trouvera prêts à donner leur sang. Mais aucun gouvernement ne saurait les satisfaire, quelle que soit sa forme, qui ne serait pas assez national et ne contenterait pas la fierté qu'ils ont de la grandeur de leur pays.

II

L'ARMÉE

Parmi ces réponses de l'élite, il fallait que l'armée figurât. Voici la lettre que nous avons reçue de M. R..., lieutenant breveté d'état-major. Cet officier de vingt-huit ans a servi dans l'Est, d'abord, puis, pendant six années, au Tonkin.

Deux faits personnels, pour prouver l'abîme qui sépare l'état de deux générations : celle de 1900 et celle de 1910.

En 1903, j'étais à Saint-Cyr. Mon correspondant à Paris, de quelques années plus âgé que moi, était un homme d'une intelligence remarquable. Pendant mes deux années d'école, nous eûmes ensemble de nombreuses discussions sur la guerre, la nécessité de s'y préparer. « La guerre, mais c'est un vestige de l'antique barbarie. Il faut espérer que nous n'en connaîtrons jamais plus les horreurs. Le développement de la civilisation en Europe la rendra impossible. Si jamais elle éclate, ce ne sera qu'à mon corps défendant que j'y prendrai part ; j'obéirai à la loi. »

En 1911, au mois d'août, je commandais un peloton de cuirassiers. C'était tout près de la frontière allemande. On ne parlait que de tension, de rupture des négociations. Bien des fois, avec mes cavaliers, j'eus l'occasion de parler de cette guerre, qu'on pensait prochaine. Et, chaque fois, j'eus la même réponse :

« Oh ! mon lieutenant, vienne la guerre, et qu'on se débarrasse enfin de ces gens-là. » Ce qui me frappait le plus, c'était leur attitude. Leur regard devenait plus vif, plus éclatant. Instinctivement, leurs jambes serraient davantage les flancs de leur monture, leurs mains rassemblaient les rênes. Ils étaient prêts à se porter en avant.

Ainsi, en moins de dix ans, on passe d'un internationalisme nébuleux, d'un humanitarisme décevant à la saine notion de la patrie. Quelles sont les causes de cette évolution rapide de l'âme française? A notre avis, il faut les chercher dans l'histoire.

La génération qui parvint à l'âge d'homme vers 1895 était née entre 1855 et 1870. Elle avait vu les horreurs de l'invasion, les misères de la guerre. Son imagination avait été frappée par la vue des convois de blessés, par les récits fantastiques des mères ou des vieux. Ils avaient vu des deuils innombrables autour d'eux. Ils n'avaient point compris la beauté du sacrifice, ils n'avaient pas senti la vigueur, la vaillance de la patrie luttant quand même. Dans leur âme déprimée, ils avaient peur de la guerre, peur des catastrophes qu'elle amène avec elle. Ils avaient une âme de vaincus. Ils n'osaient agir, ils ne pensaient qu'à se défendre. Commerçants ou industriels, ils n'osaient se lancer dans l'aventure ; ils étaient prudents. Soldats, ils pensaient surtout à la défensive, quel que soit le nom dont ils se servaient pour leur doctrine : défensive stratégique, défensive offensive.

La génération de 1910, elle, est née après 1875. Elle n'a pas vu la déroute. De la guerre de 1870, elle ne connaît que les récits qu'on lui en fait, où l'on exalte la bravoure de nos troupiers, leur dédain de la mort. Vers 1875, la génération qui a pris part à la guerre a repris courage ; on se prépare à la lutte. Nos mères nous parlent de revanche. Mais, qui dit revanche, dit attaque, dit lutte ; et nos jeunes cerveaux sont pénétrés de l'idée qu'il nous faut agir, qu'il nous faut lutter.

On nous façonnait des âmes de lutteurs, juste au moment où nos troupes, grâce à leur héroïsme, à leur dévouement, au prix de leur vie nous conquéraient un immense empire colonial. Adolescents, c'est avec passion que nous lisions les récits des exploits de nos troupes, au Tonkin, en Chine, au Soudan. Nous voulions imiter ces vaillants, qui, pour agir, s'en vont loin de France. Nous aussi, nous voulons agir.

Les jeux athlétiques, qui renaissent en France, nous fournissent le premier moyen de dépenser cette surabondance de vie qui déborde en nous. C'est avec rage que nous nous entraînons au foot-ball, que nous faisons de la bicyclette. Nous cultivons nos muscles, nous en sommes fiers, alors que nos aînés de dix ans à peine les dédaignaient. Ce goût des sports nous rapproche des Anglo-Saxons ; nous apprécions leurs qualités d'audace, d'énergie. Nous voulons au moins les égaler. En toutes circonstances, nous cherchons à faire preuve de volonté, de caractère.

Brusquement, des sports nouveaux naissent, qui exigent l'emploi de ces précieuses qualités : l'automobilisme, l'aviation. Seuls, nous nous y distinguons, parce que ces sports, plus que tous autres, exigent du « cran », cette qualité si française. Les exploits de nos aviateurs exaltent notre moral, nous prouvent ce que nous devons être. Nous prenons conscience de notre force.

Aussi, devant les provocations allemandes, lors de l'affaire marocaine, quelle ne fut pas notre indignation? Nous sentons qu'entre l'Allemagne et nous il y a une question qu'il faut liquider. Tant que l'Alsace et la Lorraine seront « à eux », il ne faut pas parler de paix. Il faut prévoir la guerre, être constamment prêts à la déclarer.

Nous aimons l'action, nous adorons notre patrie; voilà les caractéristiques de notre génération. Industriels ou commerçants, nous osons nous lancer dans des entreprises audacieuses, si nous les jugeons productives; nous nous expatrions; nous hasardons nos capitaux aux colonies. Littérateurs, nous exaltons la volonté, nous prêchons l'énergie. Soldats, nous avons abandonné les théories funestes de la défensive. Nous voulons agir. Pour imposer notre volonté à l'ennemi, nous l'attaquerons. Attaquer, c'est encore le meilleur moyen de se défendre.

Mais, dira-t-on, ce besoin d'agir, ce patriotisme exalté peuvent n'être que des passions passagères. Par le jeu naturel des actions et des réactions, qui pousse les fils à ne point agir comme le faisaient leurs pères, nous verrons bientôt reparaître l'humanitarisme et l'internationalisme de 1900.

Croît-on donc que nos cadets, brusquement, cesseront de vouloir? Il faudrait qu'ils cessent de cultiver leurs muscles. Eux, renoncer au foot-ball, qui discipline leur élan, leur apprend l'endurance? Mais voyez les succès de leurs matches. Le grand public désormais s'y intéresse. Les sociétés de sport se multiplient. Eux, renoncer à l'automobilisme, à l'aviation? Pour quelle raison? Serait-ce parce que ces sports sont dangereux? Mais, lutter avec le danger est un plaisir. Nos cadets voudront conserver notre supériorité dans ces sports difficiles. Eux aussi, ils voudront agir. Ils seront sauvés des longues rêveries néfastes, qui annihilent la volonté.

Croyez-vous que, dans ces conditions, à notre esprit d'initiative, à notre amour de la lutte, succédera chez nos fils la timidité, la peur de l'aventure? A eux, qui ne demanderont qu'à agir, que nous aurons élevés dans l'idée qu'ils doivent se faire eux-mêmes leur existence, nous leur montrerons le monde et nous leur dirons : « Achevez l'œuvre que nous avons commencée. Conquérez à la France de nouveaux débouchés. Conquérez-lui de nouvelles amitiés. » Confiants en eux-mêmes, ils se jetteront ardemment dans la lutte. Ils poursuivront notre renaissance industrielle et commerciale. Ils achèveront notre renaissance morale.

Cette génération pourrait-elle être moins patriote, moins enthousiaste que la nôtre? Jeune, elle aura vibré à chacun de nos succès, à chacun des exploits de nos aviateurs, de nos soldats, de nos savants. Elle sera fière, orgueilleuse d'être française. Elle sera reconnaissante à la patrie de lui procurer ces douces satisfactions de l'âme. Plus tard, elle sentira encore que c'est cette même patrie qui la protège au loin. C'est d'elle qu'elle tire sa force ; c'est elle qui lui permet de réussir dans cette lutte de peuples. Cette génération, quand ce ne serait que par utilitarisme, désirera ardemment que la France devienne toujours plus grande, toujours plus forte. Pour atteindre ce but, ces hommes d'action seront prêts à tous les sacrifices.

Cette régénérescence de l'âme française n'ira donc qu'en s'accentuant. Nos succès, nos victoires industrielles ou morales, littéraires ou scientifiques, contribuent à nous rendre notre foi en nous-mêmes, dans la destinée de notre race. Nous retrouverons nos qualités d'antan : l'initiative, l'audace, l'amour de l'aventure. Nous rendrons à la France le rôle qu'elle doit jouer dans le monde.

Le lieutenant E. Psichari a tenu, dès son retour d'Afrique, à joindre son témoignage à notre enquête. Il n'est pas indifférent que le point de vue de l'intellectualisme soit présenté ici par un officier et un colonial.

Il est vrai — et il faut s'en féliciter avec Agathon — que la jeunesse actuelle a plus de tenue morale que la génération précédente. Nous avons le sentiment d'une effroyable responsabilité, la certitude pesante, traînée partout, rivée à nous, d'une accablante obligation. Notre génération — celle de ceux qui ont commencé leur vie d'homme avec le siècle — est importante. C'est en elle que sont venus tous les espoirs et nous le savons. C'est d'elle que dépend le salut de la France, donc celui du monde et de la civilisation. Tout se joue sur nos têtes.

Il me semble que les jeunes sentent obscurément qu'ils verront de grandes choses, que de grandes choses se feront par eux. Ils ne seront pas des amateurs, ni des sceptiques. Ils ne seront pas des touristes à travers la vie. Ils savent ce qu'on attend d'eux.

Rien n'est plus émouvant que le tableau largement brossé qu'Agathon nous fait de la génération nouvelle. Pour qui souhaite passionnément à son temps de grandes actions, rien n'est aussi plein de réconfort. Il ne faut même pas nous laisser attrister par cet abaissement de l'intelligence qui semble être l'idéal de certains jeunes hommes d'aujourd'hui. Le noble mot d' « intellectuel » n'est-il pas devenu chez eux la pire des insultes? Cela n'est rien.

Ces jeunes gens croient revenir à une plus grande simplicité. Ainsi s'éloignent-ils un moment de la véritable tradition française à laquelle ils pensent sans cesse se rattacher. Celle-ci est faite de haute culture, de fin humanisme, de noble désintéressement spirituel. Mais ils y reviendront, et la *Vie intense* de Roosevelt leur fera horreur.

Ce serait singulièrement rabaisser la foi patriotique que de la croire fonction de la barbarie et de l'inculture. Ce serait aussi vouloir nous ramener au point de l'Allemagne actuelle où tout est sacrifié aux entreprises de la vie pratique. Que l'on donne aux jeunes l'exemple de ces grands chefs militaires qui joignent la plus solide éducation intellectuelle à l'énergie la plus rude ! Qu'ils relisent, notamment, les lettres du colonel Moll, où ils verront ce qu'est un conquérant français !

Quoi que nous fassions, nous mettrons toujours l'intelligence au-dessus de tout. Il est possible que la pureté du cœur vaille mieux. Mais un Français croira toujours que le péché est plus agréable à Dieu que la bêtise. Cela est nécessaire quand on songe à la haute mission de la race française, à la grande élection spirituelle qui domine toute son histoire, à cette destination non simple, mais infiniment complexe qui est la sienne.

Les jeunes qui reviennent, comme le note très justement Agathon, à la grande tradition chrétienne n'oublieront pas que la doctrine catholique se confond ici avec la vraie pensée française. Écoutons l'un de ces jeunes, notre cher Jacques Maritain : « L'intelligence surnaturelle, dit-il, est le second des dons du Saint-Esprit. C'est elle que le psalmiste, dans le psaume 118 en particulier, réclame avec une si merveilleuse insistance : *intellectum da mihi et vivam.* C'est par l'intelligence que nous jouissons de la vision béatifique. Un des noms des anges est celui d'intelligences pures. Notre intelligence est aussi précieuse à Dieu que notre cœur, et il n'envoie rien moins que la paix, la paix qui surpasse tout sentiment, pour le garder... Notre intelligence enfin est une participation de la lumière incréée, *quæ illuminat omnem hominem venientem in hunc mundum* (1).

Voilà l'intelligence, disent déjà les jeunes, qu'ont abaissée les intellectuels. Mais les jeunes la garderont précieusement comme la plus fine fleur française...

(1) J. Maritain, *la Science moderne et la raison*. (Extrait de la *Revue de philosophie*, 1910, p. 3.)

III

LES PARTIS ET LES DOCTRINES

On trouvera ici, réparties selon l'ordre de l'enquête, les réponses de jeunes écrivains, de jeunes philosophes, de jeunes partisans sur les questions que dégagea notre enquête. Ils nous renseignent sur les positions particulières aux différents groupes. Ils forment le résumé des idées et des systèmes qui sollicitent la jeunesse.

I

Les catholiques.

A propos de nos articles de l'*Opinion*, la *Revue de la jeunesse*, dirigée par le P. Barge, entreprit une enquête sur « les signes d'une Renaissance catholique dans la jeunesse contemporaine ». Parmi les réponses qu'il reçut, nous détachons celle-ci, qui nous a semblé reproduire avec netteté les sentiments des jeunes catholiques.

Il apparaît que la jeunesse dont nous sommes participe à un mouvement religieux qui saisit actuellement toute la France. La chose est incontestable ; et

Dieu seul sait le sens et la profondeur de ces élans, qui seul prépare et dirige ces admirables énergies. Et j'imagine que ces récentes enquêtes serviront moins à satisfaire la curiosité qu'à encourager ceux qui hésitent encore, et surtout à aider les prêtres et les apôtres de ce siècle à mieux connaître, pour la mieux conduire, la nouvelle génération.

Ce qu'il est permis de noter, c'est que, d'une façon générale, et dans toutes les branches d'études, la religion se manifeste plus vive chez ceux que l'on appelle « les esprits les plus distingués », non pas forcément ceux qui excellent dans les travaux où ils sont spécialisés, mais je veux dire ces jeunes gens qui — par une culture plus large, et je ne sais quel son — semblent le mieux exprimer l'âme de leur génération, qui sont tout à fait de cette époque et sur qui l'on n'aperçoit pas la marque d'un autre âge. Ces êtres représentatifs de leur siècle — et qui agiront sur lui — sont plus nombreux que l'on n'imagine ; et c'est peut-être pourquoi l'on a tant parlé de renaissance catholique dans la jeunesse contemporaine. A la vérité, ils sont catholiques.

Mais Chesterton — qui n'est pas catholique — a tort de proclamer : « Nous sommes tous catholiques ». Accordons-lui cependant — et ceci est également indéniable — que la masse de la jeunesse est possédée d'un sentiment assez étrange, que l'on pourrait appeler un *désir vague de conversion*, ou une *amitié catholique*, et qui est un peu plus qu'imprécise et bienveillante disposition à recevoir la vérité, lorsque l'heure, la parole, viendra.

Voilà dans quelles limites on peut parler de cette renaissance. Dans son ensemble, loin d'être réfractaire à la vérité catholique, la jeunesse se dégage absolument des voies obscures que suivaient ses aînés, et tend vers l'Église. — Je voudrais surtout parler ici des adolescents catholiques d'aujourd'hui, et dont le trait distinctif est, me semble-t-il, une plus grande intensité et un besoin de la vérité totale.

***

Ainsi que dans toutes les générations, il se rencontre des jeunes gens qui, après le collège, ne cessent pas de croire et de pratiquer. C'est le très petit nombre. La majorité s'égare, se disperse. (Aussi bien, la formation religieuse de ces établissements — collèges ou lycées — est-elle, à l'ordinaire, des plus médiocres.) Et c'est pourquoi, parmi les adolescents qui pratiquent aujourd'hui, nous voyons presque toujours des *convertis*. Ils n'ont pas cherché bien longtemps. Un an, deux ans au plus, et les voilà qui se soumettent fidèlement à l'Église. D'où vient cette promptitude? Nous constatons en nous-mêmes et autour de nous que la meilleure raison en est l'absence, dans cette vie nouvelle du jeune étudiant, d'un objet assez noble et fort où il puisse se passionner (1). Rien de plus terne, de plus étriqué que la conception de vie sur laquelle les écrivains et les poètes que nous lisions hier ont en vain développé de belles phrases. Que de fois n'avons-nous pas entendu dire : « Nos aînés ne nous ont appris que l'insuffisance de leur génie ! »

Je pourrais citer quelques noms, et qui sont des plus répandus : un Anatole France, un Barrès (celui du *culte du moi*, et même le théoricien de la terre et des morts), un Henri de Régnier, s'ils ont un instant retenu le cœur de quelques-uns d'entre nous, et surtout par leur musique, il faut avouer qu'ils n'ont pas

(1) L'on a rapporté qu'ils se mariaient jeunes. C'est pour la même raison, ils sont faits pour les épousailles. Et c'est vrai aussi dans le domaine spirituel.

opéré la profonde séduction, qu'on ne les suit pas dans la vie, et qu'ils ne comblent pas ce besoin de vie intérieure que, par un merveilleux retour, l'amère et brutale folie du siècle rend aujourd'hui plus vif (1).

Ces jeunes gens, qui sont positifs, les rêves des poètes leur sont tout de suite trop peu de chose, il leur faut la stabilité, la profondeur, l'inépuisable richesse de la religion. Tel est leur désir ; et dès qu'ils le peuvent préciser, ils sont catholiques. Cette soif de vie religieuse totale entraîne les plus résolus au séminaire, même après qu'ils ont terminé leurs études. S'ils existaient encore sur notre malheureux pays, les monastères et les couvents d'autrefois, il est probable qu'ils verraient une foule de jeunes gens venir leur demander asile. Le nombre des vocations n'a guère fait qu'augmenter sous la persécution. Beaucoup d'entre elles se réalisent ; un plus grand nombre semblent réservées par Dieu pour porter dans le siècle une sorte d'apostolat qui ne laisse pas de faire songer à ce que la Vierge de la Salette et le Bienheureux Grignon de Montfort ont dit des « Apôtres des derniers temps ».

Sur le point qui nous occupe, la jeune littérature est fort révélatrice (2), mais elle n'est que de transition ; car il s'y marque encore diverses influences qui font céder les auteurs à satisfaire au goût de la géné-

(1) Ces écrivains ont donc une influence négative dans la conversion, par l'insuffisance de leur idéal. — Il est des influences positives, tels ces deux grands poètes : Paul Claudel et Francis Jammes, ou des étrangers que l'on commence de connaître : un Chesterton, un Coventry Patmore (tous deux connus surtout grâce à Paul Claudel).

(2) Sur cette littérature, l'influence d'un P. Claudel est très grande. Ce que l'on sait moins, et ce qui est bien significatif, c'est le service que rend cet admirable poète, en dehors du monde littéraire, à tous ceux qui ont cherché une expression de leur cœur, et qui, par lui, la trouvent dans la pure lumière de la religion.

ration d'hier. L'on peut affirmer que cette littérature se dégagera de ces actions — qui ne sont à vrai dire qu'artificielles et caduques. — M. François Mauriac parle du livre que l'on espère : « Cette œuvre pressentie, dit-il, nous ne saurions l'attendre que d'une âme passionnément religieuse, ou troublée jusque dans ses profondeurs par l'inquiétude religieuse. » Nous ne souscrivons pas à la seconde partie de cette phrase. Nous attendons, nous désirons des œuvres « passionnément religieuses », oui, autant dire des œuvres de saints ; pages où règne la grâce sous les mots, où rien ne nous touchera que l'ardente présence de l'amour, car nous ne sommes plus faits pour ce qui flatte l'oreille ou l'imagination, mais pour cela qui avance notre union avec Dieu, les cantiques d'un saint poète, qui restitue à Dieu le chant de la création, et qui montre parfaitement le rôle de tout homme en ce monde, rôle sublime de prêtre élevant vers le ciel son cœur humilié et chargé de l'offrande de toutes les créatures que les orgueilleux et les voluptueux ont trop longtemps détournées de leur fin.

C'est ce désir de libération qui nous a jetés dans les bras de l'Église, qui nous fait avant tout nous soumettre sans hésitation à Rome, — où nous trouvons toute règle, même de vie intérieure, — et qui nous a conduits à comprendre la splendeur de la religion catholique et la place qu'elle doit constamment tenir dans la vie. Avec ce désir de libération, reconnaissons en nous un désir sans cesse grandissant de simplification ; désir que la vie catholique comble magnifiquement. Nos nécessités les plus pressantes se confondent donc — grâces à Dieu ! — avec ce qu'il y a de plus beau et ce qui est peut-être l'essentiel dans le catholicisme.

C'est pourquoi la religion n'est plus pour nous une « discipline », — comme disaient les littérateurs d'avant hier ; — elle est, dans sa plénitude, une *vie*. Il faudrait longuement y insister, car c'est le cœur de notre cœur ; c'est ce qu'il conviendrait d'expliquer à toute notre jeunesse, et c'est ce que l'on devrait nous aider à réaliser. — L'on a peut-être voulu signaler ce mystère lorsqu'on a dit que nous étions des moralistes ; ne serait-il pas mieux de dire que nous sommes des mystiques? Que l'on ne s'étonne point ! Non pas de ces êtres extraordinaires, qui vivent dans l'extase et les voies spéciales. Aussi bien, nous demeurons dans le monde et les labeurs de chaque jour. Notre profonde et secrète tendance est de nous joindre, chaque minute davantage, au « Dieu qui réjouit notre jeunesse », non pour en jouir (1), mais pour être mieux assurés de le servir, dans un monde où nous n'avons plus de guide, où rien ne nous enseigne la vérité. C'est la raison de nos communions fréquentes : un désir d'union dans le renoncement de soi. Ce serait se tromper grossièrement — et sur notre religion — que de nous imaginer, par ce que je viens de dire, sous des couleurs impossibles, jansénistes. Nous voulons vivre dans la simplicité de cet amour, de cette présence de Dieu, de la façon que nous y convient les grands mystiques dominicains : « Moins attentifs que saint Thomas aux questions spéculatives, ils (Tauler, Suzo, sainte Catherine de Sienne) acheminent surtout leurs lecteurs à se disposer pour recevoir le don de contemplation ». (Abbé Jean Delacroix, *Ascétique et mystique*). Telles sont les voix qui nous séduisent. Et nous faisons nos délices des œuvres d'une sainte Gertrude, à propos

(1) M. Robert Vallery-Radot, dans une page du roman qu'il donne actuellement aux *Cahiers de l'amitié de France : l'Heure de midi*, semble avoir soupçonné ce danger, pour les jeunes littérateurs catholiques, de ce que saint Jean de la Croix appelle la luxure spirituelle. Le même danger se glisse dans ce que l'on écrit parfois de la « sensibilité catholique ».

de qui le P. Faber écrivait ces phrases qui nous enchantent : « L'esprit de la religion catholique est un esprit facile, un esprit de liberté ; et c'était là surtout l'apanage des Bénédictins ascétiques de la vieille école. *Les écrivains modernes ont cherché à tout circonscrire, et cette déplorable méthode a causé plus de mal que de bien* (1). » Voilà pourquoi sans doute on nous a proclamés anti-intellectualistes (2) ; mais on ignore que le meilleur aliment de notre ferveur nous vient du dogme précis, tel que l'expose un saint Thomas, et que nous repoussons formellement certaines détestables erreurs qui vantent une vie religieuse pleine d'inertie, assez voisine du quiétisme. Et l'on a pu remarquer la joie que répand dans un cercle d'études une lumineuse explication dogmatique, dont, tout aussitôt, profite l'âme.

Par ailleurs, trouvant en l'Église notre Mère toute consolation, tout épanouissement, c'est à toute son organisation que nous nous joignons. Loin d'en trouver de la contrainte, rien ne nous satisfait mieux. C'est ainsi que, dans le domaine des œuvres, nous participons surtout aux œuvres paroissiales, et particulièrement peut-être aux conférences de Saint-Vincent de Paul, par qui nous recevons des pauvres infiniment plus que nous ne leur donnons. Mais nous arrivons difficilement à comprendre l'action plus extérieure, la politique par exemple, inclinés à croire qu'elle ne nous sauvera pas, et que Dieu ne nous donnera le gouvernement qu'il nous faut que lorsque nous serons convertis, et que les âmes d'abord lui seront revenues.

(1) P. FABER, *Tout pour Jésus*, chap. VIII, § 8.

(2) A coup sûr, il en est peu d'entre nous qui, pour se convertir, aient passé par les longs débats intellectuels d'une miss Baker.

Que d'aisance, de confiance, d'allégresse, dans les jeunes gens — très nombreux au fond — qui mènent cette vie ou s'y efforcent ! Dieu leur a retiré bien des soutiens ; mais leur regard est tourné vers Dieu. C'est la vie la plus riche, et la seule vie normale : celle de l'homme relié à Dieu. Auprès d'elle toute autre vie semble misérable, diminuée, si pauvre ! Ces adolescents connaissent dans la foi ce que tant d'hommes ne soupçonnent pas ! Ils considèrent le plus large horizon, le visible et l'invisible (1) ; et la charité maintient toutes les minutes de leur cœur dans un docile mouvement de simplicité.

Je semble peut-être à quelques-uns avoir tracé un portrait bien invraisemblable de la jeunesse actuelle et bien idéalisé. Je ne crois pas me tromper en affirmant que les adolescents catholiques, en cette année 1912, s'ils ne sont pas tous dans l'état que je dis, du moins y tendent tous comme vers le seul bonheur que sollicite leur cœur, à travers les noirs buissons déchirants qui encombrent le sentier.

C. H.

Rédacteur en chef des *Cahiers de l'amitié de France*, M. ROBERT VALLERY-RADOT était qualifié pour parler au nom des jeunes écrivains catholiques qu'il groupe dans sa revue : il était

(1) Dans un bel article sur Émile Baumann, les frères Tharaud écrivent : « Quant aux littérateurs, il en est peu aujourd'hui qui accepteraient, sans plus, la phrase fameuse du charmant et païen Théophile Gautier : « Je suis un homme pour lequel le monde « visible existe. » *Tous ou presque tous* voudraient ajouter à ce domaine, déjà beau, celui de l'invisible. » (*La Vie*, 6 juillet 1912.) C'est bien cela ; nous sommes des gens pour qui l'invisible existe.

le plus apte à esquisser la doctrine d'un groupe qu'on a voulu désigner sous le nom vague de « spiritualiste ». M. Vallery-Radot est catholique, et c'est comme tel qu'il nous a répondu :

Pour caractériser d'un mot la fierté nationaliste de cette génération, son attrait de la discipline, son goût de l'affirmation, du dogmatisme, vous dites qu'elle est réaliste : ce mot est juste, et l'acception que vous lui donnez, et que l'on retrouve d'ailleurs dans tous les écrits d'aujourd'hui, est à elle seule très significative ; la fortune de ce mot, nouvelle, inattendue, son anoblissement, dirions-nous presque, dénote un retour invincible aux saines habitudes de penser. Remarquez qu'il y a seulement dix ans, ce mot était encore pris dans un sens péjoratif ; synonyme de naturaliste, voire de matérialiste, il évoquait toujours quelque chose de grossier, de borné ; on l'opposait à idéaliste. Aujourd'hui, nous savons tous les belles qualités morales qu'il exprime : celles d'une intelligence équilibrée qui reconnaît un ordre dans le monde, un plan rigoureux qu'il est insensé et criminel de chercher à briser. La sagesse autant que le bonheur nous presse de nous soumettre aux lois de la vie révélée par l'expérience et la tradition ; en dehors de cette obéissance il ne peut y avoir que désordre et inquiétude. Dans un article que toute la presse a reproduit, vous avez parfaitement marqué qu'un tel état d'esprit exige non plus un vague spiritualisme, mais le catholicisme ; vous citiez comme preuves de vos affirmations la proportion croissante des catholiques pratiquants à l'École normale, à la Sorbonne, dans les lycées. Je pourrais fournir aussi mon témoignage personnel : quand aux environs de 1905 — j'avais vingt ans — je commençai d'écrire dans les jeunes revues, personne, parmi mes confrères, ne partageait ma foi religieuse ; un obscur paganisme nietzschéen leur tenait lieu de métaphysique. Aujourd'hui, notre groupement sans cesse accru est assez nombreux pour avoir un organe à lui, les *Cahiers de l'amitié de France*, dont tous les collaborateurs sont catholiques pratiquants. Ces faits, entre tant d'autres, parlent d'eux-mêmes.

Mais ce qui pour moi est réconfortant dans le mouvement catholique, c'est, beaucoup plus que son étendue, l'intégrité de sa foi. Je voudrais montrer que, même en son sein, le réalisme contemporain a eu les plus heureux effets. Profondément anémiés par le rationalisme ambiant, les catholiques, souvent inconsciemment, s'étaient laissé entraîner à certaines compromissions, certaines adaptations qui sourdement minaient leur foi et divisaient leurs forces. Nous comprenons maintenant la sagesse admirable du *Syllabus*, mais, il y a seulement dix ans, combien parmi nous se sentaient encore gênés par la lucide intransigeance de cette encyclique. Comparez notre vocabulaire et celui de la génération précédente : celle-ci avait la coquetterie de laïciser son vocabulaire ; jamais elle n'eût employé le mot *charité* dans le sens intégral de saint Paul ; elle préférait tourner autour avec des à-peu-près comme *sentiment social*, *solidarité*, *amour;* elle parlait plus volontiers de la morale que du dogme ; le plus souvent même, elle dissimulait le vrai Dieu sous des nuées qui ne le laissaient plus paraître : elle disait l'*Idéal*, le *Divin*, le *Progrès*, etc... Aujourd'hui, nous invoquons ouvertement la communion des saints, les mérites du Fils de l'Homme, la Rédemption, l'Eucharistie, comme des réalités qui alimentent non seulement notre pensée mais tout notre être. Nous éprouvons à nouveau le besoin des pratiques, de la vie paroissiale. Nous aussi, nous sommes redevenus des réalistes.

Incontestablement, le réveil de la conscience catholique est dû en grande partie à la révolution salutaire qui s'est accomplie dans la philosophie indépendante : le néo-positivisme, d'une part, l'intuitivisme bergsonien, de l'autre, ont ruiné le rationalisme. J'entends bien qu'on peut m'objecter, comme à vous-mêmes : « Les modernistes condamnés par l'Église tiraient toute leur philosophie du bergsonisme. » Cette objection n'infirme en rien notre assertion. Vous l'avez très justement dégagée vous-même : le mode d'action de la philosophie bergsonienne est surtout *négatif* : « C'est à sa critique des doctrines mécanistes qu'elle doit sa séduction et son influence. » C'est cette partie négative qui nous fut salutaire ; la positive qui, par réaction, exagère l'infirmité de la raison et prétend démontrer l'inanité de la logique, est très dangereuse ; c'est contre elle que l'Église protesta au nom de la raison. A adopter intégralement ces doctrines, nous avions tout à perdre, rien à gagner, d'autant que tout ce que Bergson retrouvait de vraiment fécond, la théologie l'avait enseigné de tout temps. On peut lire dans Thomassin (*Theol. dogm.*, lib. Ier, cap. XIX, cité par le Père Gratry dans son admirable livre *De la connaissance de l'âme*, au chapitre 1er du livre III) un traité où il expose qu'au delà de la raison s'étend une région qu'il tente de définir avec ces étranges expressions : *apex mentis*, *contactus quidam obscurus*..., ce centre de l'âme est le lieu mystérieux où nous touchons l'Etre, où nous touchons Dieu. Les critiques que les philosophies de l'intuition formulaient contre le rationalisme, les balbutiements mystiques qu'elles tentaient n'auraient donc pas dû nous surprendre. Mais, d'abord, nous connaissions fort peu notre doctrine ; ensuite, venues du dehors, ces critiques se paraient d'un prestige nouveau.

Au contact du réalisme philosophique, Dieu redevint donc pour notre intelligence l'Etre vivant par essence et non plus, comme trop souvent chez nos aînés, un lointain Idéal obscurément infini qu'ils s'efforçaient d'accommoder tant bien que mal avec les sophismes kantiens. L'Incarnation reprenait pour nous tout son sens réaliste. La foi s'illuminait de nouvelles clartés ; elle était le nom théologal de l'intuition ; nous percevions mieux la grâce, l'apport infini de Dieu dans l'âme humaine.

Ce réveil réaliste de notre intelligence eut, bien entendu, son contre-coup sur notre sensibilité. Il suffit de rappeler les trois grands lyriques que vous citiez, Claudel, Jammes, Péguy, pour évoquer une littérature sans précédent, si l'on excepte Dante. Comme le remarquait excellemment M. Georges Dumesnil, dans un récent article de l'*Amitié de France*, ces lyriques ne veulent rien prouver. Alors qu'un Pascal, un Chateaubriand, par exemple, ont en vue une apologie de la religion, l'œuvre de ceux-là est catholique par une expression naturelle de leurs tempéraments d'artistes. Épuisée par des siècles de fictions païennes, il semble que la sensibilité française éprouve le besoin de se rajeunir en remontant aux sources véritables ; en dehors de toute rhétorique, tout système poétique, elle cherche à retrouver la vision intégrale de l'Etre.

Ainsi le réalisme a rendu à elles-mêmes l'intelligence et la sensibilité catholiques. Ce n'est point pour nous étonner ; pour nous le réalisme intégral postule le catholicisme ; il doit y aboutir sous peine de dévier ou de se corrompre. On ne fait pas sa part au catholicisme. L'attitude du néo-positiviste qui ne lui donne qu'une adhésion *intellectuelle* est contradictoire de sa doctrine. Le néo-positiviste constate que toutes les morales indépendantes ont échoué là où celle de l'Église reste aussi souverainement efficace et créatrice perpétuelle d'héroïsme, c'est donc qu'elle seule a en dépôt la vérité. S'il ne donne pas l'assentiment de tout son être, il ne pourra tenir tête à la réaction idéaliste qui ne peut manquer de se produire prochainement. Vous l'envisagez vous-même comme probable. Seul, le dogme catholique peut résoudre le conflit. Seul, il sait unir dans un réalisme fécond l'intellectualisme le plus haut et le pragmatisme le plus complexe. Quoi de plus admirable que ces deux affirmations qui résument toute la théologie : *le parfait intelligible est esprit vivant; la parfaite connaissance est identique à l'amour?* Toutes les controverses, si elles n'étaient pas aveuglées, devraient expirer à ce credo : *Ego sum qui sum.* C'est le cas de rappeler la fameuse image de Bossuet en l'appliquant à notre sens : nous tenons les deux bouts de la chaîne. Il est un relatif, il est un absolu ; un acte pur, une créature libre ; et l'homme est le lieu où se célèbrent continuellement les noces adorablement incompréhensibles de l'Etre et du néant qui aspire à vivre. Tout l'amour est là. Toute l'intelligence est là. Toujours la formule cartésienne m'a paru incomplète. Ce n'est pas : *je pense, donc je suis*, que je me sens poussé à proférer quand je rentre en moi-m me, mais : *je pense, donc Dieu est.* En rejetant l'idéalisme kantien, notre temps semble bien avoir touché aussi le défaut du subjectivisme cartésien. La métaphysique ne cherche plus l'Idée pure, mais l'Etre. Or, chercher l'Etre, c'est chercher Dieu. Toute philosophie à l'heure actuelle est mystique.

M. Jacques Maritain, agrégé de philosophie, professeur au collège Stanislas, auteur de très remarquables études sur la métaphysique de M. Bergson, était l'homme le plus qualifié pour présenter le tableau du catholicisme intégral.

M. Jacques Maritain nous ramène ici à la pure doctrine thomiste, vers laquelle doit — à son sens — revenir l'élite chrétienne d'aujourd'hui.

Voici ce que la lecture de notre étude sur le mouvement religieux a inspiré à ce chrétien :

Dégoût de la pseudo-science, du matérialisme triste et de la sottise doctorale allemande, faillite de la religion humanitaire et de l'idéalisme démocratique, révolte de l'Intelligence contre la Bête ; incroyable stupidité du personnel libre-penseur ; nécessité de mieux en mieux sentie de rétablir l'ordre en soi-même ; on ne finirait pas d'énumérer les causes secondes qui disposent l'élite de la jeunesse française à s'orienter vers la lumière catholique, et à demander à l'Église cette vérité substantielle que rien dans la vaste et charnelle futilité moderne ne saurait lui procurer.

Mais ce ne sont là, à proprement parler, que des préparations plus ou moins éloignées. C'est la grâce qui seule convertit les cœurs, dans la plénitude simultanée de l'opération divine et de la liberté créée. De telle sorte que tout dépend enfin de la miséricorde de Dieu et des lois très cachées de la communion des Saints. Il est sûr, en raison de cette solidarité surnaturelle, que non seulement la vie et la joie des convertis, mais encore les grâces actuelles reçues par tous ceux qui, sans confesser encore la foi catholique, aperçoivent déjà dans la beauté de l'Église l'éclat de la lumière éternelle, et parfois s'enorgueillissent de cette science, ont été payées exactement par les larmes de quelque contemplatif très humble, ou par un regard d'amour vers le Saint-Sacrement, ou par des vies entières de pénitence héroïque, bref par cette une et innombrable Messe où le Christ avec ses membres s'offrent chaque jour à Dieu.

Le mouvement de conversion de la jeunesse contemporaine restera-t-il limité à une élite cultivée? Dieu voudra-t-il enfin envoyer à ses pauvres les *apôtres des derniers temps*, annoncés par Notre-Dame de la Salette et par le Bienheureux Grignon de Montfort, et qui lui sépareront ceux qu'il aura choisis? Mais la masse dans son ensemble, comme tout le fait prévoir et comme il ressort aussi des paroles de Notre-Dame à la Salette, s'endurcira-t-elle de plus en plus dans le blasphème et la haine de Dieu, jusqu'à ce que viennent les convulsions attendues, les martyres désirés? — Voici en tout cas ce que la raison et l'expérience permettent d'affirmer : c'est que les tendances en question n'aboutiront à rien de solide et de durable, si l'on n'est pas bien résolu à se laisser *informer* radicalement par l'esprit *ecclésiastique*, qui est le Saint-Esprit. *Sicut estis azymi.* Dieu nous veut tout entiers renouvelés, c'est l'Église seule qui peut nous refaire.

Mais pour cela la piété seule est insuffisante, la doctrine est nécessaire. *La lampe de ton corps est ton œil. Si la lumière qui est en toi devient ténèbres, combien grandes seront les ténèbres!* Pour peu que la doctrine s'altère en nous, nous commençons à nous corrompre. Les chrétiens n'appartiennent-ils pas à la Vérité, à la seconde Personne de la Sainte-Trinité? S'ils méprisent l'Intelligence, c'est le visage de leur Dieu, dont la lumière a été scellée sur eux, qu'ils tournent en dérision, en même temps qu'ils s'exposent aux plus viles défaillances. Se garder intact des moindres souillures d'erreur et avoir le regard tourné vers Dieu, voilà la pureté catholique. Elle a sa source dans l'intelligence, qui discerne l'essence et qui maintient l'intégrité. — On voit à l'étalage des librairies religieuses maints ouvrages vertueux sur la Pureté, sur l'éducation de la Pureté, sur l'hygiène de la Pureté, que sais-je? La lecture du traité *De Trinitate* serait assurément d'une action plus efficace. Tout cela est évident, puisque le *principe* de la vie surnaturelle est la Foi.

Sans doute les « simples » n'ont pas besoin d'étudier la théologie. Mais « une pauvre paysanne », lorsqu'elle sait son catéchisme, sait précisément la théologie dont elle est capable. Il est juste que « l'élite cultivée » en sache autant — *proportions gardées* — que cette pauvre paysanne. C'est-à-dire qu'elle étudie de tout son cœur la doctrine de saint Thomas, et qu'elle se laisse pénétrer de cette belle lumière, qui d'elle-même et sans effort établit l'âme dans les régions de la prière, et qui tout à la fois règle souverainement l'action. L'élite cultivée verra ensuite s'il lui reste du goût pour Bergson, pour le P. Laberthonnière et pour Le Roy.

Mais la science dessèche le cœur! Et les juges de Jeanne d'Arc n'étaient-ils pas des théologiens? — Mais le vin est-il un poison parce qu'il y a des ivrognes? La doctrine, pas plus que les sacrements, ne rend l'homme bon malgré lui, et la corruption du meilleur est toujours pire. Est-ce une raison pour négliger ou dénigrer la science divine? C'est ici que le mal moderne semble avoir le plus profondément touché les âmes. Beaucoup de nouveaux catholiques, pleins de bonnes intentions, capables même de haïr le démocratisme du *Sillon* et de reconnaître en même temps que la simple action politique est foncièrement insuffisante, parce que c'est d'un remède surnaturel que nous avons besoin, ont gardé de l'horrible et dégradante friction d'opinions d'où résulte la formation ou plutôt la malformation universitaire, une incurable méfiance de l'Intelligence, un mépris des idées qui n'est, en soi, que le modernisme à l'état latent. Et ainsi ils demeurent au seuil de la maison de Dieu, hésitant devant l'Affirmation qui est la gloire de l'Église, regrettant de n'être pas de petits enfants dispensés de raisonner, et ne comprenant pas qu'il a plu à leur Père de leur donner sa Vérité comme à des Rois.

La vocation chrétienne est une vocation contemplative. C'est par l'intelligence qu'au ciel nous aurons notre béatitude : *gaudium de veritate.* Et ici-bas, si le mérite dépend de la volonté, c'est encore l'intelligence qui règle la volonté. Et surtout nous sommes tous appelés, dès la régénération baptismale, à goûter dès cette vie une anticipation de notre fin. Car Marthe ajoute la vie active à la vie de prière, mais elle n'est pas privée de la part de Marie, puisque cette part est *nécessaire* et l'unique nécessaire. C'est pourquoi les Pères du désert, au rapport de Cassien, faisaient de la contemplation le terme normal de toute vie chrétienne, auquel tout le reste, même les vertus, était subordonné comme un moyen. Assurément c'est la charité qui est le principe et la fin de la contemplation. Et les Saints nous apprennent que dans l'union contemplative les procédés naturels de l'intelligence doivent faire place à ces ténèbres pleines de lumière dans lesquelles Dieu se fait connaître *par expérience.* Il n'en reste pas moins que la puissance intellective est la condition et l'instrument de la contemplation, et que la doctrine — acquise par l'étude ou infuse par grâce extraordinaire — est l'indispensable fondement de la maison de l'âme.

C'est ainsi que, du plus illettré au plus érudit, les chrétiens sont, proprement, des *intellectuels;* et que le plus grand méfait des pseudo-intellectuels du monde moderne est d'avoir amené, chez beaucoup, la confusion de l'intelligence avec leur frénésie.

M. ÉDOUARD SCHNEIDER est un des jeunes écrivains les plus avertis et les plus au courant des choses religieuses actuelles. De formation universitaire, il a montré dans son premier livre, *les Raisons du cœur*, comment les méthodes scientistes rebutaient les intelligences juvéniles : il a suivi l'évolution morale commune à beaucoup d'hommes de son âge. Après avoir été séduit par l'apologétique moderniste, avoir tenté l'expérience du *Sillon*, il s'est soumis à la discipline catholique. Mais il ne tient pas la discipline pour une chose extérieure, et il s'élève vivement dans sa réponse contre la politique religieuse de l'*Action française*. La pensée de M. Schneider représente celle de nombreux jeunes gens que groupent les *Annales de philosophie chrétienne* du P. Laberthonnière.

Vous signalez justement la tendance à l'action qui se manifeste dans l'ordre religieux comme dans toute autre activité. Vous indiquez également que, dès qu'il s'agit de préciser le mode de l'action, des divergences se produisent. Mais, ici, vous faites plus que de distinguer, vous opposez. Et je me demande alors, et beaucoup d'autres avec moi, s'il est permis de voir dans les deux expressions qui sembleraient s'appuyer, selon vous, l'une sur une pure notion individualiste, l'autre sur une conception uniquement sociale, deux manifestations également authentiques et adéquates de l'esprit chrétien et de la pensée catholique.

Qu'il y ait, au départ de votre opposition, des faits, des types caractérisés et apparemment irréductibles entre eux, nul ne saurait le nier. Mais, puisque vous parlez d'action, de discipline, de vie intérieure et d'autorité, n'est-il pas indispensable, pour les définir, de rechercher le fait primordial, l'esprit essentiel que suppose et que renferme chacun de ces mots?

Aussi bien, en s'efforçant de répondre à cette question, ne risque-t-on pas de retomber dans les défauts de l'esprit de système et dans les indifférentes abstractions que vous signalez justement au début de votre article. Et je concevrais difficilement qu'un catholique conscient pût ne pas la poser et ne pas s'efforcer de la résoudre pour lui-même, tant il est vrai que pour une intelligence normale le fait d'agir ne va jamais sans le fait de philosopher dans une certaine mesure.

Voyons donc ce qu'il doit y avoir, ce qu'il y a derrière ces mots d'action, de pensée, de discipline, d'autorité. Tout récemment, M. de Mun publiait dans l'*Echo de Paris*, à propos de la dernière *Semaine sociale* de Limoges, un fort bel article, dont je veux retenir ces lignes : « Me reportant aux jours lointains où naquit l'œuvre des cercles catholiques d'ouvriers, je reconnais dans celle que poursuivent aujourd'hui les *Semaines sociales* une semblable inspiration. Elle se peut résumer en une seule pensée : chercher dans les enseignements de l'Église catholique la règle des sociétés humaines et travailler ainsi à reconstruire un ordre social pénétré de l'esprit chrétien. »

Un ordre social pénétré de l'esprit chrétien. Ces mots disent tout. Ils indiquent merveilleusement l'esprit de la réponse que nous cherchons. Ils nous assurent dès l'abord que les mots que nous voulons approfondir et définir ne cachent pas, en dépit des apparences, des germes d'opposition entre eux. Ils nous laissent déjà deviner le sens d'une action fondée sur un accord certain, sur une union nécessaire de la vie intérieure et de la discipline chrétienne.

A quelle condition, en effet, l'ordre social peut-il être pénétré de l'esprit chrétien? C'est uniquement dans la mesure où chacun des actes qui s'y accomplit se trouve accompagné de la conscience précise de sa valeur. L'esprit chrétien est fait avant tout de cette conscience. La conséquence immédiate de ce fait veut donc qu'une action qui ne présenterait pas ce caractère, ne puisse à aucun titre mériter le qualificatif de chrétienne.

Je sais qu'il est facile de constater encore actuellement chez nombre de jeunes gens la tendance à croire qu'on sépare aisément l'action de la pensée, en prêtant implicitement à celle-ci une signification quasi négative, à celle-là une valeur positive et pratique. Mais qui ne s'aperçoit de ce qu'un tel état d'esprit présente de superficiel et d'irréfléchi? S'il est vrai que pour tout homme de bon sens une action digne de ce nom ne va pas sans porter en elle une pensée et que toute pensée renferme en soi une action ou un commencement d'action, combien cela sera-t-il plus vrai encore d'un chrétien?

Vous vous rappelez sans doute l'extraordinaire proposition que Paul Desjardins eut la simplicité de formuler dans un des « Cahiers de l'action morale » intitulé *Catholicisme et critique* : « Ah ! malheureux, vous savez pourquoi vous êtes catholique ! Vous êtes donc en danger de ne l'être plus, puisque la bonne manière d'être catholique, c'est de l'être par grâce, sans peser ses motifs. » Voilà, n'est-il pas vrai, une plaisante conception de la grâce ! Le moins qu'on en puisse penser, c'est qu'elle ne s'inspire guère d'une pensée catholique et chrétienne. Cependant, comme nous le verrons bientôt, cette proposition a son importance, car elle semble assez propre à exprimer l'état d'esprit que je viens de signaler et qui se plaît volontiers à considérer dans l'action je ne sais quel phénomène où la pensée ne jouerait aucun rôle. Il suffit d'une connaissance élémentaire de la vie et de la doctrine chrétiennes pour savoir, les mots le disent, qu'il ne peut y avoir de vie dans l'immobilité et que la vie intérieure sans cesse renouvelée par la pratique quotidienne des « examens de conscience » — lesquels ont précisément pour objet une critique des motifs et des valeurs — constitue la source première où s'alimente une âme chrétienne. Autrement que serait l'action, sinon un phénomène incohérent, sans lien avec la réalité, sans attache avec la faculté de réfléchir qui confère à chacun de nous la marque de sa personnalité?

Une action vraiment chrétienne ne peut donc s'entendre qu'à ce prix, dans la mesure où elle s'avoue personnelle. Ce qui ne veut dire en aucune façon que cette attitude personnelle aboutisse nécessairement à une attitude anarchique, ainsi qu'on est trop souvent porté à le croire. Pour la prévenir contre ce risque, elle trouve à s'appuyer sur la doctrine et sur la tradition aidées de la discipline. Loin de présenter un caractère d'opposition, cette personnalité apparaît, dès lors, comme collaborant avec la doctrine, comme se réalisant pleinement par son accord avec elle, si bien qu'en lui apportant le contrôle de sa vie propre, elle se trouve fécondée par cette force immense qui la dépasse sans l'anéantir.

Notons donc cette première conclusion. L'action et la pensée, loin de s'opposer, ne peuvent exister vraiment que par l'union étroite de l'une avec l'autre. Dans une conscience chrétienne tout particulièrement, elles ne peuvent que concourir à la formation d'une seule réalité. Bien plus, elles se trouvent, pratiquement, ne faire qu'une seule et même chose. Et sachant ainsi ce que signifient ces mots d' « action chrétienne », on comprend la portée de la déclaration de M. de Mun. Ce n'est qu'en arrivant et en travaillant l'ordre social dans une pareille disposition d'âme qu'on le pénètre vraiment d'esprit chrétien.

Et j'en viens, sans plus tarder, à ces mots d'autorité et de discipline, dont on fait un usage si constant et, disons-le, si souvent équivoque.

La notion de l'action chrétienne que je viens de vous exposer pourrait-elle donc être taxée d'individualité, au sens défavorable du terme? Non, évidemment, puisque simultanément, au souci de connaître ses motifs et sa valeur, nous constatons en elle la préoccupation de se mettre, d'une façon toujours plus étroite, en accord avec la tradition, avec la doctrine. Cette préoccupation n'indique-t-elle pas la volonté même et comme l'instinct de se soumettre à la discipline catholique? Dès lors, qu'on ne nous oppose pas une conception factice de l'autorité devant laquelle on nous blâmerait trop aisément de ne point nous incliner. Loin qu'il en soit ainsi, nous adhérons d'autant plus profondément à l'autorité que nous collaborons avec elle par le fait même que nous savons pourquoi nous y adhérons. En faisant ainsi, nous agissons en fonction de la liberté, de la sincérité de notre pensée et de notre action. Et l'autorité religieuse, loin d'être affaiblie par une telle adhésion, ne peut qu'en devenir plus puissante, plus vivante, plus réelle. Il ne saurait exister d'opposition sérieuse entre l'autorité religieuse et la liberté du fidèle qui se soumet à sa discipline. N'est-ce pas là l'expression de l'éternel problème de l'individu et de la société? Mais comment penserait-on qu'il est insoluble, alors que la vie oblige chacun de nous à le résoudre pratiquement chaque jour?

Et je précise ma pensée en rappelant brièvement quelle est la nature de l'autorité chrétienne. Cette autorité, au sens évangélique que n'a jamais renié l'Église catholique, n'est-elle pas en droit une autorité spirituelle? Et en fait, indépendamment d'excès qui n'ont jamais constitué la loi, mais l'exception, mais l'accident, n'a-t-elle pas conservé ce caractère? N'est-elle point toujours et peut-elle n'être pas uniquement cela? L'objet de cette autorité, qu'est-il donc, sinon de développer et d'entretenir au fond des consciences religieuses la vie spirituelle, source première de la vie chrétienne? Comment concevoir l'efficacité d'une méthode qui ne serait pas adaptée à son objet, d'un moyen dont la nature différerait de celle attachée à sa fin? On ne doit pas s'y tromper. Quelque matérielle qu'ait pu paraître parfois son expression, l'essence absolue de l'autorité chrétienne est d'être une autorité spirituelle. Elle n'est réelle et forte que dans la mesure où elle participe de la vie intérieure de l'esprit.

Pourquoi faut-il rappeler des vérités aussi simples? Parce qu'elles sont oubliées par une partie de cette jeunesse religieuse que vous étudiez. N'est-il pas affligeant de constater le regain de succès obtenu au cours de ces dernières années par des notions de l'action, de l'autorité et de la discipline aussi brutales qu'élémentaires? Il semble à ceux dont je parle que la discipline religieuse doive être conçue dans une pensée de pur autoritarisme, exigeant l'obéissance pour l'obéissance, la soumission sans réflexion, immédiate, muette, vide de tout mouvement de l'âme. — Je vous le demande : connaissez-vous un homme, un seul de nos camarades qui, ayant jamais été remué par les nobles émotions dans lesquelles se forme un esprit viril, au milieu desquelles l'intelligence et le cœur travaillent ensemble à conquérir un peu plus de lumière, en connaissez-vous un seul qui ne protesterait pas véhémentement devant une pareille attitude, attitude où la violence de l'instinct le dispute à la simplicité de l'esprit?

Pour toutes ces raisons, cher ami, je comprendrais mal qu'on puisse confondre l'action chrétienne avec une agitation exclusivement politique. Une forme politique, c'est ce contre quoi doit s'élever avec énergie, spontanément, résolument, toute conscience chrétienne. Par sa nature même, une forme politique risque, non seulement de ne jamais grandir, mais de compromettre la vie chrétienne, laquelle est d'un autre ordre, laquelle la déborde si totalement qu'elle se trouverait diminuée, dénaturée de se voir réduite aux horizons nécessairement limités, parce que nécessairement humains, d'une perspective politique.

Je me résume. On ne peut qu'approuver l'effort de la jeunesse française actuelle à organiser ses énergies en vue d'une action féconde. Mais, sans retomber pour cela dans les défauts de l'analyse abstraite, il faut au départ de son action une prise de conscience très nette du sens profond de ces termes d'action, d'autorité, de discipline, employés trop souvent à tort et de façon inconsidérée. C'est là qu'elle doit chercher l'appui de son élan. Et elle ne peut le trouver que dans l'accord étroit de la doctrine et de l'autorité chrétiennes avec la pensée qu'elle aura puisée dans la liberté et dans la sincérité de sa vie intérieure.

Pour une conscience chrétienne, toute énergie ne peut se concevoir qu'en fonction de la vie intérieure qui est proprement la vie chrétienne. La religion catholique ne serait pas un principe solide de vie si elle n'était d'abord une réalité profonde des âmes. Le jour où l'on perdrait de vue ces vérités élémentaires, c'en serait fait des notions d'autorité, de discipline et d'action. On n'obtiendrait plus qu'un cadre vide de substance, on n'aurait plus qu'un fantôme d'armature catholique.

Aussi bien, me permettrez-vous, en manière de conclusion, d'invoquer des exemples concrets. Nous avons eu le témoignage d'une très noble expérience de vie chrétienne : celui que nous ont laissé les jeunes catholiques du *Sillon*. Je sais quelles critiques, et quelles âpres critiques on a formulées à leur adresse. Peut-être furent-ils préoccupés de ce que Marc Sangnier appelait des « émotions communes » plus que d'une doctrine commune précise. Il n'en reste pas moins qu'ils ont accompli dans une large mesure le plus bel effort de vie démocratique et l'une des plus sincères réalisations d'esprit chrétien que j'aie connus. Pour ce qui est du domaine strictement religieux et moral, l'œuvre du *Sillon* a été très féconde. Il a laissé partout où son action a pénétré de vigoureuses semailles, qu'ont récoltées en partie les *Semaines sociales*.

Aujourd'hui, plusieurs groupes de jeunes chrétiens sollicitent l'attention. Pour ne retenir que deux des plus importants, dont les modes d'action diffèrent, bien qu'ils soient nourris d'une inspiration semblable, je vous citerai les groupes des *Semaines sociales* et celui, plus particulièrement intellectuel, qui gravite autour de Blondel et du Père Laberthonnière. Autour de ces deux personnalités, sans aucun doute les plus éminentes de notre pensée philosophique catholique avec Édouard Le Roy, lequel occupe toutefois, spéculativement parlant, une place différente, se rallie l'élite de la jeunesse intellectuelle qui en reçoit une influence certaine et profonde. On trouve, vous le savez, à chaque page des *Annales de philosophie chrétienne* que dirige le Père Laberthonnière, de multiples et riches développements du point de vue intérieur que je viens d'évoquer.

Sur un terrain plus strictement « social » nous rencontrons les *Semaines sociales*, qui accomplissent d'excellente besogne et dont M. de Mun définit si heureusement l'inspiration. Ces *Semaines sociales*, qui ont eu définitivement raison de la conspiration du silence qui se produit immanquablement autour des initiatives sincères, constituent d'ardents foyers de vie chrétienne. Périodiquement, elles réunissent à travers la France les compétences sociales les plus différentes, celles que les maîtres ont puisées dans leur spéculation, celles que les praticiens tirent de leur expérience quotidienne, et les échanges de vue qui s'y produisent se font au plus grand bénéfice de chacun.

Enfin, cher ami, il est un groupe dont je ne vous parlerais pas si je ne le trouvais mentionné dans votre article, c'est celui de l'*Action française*. Vous savez ce que je pense d'une activité exclusivement politique en matière religieuse. Vous savez ce que vaut dans cet ordre tout ce qui tend à éliminer l'élément spirituel et intérieur. Cela, c'est toute l' « Action française ». Elle ne saurait apporter aucune force à l'organisation catholique. Elle ne séduit dans la France catholique qu'une catégorie de fidèles, celle qui, par tempérament, se trouve la plus éloignée de l'esprit vraiment chrétien, de la haute et pure conception catholique, celle dont l'attitude étrange nous a suggéré, à mes amis et à moi, le souvenir de la proposition de Desjardins. Loin de fortifier l'organisation catholique, l'*Action française* utilise autant que possible cette organisation au profit de desseins rigoureusement politiques. Elle se sert d'elle au lieu de la servir. Elle la fausse aux yeux des esprits crédules. Elle la compromet en ne retenant d'elle que l'apparence et que l'ombre.

Sur ces *Semaines sociales*, dont M. Schneider nous a dit la valeur catholique, il était intéressant d'avoir un témoignage documenté. Nul n'était mieux désigné pour nous l'apporter que M. Gonin, secrétaire de rédaction de la *Chronique sociale de France*, revue catholique d'études et d'action, dont le siège est à Lyon.

Avant de nous renseigner sur les *Semaines sociales*, M. Gonin nous écrit ces lignes précieuses :

S'il était de quelque importance, pour confirmer les conclusions de votre enquête, de vous livrer les résultats d'observations faites dans les milieux de jeunes provinciaux cultivés, volontiers je relèverais, sur la plupart des points que vous avez touchés, la justesse pénétrante de vos remarques. Dans la silencieuse et laborieuse province, aussi bien qu'à Paris, les expériences dont Agathon s'est plu à retracer les instructives phases ont été faites par toute une génération. Plus obscures, sans doute, moins accusées dans les éléments pouvant servir à leur interprétation, ces expériences n'en ont pas moins été vécues, avec leurs douloureuses et éclairantes alternatives.

Puis il apporte à notre enquête un élément nouveau sur l'œuvre catholique sociale.

Le catholicisme a cela d'admirable qu'il n'est point seulement une lumière pour l'esprit, un système doctrinal satisfaisant pour la raison, une consolation apaisante pour le cœur, mais aussi une admirable règle de vie et un puissant mobile d'action.

En revenant au catholicisme, après l'évidente débâcle de tous les systèmes au nom desquels on avait prétendu construire une société nouvelle, un grand nombre de jeunes hommes ne pouvaient moins faire que de pressentir et de rechercher ce qu'il y a en lui de force sociale édificatrice. Une conscience qui doit à sa foi religieuse de ne pouvoir se sentir en paix avec Dieu si elle ne satisfait à ses devoirs envers les hommes se trouve naturellement entraînée vers les préoccupations sociales. En lui donnant une raison de vivre, en l'aidant à résoudre pour elle-même le perpétuel conflit de la chair et de l'esprit, le catholicisme lui fait nécessairement entrevoir ses bienfaits qu'on peut attendre de l'application de ses principes aux problèmes sociaux actuels.

C'est ce qui explique la faveur grandissante dont jouit, auprès de la jeunesse, le mouvement d'études et d'action qui se déploie sous le titre aujourd'hui familier de « catholicisme social ». Dans son inspiration première, ce mouvement représente tout uniment l'effort loyal par lequel des consciences catholiques cherchent à mettre en harmonie leur vie privée et publique avec les exigences des dogmes et de la morale du christianisme. Pour un esprit fidèle et attentif, les affirmations chrétiennes sur l'origine et le but de la vie, sur la paternité divine, sur la rédemption, sur la fraternité des hommes en Dieu, ont un sens clair qui implique une direction de pensées et d'efforts, qui prescrit un respect de la dignité de la personne humaine, un amour des faibles et des déshérités, un souci de la moralité des fins à poursuivre et des moyens à employer, dont aucune autre doctrine n'offre l'exemple, et dont l'efficacité est de tous les temps. Ainsi entendu, le mouvement catholique social n'emprunte rien de sa force aux circonstances passagères et échappe aux désirs de vaine popularité. Il n'est point une improvisation, une poussée de sentimentalisme. Il procède d'un besoin de loyauté religieuse, il est une façon consciencieuse et réfléchie de rendre témoignage d'une croyance.

Depuis longtemps d'ailleurs, les enseignements pontificaux, les travaux des théologiens et des sociologues catholiques ont montré la fécondité sociale de ces principes. Un courant ininterrompu d'études et d'initiatives n'avait cessé de se développer, durant les vingt dernières années, en dépit des entraves que le sectarisme officiel opposait à la marche des institutions religieuses. Il suffirait donc à la jeunesse de porter de ce côté son regard pour qu'elle y reconnût la transcription la plus fidèle de ses propres aspirations.

Les *Semaines sociales* ont été une des formes heureuses de ce travail d'approfondissement doctrinal et de vulgarisation pratique. Voici bientôt dix ans qu'elles groupent autour de leurs chaires improvisées un public sans cesse grossissant d'auditeurs venus de tous pays et issu de toutes conditions. Leur nom et leurs méthodes ont été adoptés par les catholiques d'Italie, d'Espagne, de Belgique, de Suisse, de Hollande, de Pologne. Toute l'œuvre des *Semaines sociales* se résume à étudier, à la lumière des principes chrétiens et des enseignements de l'Église, les problèmes sociaux de l'heure présente. La bonne volonté de ses auditeurs, le zèle empressé d'innombrables catholiques agissants se chargeront de faire le reste.

Le reste, vous le pressentez, ne peut être qu'une lente réintégration des disciplines morales chrétiennes à travers le jeu désordonné des égoïsmes humains et des concurrences brutales. Ce travail se fait visible dans tous les domaines et dans tous les milieux.

Le souci du bien du prochain, de la justice à sauvegarder dans les rapports sociaux, de la faiblesse à défendre contre les écrasements d'une société insensible, des institutions à promouvoir pour protéger les intérêts légitimes ou les forces bienfaisantes, arrive à devenir dominant chez les jeunes catholiques éclairés. On ne compte plus les thèses de doctorat juridique et économique où cette préoccupation s'affirme. Tous les congrès de jeunesse, toutes les journées d'études reprennent l'un ou l'autre des aspects des doctrines élaborées par l'école sociale catholique. Et dans le pays, parmi les populations de nos campagnes, de nos faubourgs ou des grandes cités, par voie d'enseignement ou de réalisation pratique, c'est la même œuvre qui se poursuit.

Pendant que d'autres sont encore livrés au pénible débrouillement de leurs idées sociales, ou aux tâtonnements d'une volonté qui n'est sûre que de son désir d'action, les jeunes catholiques ont cette chance unique, grâce aux vérités supérieures de leur religion, de pouvoir donner un nom et une forme à leur rêve, un but à leurs aspirations, une règle à leur conduite.

Si vraiment notre société souffre d'un mal qui ne peut attendre, il y a lieu de penser que l'action sociale de la jeune génération catholique est en mesure de répondre à ses pressants appels.

L'ACTION FRANÇAISE

C'est du groupe de l'*Action française*, de M. Charles Maurras et de ses jeunes disciples de la *Revue critique des Idées et des Livres* que nous vinrent les plus vives objections. M. Maurras nous qualifia de « doctrinaires de l'enthousiasme et de la foi ». On parla à notre propos d' « équivoque nationaliste ». Ce n'est point le lieu d'engager un débat là-dessus : notre chapitre sur le réalisme politique en a d'ailleurs précisé les points essentiels.

Les critiques de M. Pierre Gilbert, de M. Gilbert Maire (1), nous les trouvons résumées dans cette lettre de M. Henri Clouard, qui nous a répondu au nom de ses amis. Disciple de M. Charles Maurras, critique pénétrant, M. Clouard voit dans l'influence de son maître ce qui fait la nouveauté de la jeunesse : selon lui, c'est elle qui détermine l'esthétique et l'action des jeunes gens d'aujourd'hui. On ne saurait nier, sans parti pris, que le groupe de jeunes gens auquel M. Clouard appartient ne se rattache à un mouvement important de la pensée contemporaine.

(1) *Revue critique des Idées et des Livres* (15 juillet et 15 septembre).

Je souhaite que la jeunesse mérite vos louanges, cette jeunesse de 1890 que nous connaissions mal, nous qui la précédons de cinq ans, et que vous nous montrez courageuse, amie des armes, pleine de foi et ardente à l'action. Je souhaite même que votre belle enquête la précipite dans son propre sens. Il me semble toutefois que vous sacrifiez, à un ensemble un peu incertain, une partie qui vous contredit sur des points essentiels. Voici, à ce sujet, quelques difficultés.

Foi patriotique, foi catholique, goût de l'action, netteté de mœurs qui préserve de perdre du temps, tout cela, dites-vous, renaît avec allégresse. Or, une foi exige d'être dirigée. La foi catholique a le choix entre le *Sillon* et le *Syllabus;* la foi patriotique elle-même n'est qu'une force à employer. Pour l'innocence amoureuse, soit! Mais, enfin, bien mariés, pleins de confiance dans la vie, catholiques et patriotes, que feront ces jeunes gens? Ils passeront, et peut-être ne laisseront-ils rien de solide derrière eux, que des fils sceptiques, pessimistes, indifférents à tout, sauf au plaisir... Je veux dire, que dans la fragilité d'une civilisation, un Rousseau, une nuit du 4 août, demeurent indéfiniment possibles, et que ce ne sont point malheurs dont un goût (fût-ce celui de l'héroïsme), une foi (fût-elle catholique) semblent de nature à préserver. Votre enquête signale l'importance croissante de l' « action personnelle » des maîtres, « celle qui s'exerce d'homme à homme » : est-ce que nous n'avons pas vu les doctrines les plus funestes se répandre à la faveur de la sympathie, de l'enthousiasme et de la noblesse morale, comme il est arrivé pour un Séailles, un Rauh? Je connais une jeunesse qui, si elle n'a le nombre, a la qualité, et que ces menaces des circonstances n'ébranleront pas.

La façon dont vous dites que la jeune élite envisage la renaissance de la culture gréco-latine confirme cette distinction. Un jeune homme vous écrit : « Ce qui nous éloignait d'eux (des élèves de l'enseignement moderne), c'était l'impossibilité de mener une conversation élevée, une de ces conversations de jeunes gens qui se nourrissent d'idées enthousiastes et de sentiments. » Qu'est-ce donc, Agathon, une idée enthousiaste? A-t-elle le droit d'être erreur, illusion, duperie? Et vous souciez-vous moins du bénéfice intellectuel des études classiques que de la vertu sentimentale que vous leur prêtez? J'en ai peur ; car, dans l'ordre proprement littéraire, vous nous proposez une formule qui s'adapterait mieux, hélas ! à Tolstoï qu'à notre Stendhal. Il y a, dites-vous, « d'après un jeune écrivain révolutionnaire, » un art qui consiste « à rendre l'homme plus fortement homme, à le mettre sur la voie de lui-même, et à lui indiquer la route où il rencontrera ses semblables... ». Eh bien, je vous assure, Agathon, que lorsque vous saluez dans ces mots « la formule même de l'art classique », mille protestations contre son insuffisance s'élèvent : notamment celles de ce groupe critique au sujet duquel vous m'invitez à vous écrire, et qui a, comme tous les autres, son jeune public.

Vous connaissez notre petit faisceau de principes. Ayant observé que le Français, en tant que Français et en tant qu'homme, fut détraqué, dissous, ruiné, vers le milieu du dix-huitième siècle, par le désordre sentimental envahissant les domaines propres de l'intelligence et de la volonté, et que ce romantisme (d'abord littéraire, puis philosophique et social) renaît chaque fois que l'intelligence faiblit, c'est à la santé de l'intelligence que nous avons décidé d'avoir recours. Tout ce qui la peut favoriser nous semble bon. Et cela naturellement se trouve d'accord avec le meilleur de notre tradition, puisque la France, après Athènes, après Rome, a conclu l'alliance de l'intelligence avec les choses. Voilà le centre de nos positions.

Le reste, composition, goût, sensibilité réfléchie, se range autour.

Intelligence, n'allez point, je vous en prie, entendre sous ce mot la sorte d'abstraction sans vie que vous dénoncez à juste titre, et qui est sans doute normalienne. Mais entendez : un parti pris de lucidité, par conséquent un ordre dans l'esprit, une discipline de la pensée.

Vous félicitez la jeunesse de vivre peu avec les livres, et donc d'être peu curieuse des idées. Or, une idée, qu'est-ce, Agathon, sinon une synthèse de faits constamment vérifiables, une certitude de l'histoire, une expérimentation fixée dans le langage? Il me paraît impossible de priver la jeunesse travailleuse de pareils outils. Et je vous certifie que les jeunes gens de nos amis lisent, et lisent bien : parce qu'ils ne veulent point se mettre dans le cas d'accepter, *à l'heure de l'action* (quand il s'agira de choisir entre plusieurs gestes), une expérimentation imparfaite, une inspiration démentie par avance dans l'expérience des siècles et des peuples. C'est cette haute prudence qui nous intéresse, avant tout, dans la renaissance classique que vous souhaitez avec nous. Qui sauve d'un Rousseau, d'un Lamennais? La pensée romaine, la pensée classique. Autrement dit, nous nous alarmerions, si l'avidité de l'action se réduisait, chez les jeunes gens, à un instinct ; et tout notre effort tend au contraire à faire marcher de pair l'action avec l'intelligence.

Et ne pensez-vous pas que ces disciplines (d'ailleurs en parfait accord avec le catholicisme) soient morales? Morales, par surcroît : parce qu'elles établissent un ordre. Il est aussi moral, pour des esprits cultivés, de penser avec propreté, d'avoir scrupule d'offenser la logique, de bien vérifier ses idées, que de se marier jeune. Au surplus, je ne puis me résoudre à confondre comme vous « valeurs morales » avec « préoccupations morales », avec « moralisme ». Les valeurs morales que vous reconnaissez au syndicalisme consistent, ainsi que les valeurs morales de l'*Action française*, je suppose, dans la trempe du caractère, le dévouement réfléchi, la volonté de servir. Les camelots du roi, les syndicalistes peuvent être, par ailleurs, des libertins. C'est une tout autre question. Et enfin la pureté morale enferme ce qu'il y a dans l'homme de plus personnel et tout ensemble de plus social. Qu'est-elle, si elle n'a pénétré les mœurs générales au point de se confondre avec la religion, ou si vous en faites une vague de sentiments où l'imagination du lecteur mêle et disperse les valeurs individuelles les plus inégales? Nos mœurs me paraissent bien stationnaires. Je connais, en revanche, une « belle vie » : celle de Maurras. Elle est toute vouée à ses idées.

Ces quelques observations seraient suffisantes pour nous rappeler que les bonnes volontés abondent en France. Votre enquête, messieurs, nous apprend qu'elles se multiplient : raison de plus d'être attentifs à notre réforme intellectuelle. Celui qui l'a commencée, Charles Maurras, reste le seul désigné pour la mener à son achèvement.

Encore qu'il ne fasse officiellement parti d'aucun groupe d'*Action française*, M. Pierre Hepp, ne cache pas ses sympathies à l'endroit de cette doctrine. S'il opposerait quelques critiques de détail aux théoriciens de la *Revue critique*, il partage leurs vues essentielles et c'est bien parmi les disciples de Maurras qu'il nous faut le placer. Mais son évolution a été plus longue, plus nuancée que celles de ces jeunes gens. Leur aîné par l'âge, il a tenté diverses expériences. Nous le trouvons parmi les jeunes écrivains que M. Adrien Mithouard groupa à l'*Occident* : il a traversé différents milieux d'artistes. Ses convictions actuelles n'en sont que plus significatives (1).

Et, dès l'abord, il constate que « nos observations se rencontrent à peu près ». « Nous ne différons, dit-il, que sur quelques détails d'interprétation. »

Je prête, par exemple, au succès de Maurras une signification plus ample que vous. Quand vous parlez d'un retour à Stendhal, vous m'étonnez, car, autour de moi, je n'en constate rien. En tous cas, Julien Sorel ne hante plus personne comme il y a vingt ans. Je vous accorde, en revanche, que l'on se détache de Nietzsche. Mais c'est qu'il est assimilé. J'ignore, au reste, chez Nietzsche, cette « métaphysique allemande » et ce « mysticisme » rhénan que vous lui reprochez.

Ceux qui, comme moi, ont fréquenté Nietzsche, se sont bornés en somme à lui reprendre notre bien : la haute critique française et classique, dont il était nourri. Un sûr instinct de conservation nous menait à lui. Nietzsche joua pour une génération le rôle d'initiateur et de grand déniaiseur, que Stendhal avait joué pour la génération précédente. Seulement, pour devenir l'égal de Beyle, la culture romaine manquait

(1) Il s'exprime particulièrement dans les *Guêpes*, la *Revue critique des Idées et des Livres*, les *Cahiers du cercle Proudhon*. Les jeunes écrivains J.-M. Bernard, André du Fresnois, Pierre Gilbert, Henri Lagrange, Jean Longnon, Gilbert Maire, Eugène Marsan, Raoul Monier, Maurice de Noisay y collaborent.

au septentrional Nietzsche. Aussi se sentait-il dominé par Stendhal et en éprouvait-il une inquiétude qu'il parvint mal à s'expliquer. Devinait-il qu'un Maurras lui ravirait son ascendant sur les jeunes intelligences? Car, pour une bonne partie de la jeunesse, Maurras a opéré à rebours et à son avantage une « transmutation de valeurs » dont Nietzsche avait senti la nécessité urgente, avait préparé les voies et s'était réservé le contrôle. Il a su extraire des affirmations pratiques du fatras de négations et d'hésitations spéculatives où le vertige destructif de nos aînés avait réduit les nouveaux venus à chercher leur orientation vitale. Contestez ou non le prix de ces affirmations, ce n'est pas ici le point. Psychologiquement, ce qui importe, c'est qu'elles soient telles et se soient imposées à la discussion. C'est un « fait », un « signe des temps » qu'il me semble équitable d'enregistrer en meilleure place que vous n'y paraissez disposé. Il constitue, selon moi, l'originalité la plus frappante du paysage intellectuel de 1912.

Autre chose. Vous opposez aux démonstrations pressantes de la logique contre-révolutionnaire des « puissances de sentiment (1) » avec lesquelles je la trouve aujourd'hui en harmonie, sinon complète, du moins très vivante et grandissante. Depuis quelques années se développent spontanément chez les jeunes, avec le réveil d'esprit social et patriotique, un amour réfléchi de l'ancienne France et un culte intime de la tradition nationale, qui me semblent plutôt favoriser

(1) M. Pierre Hepp nous écrit, d'autre part : « Au sortir de l'Affaire, le nationalisme contre-révolutionnaire naquit tout d'un coup en moi d'un profond soulèvement de conscience. Il ne fut donc, à l'origine, qu'une pure « puissance de sentiment », mais je ne vois aucune bonne raison de le priver aujourd'hui des sérieux avantages qu'il aurait, pour se traduire en actes, à cesser d'être aveugle en se fondant en doctrine cohérente. »

que contrarier les efforts réactionnaires. Le récent « procès de la démocratie » n'était pas improvisé. Il correspondait à une crise profonde de plus de consciences réalistes que vous ne l'annoncez. Ne dites-vous, d'ailleurs, pas que vos jeunes gens « sont de ceux qui obéissent »? Voilà qui autorise à les supposer exempts de phobies romanesques à l'égard de l'autorité politique.

Vous signalez l'abandon de la doctrine de l'art pour l'art. S'agit-il bien d'un « abandon » de « doctrine »? « L'art pour l'art, » ce n'est guère qu'une formule où se résume une très noble morale de producteurs. Elle nous est devenue suspecte parce qu'elle nous vient des Parnassiens, qui, abusant d'elle, la faussèrent en prescrivant à l'art, sous ce prétexte, un isolement paradoxal, dont il est las et que l'expérience a révélé malsain.

La saine pensée des jeunes, c'est que l'art est autre chose qu'un pur amusement d'esthètes, que, s'adressant, après tout, au genre humain, il est solidaire de l'activité générale, qu'il doit par conséquent reprendre contact avec elle et en suivre le courant s'il veut recouvrer son équilibre normal. « Devenir classique, c'est devenir plus honnête, » a dit Maurice Barrès. L'opportunité de cette parole lui valut l'an dernier une fortune de mot d'ordre. Elle touchait juste. Aspirant au classicisme, nous en recherchons ardemment les conditions, lesquelles n'obligeront jamais aucun artiste à cesser de considérer « l'art pour l'art » comme le premier de ses dix commandements de probité professionnelle.

Parmi les partisans de l'*Action française*, M. Georges Valois et ses amis du *Cercle Prou-*

dhon représentent l'élément *syndicaliste.* M. Georges Valois, qui a traversé l'idéologie révolutionnaire, a trouvé dans la pensée de Georges Sorel et de Charles Maurras les principes d'un nationalisme syndicaliste.

Voici son intéressante consultation :

Vous m'avez fait l'honneur de me demander mon avis sur les observations que vous avez recueillies et coordonnées dans votre enquête sur la jeunesse. C'est extrêmement embarrassant. Je n'ai pas, comme vous, interrogé des centaines de jeunes hommes, et je ne puis vous apporter un avis général. Mais j'ai vu agir, dans la rue, des milliers de jeunes Français, et je connais fort bien quelques-uns d'entre eux, avec qui nous traversons Paris, les soirs de réunions ou de manifestations. C'est d'eux surtout que je vous parlerai.

Premièrement, il est certain que vous avez vu juste en signalant dans la jeunesse le réveil de la conscience nationale, le goût de l'héroïsme, une tendance très marquée vers l'intelligence religieuse, le réalisme politique. Ce sont les phénomènes essentiels. Les autres faits que vous citez : disposition morale de l'esprit, culte de la tradition classique, me paraissent secondaires, ou plutôt je ne leur découvre pas le sens que vous leur attribuez. Mais pour la renaissance du patriotisme, — on dirait mieux la formation nouvelle du patriotisme, — c'est le fait capital et incontestable. Tous ceux qui sont restés dans la vie publique entre 1890 et 1900 pourront vous le dire. Vers 1895, c'était l'apogée de l'anarchisme littéraire et philosophique. M. Henri de Régnier se promenait avec sa canne de jaspe dans le jardin de l'anarchie et M. Octave Mirbeau préfaçait M. Jean Grave, M. Paul Adam faisait l'apologie de faits qualifiés crimes, et de jeunes bourgeois allaient applaudir le sieur Sébastien Faure. Pendant dix ans, la jeunesse subit l'influence de tous les écrivains qui représentaient l'anarchie morale, intellectuelle et politique. Elle était socialiste, révolutionnaire, anarchiste. Il y avait certainement une autre jeunesse de tendances traditionalistes. Mais elle était absolument ignorée. Il semblait que la vie se fût retirée d'elle. Dans les groupes que forme la jeunesse, ce qui dominait, ce qui portait la vie ou était porté par elle, ce qui était passionné, ardent, combatif, c'était l'esprit révolutionnaire. Lorsque l'esprit traditionaliste paraissait, ce n'était guère que pour reconnaître la victoire finale de son adversaire ; il ne voulait s'assurer qu'un retard de cette victoire.

Quinze ans plus tard, renversement total des positions. La jeunesse est toujours révolutionnaire, mais l'aboutissement qu'elle donne à son action, ce n'est plus la destruction, c'est la consolidation de l'État, de l'État français, ce n'est plus la disparition, c'est la reconstruction de la patrie. Remarquez bien que la jeunesse n'a pas perdu ses dispositions révolutionnaires. Ce qui a changé, ce sont les directions qu'elle fixe à ses dispositions. Quelles sont les principales causes de cette transformation? J'en vois plusieurs : l'impudence du triomphe du parti juif et du parti intellectuel après l'affaire Dreyfus, l'humiliation de la France après l'arrivée au pouvoir des hommes de la révolution dreyfusienne, l'impuissance du socialisme à résoudre les problèmes politiques et sociaux, et je vois trois hommes qui ont donné un sens, un corps, une direction aux observations que faisaient les jeunes Français : Sorel, Barrès et Maurras. C'est désormais un fait acquis, reconnu, admis même par les représentants officiels de la démocratie pacifiste et humanitaire : la jeunesse française, celle qui formera les cadres de la société française de demain, cette jeunesse est révolutionnaire au nom de la tradition, de l'ordre français, de la patrie. Et la partie la plus ardente, la plus passionnée, la plus combative de cette jeunesse est nationaliste et veut la monarchie.

Vous dites qu'elle est optimiste et qu'elle a la foi patriotique. Je ne pense pas que ces mots lui conviennent exactement. La jeunesse ne croit pas au triomphe nécessaire des idées qu'elle porte, elle ne croit pas à la France : elle *veut* la France, elle *veut* demeurer française. Ce que je découvre chez elle, lorsque j'interroge sa sensibilité, ce sont de rudes expressions de volontés, et les dispositions spirituelles d'un grand nombre de jeunes hommes pourraient être exprimées par la parole du Taciturne : « Il n'est point nécessaire d'espérer pour entreprendre, ni de réussir pour persévérer. » Ce n'est pas là de l'optimisme, qui vraiment serait déplacé en 1912, c'est un produit de la volonté. Ceci me conduit à vous adresser une critique portant sur votre interprétation des méthodes employées à l'*Action française :* vous les trouvez trop sèches ; vous regardez le mouvement qu'elles ordonnent comme une pure création idéologique qui n'intéresse pas la sensibilité, qui ne soulève pas les forces profondes, irrationnelles de l'être. Votre interprétation me paraît étonnante. Il n'y a pas, en ce début du vingtième siècle, de mouvement plus passionné que celui de l'*Action française.* Ce que vous ne voyez pas, c'est son fondement, qui est une âpre volonté de faire vivre la France, ou de persévérer dans la civilisation. Cela saisit l'homme tout entier. Vous ne découvrez que l'effort intellectuel et vous dites que l'on sacrifie tout à l'intelligence? Voulez-vous considérer que l'important, c'était, et c'est encore, de changer les directions des énergies par l'appel aux intelligences. Combien de jeunes énergies françaises ont été engagées dans de fausses directions à cause d'une mauvaise formation de l'esprit ! Vous voulez, comme nous, les rappeler vers la France? Allez-vous vous adresser aux sentiments, aux passions qu'elles soutiennent? Il sera bien inutile d'engager la conversation : dès le premier mot, sentiments et passions, qui sont nécessairement aveugles, se cristallisent contre votre appel. Au contraire, adressez-vous à l'intelligence : la conversation est possible. Vous n'avez plus devant vous un animal hostile, mais un esprit curieux qui accepte d'examiner ces idées ; poursuivez, aidez l'intelligence à vous ouvrir une voie dans la sensibilité de l'homme à qui vous vous adressez, appelez alors vers vous un des sentiments qui pourra répondre aux vôtres, et vous établissez ainsi la sympathie entre deux hommes qui, à la première rencontre, s'opposaient rigoureusement par leurs sensibilités. Allez plus loin, gagnez l'intelligence tout entière, peu à peu, en évitant d'exciter les sentiments contre vous ; lorsque tout l'effort intellectuel est donné, vous avez auprès de vous un allié, dont les valeurs morales, je dirai mieux, vitales, sont aussi fortes qu'auparavant, mais dont la direction a changé. Est-ce là une méthode qui ne tient pas compte des sentiments et des passions? C'est une volonté qui, par des méthodes intellectuelles, tourne vers ses propres buts les volontés qui lui étaient ennemies, et qui ne s'adresse aux sentiments et aux passions que lorsque les préjugés qui les dominaient sont détruits et qu'ils ne peuvent alors être ramenés à leurs premières directions par une fausse manœuvre sentimentale. Et lorsqu'elle a atteint ce résultat, je vous prie de croire qu'elle met en jeu toutes les forces profondes de l'être. Entrez dans une réunion nationaliste, mêlez-vous aux camelots du roi, un jour de manifestation, restez au milieu d'une bagarre, un jour de réunion houleuse, et vous m'en direz des nouvelles.

***

Je dois vous dire maintenant que j'ai lu avec une grande horreur votre chapitre sur les dispositions morales de la jeunesse. Si je vous ai bien compris, vous avez découvert dans la jeunesse une extrême bonne volonté à l'égard de la morale, dont elle serait prête à accepter et à appliquer les décrets. Et je sais que vous vous intéressez surtout au groupement que nous avons fondé, le cercle Proudhon (1), à cause des dispositions morales que vous avez trouvées chez quelques-uns de ses membres. Vous avez vu que nous avons raillé les immoralistes. Mais si vous saviez combien nous avons de haine pour les moralistes, c'est-à-dire pour ceux qui veulent subordonner la vie à la morale, qui prétendent discipliner les passions sous de vagues et molles aspirations de l'âme. Il faut que je vous détrompe. Nous non plus, *nous ne sommes pas des gens moraux.* Nous tenons compte, et grand compte, des conditions morales dans lesquelles vit un peuple, non par amour pour la morale, qui n'existe pas, mais parce que nous sommes catholiques ou nationalistes. Je vous dirai précisément que si, par exemple, lorsque nous nous occupons en commun des choses de la cité, nous nous intéressons à la repopulation, ce n'est pas à cause des vertus qu'elle suppose, mais à cause des résultats que nous en attendons pour la patrie; si nous méprisons la

(1) Le Cercle Proudhon est un cercle d'études sociales fondé par des nationalistes, des syndicalistes antidémocrates et des fédéralistes, pour combattre les institutions démocratiques dans l'économie et dans la politique. Il a pour organe les *Cahiers du Cercle Proudhon,* rédigés par MM. Jean Darville, Pierre Galland, Henri Lagrange, René de Marans, Georges Valois, Albert Vincent.

bourgeoisie qui s'amuse dans les cabarets, ce n'est pas par horreur morale de ses actes, mais par souci de conserver des vertus dont l'exercice est indispensable à la richesse nationale ; si nous raillons l'immoralisme de tel ou tel de nos voisins, comme cela nous est arrivé, ce n'est pas parce qu'il nous blesse dans notre sens de la moralité, mais parce que son attitude nous paraît indigne d'un homme qui pourrait s'engager dans la guerre de l'indépendance française. Je pourrais multiplier les exemples. Mais vous devez distinguer aisément maintenant notre position. Vous voyez bien que ce n'est pas de la morale, mais de la politique, — ou du patriotisme. Vous voyez bien aussi que nous n'avons aucune parenté avec M. Paul Desjardins. Nous ne nous mêlons pas de porter des jugements moraux sur nos semblables et nous nous occupons encore moins de chercher à régler les mœurs par des règles purement morales. Croyants ou incroyants, nous savons que c'est à l'Église seule qu'il appartient de former les mœurs et de juger de la moralité, et que, hors l'Église, tout effort moral est une pure absurdité.

Je crois bien que le phénomène que vous avez observé dans la jeunesse se rapproche sensiblement de celui que j'ai essayé de vous décrire. Voyez-vous : les jeunes hommes qui viennent d'entrer dans la vie et qui ont le sens du réalisme politique et social savent que l'amour ne règne pas sur la terre, que la lutte est un fait universel, et que le premier souci d'un homme est d'être toujours prêt à se battre. J'imagine que lorsqu'ils voient au milieu d'eux un enfant qui ne pense qu'à l'amour, — à l'un ou à l'autre, — ils se disent : « L'imbécile ! il sera vaincu dans la vie. »

LE SILLON

M. Henry du Roure fut longtemps le collaborateur de M. Marc Sangnier au *Sillon*. Depuis quelques années, M. du Roure semble s'être retiré de l'action : il la peut mieux juger. Sa réponse ne porte point seulement sur le mouvement catholique de la jeunesse, mais sur les tendances principales que notre enquête dégagea. Le ton un peu déçu de sa lettre — celle d'un aîné généreux dont les espérances faillirent — les réserves qu'il fait, valent d'être entendues.

Regardons le jeune homme que vous avez dépeint. Certes, il ne nous fera pas regretter les « Intellectuels » de l'Affaire Dreyfus, complices de l'anarchie, professeurs d'antimilitarisme et d'anticléricalisme, pontifes de la Raison, de la Science et de l'Esprit critique. Il y en eut sans doute, et beaucoup, de généreux et de convaincus. Mais les autres ! On discernait trop aisément ce qu'il y avait d'insupportablement orgueilleux dans leur attitude, de haineux dans leur humanitarisme, d'envieux dans leur désir d'égalité, et souvent d'intéressé dans leur apostolat. On les a vus, après le triomphe, proscrire les vaincus et se partager le butin. Un si vilain spectacle a discrédité pour longtemps leur mysticisme rationaliste et anticlérical. Il est vrai de dire aujourd'hui que la patrie n'a jamais été plus aimée, l'armée plus populaire, l'ordre plus souhaité, et même la force physique, la force brutale qu'ils incarnaient dans les « brutes galonnées » et dénonçaient avec toute la rancune d'êtres chétifs et rabougris, la force n'a jamais été plus honorée. Cette revanche est juste. Que des jeunes gens épris d'action se détournent des « enseigneurs de doute » à la Buisson, c'est à merveille. Mais, dans sa hâte de monter, la nouvelle génération — la « génération des ailes », dit M. Lavedan — jette du lest. Il reste à savoir si elle ne jette par-dessus bord rien d'essentiel.

Ils sont avisés, pratiques, audacieux, courageux, peu sentimentaux, durs envers eux-mêmes et envers autrui. Ils ne lisent guère — et l'*Auto* de préférence à la *Revue des Deux Mondes* — saisissent mieux la beauté d'une 60 HP que celle d'un tableau ou d'une cathédrale, passent leur temps au grand air, connaissent l'hygiène et ignorent les passions désordonnées. Ils ont la fierté de leur corps, de leurs muscles vigoureux et de leurs gestes adroits. A les voir, dans leurs exercices, agiles, souples, débordants de vie physique, on songe à des chevaux galopant dans un pré. Ils voient la vie comme un combat, un beau combat à coups de poings, où ils apportent, avec une loyauté réelle et une endurance digne d'éloges, la férocité allègre d'un boxeur désireux de vaincre.

On conçoit la sorte de fascination qu'exercent ces jeunes barbares sur les hommes d'étude et de travail solitaire. C'est l'effort joyeux opposé à la recherche douloureuse, l'insouciance aux angoisses de l'esprit, le grand soleil aux veillées sous la lampe, la joie de vivre à la tristesse de penser. « Le malheur, c'est la pensée... » Mais le bonheur mérite-t-il une telle abdication?

Que nous réserve l'avènement de cette jeunesse

avide, brutale et bien entraînée? Aura-t-elle la puissance de régénérer la République et le courage méritoire de se vouer à la tâche, pénible et nécessaire, de l'éducation politique? Elle préfère, semble-t-il, les vertus militaires aux vertus civiques, et son idéal serait plutôt Napoléon que Washington. Savez-vous que cela est inquiétant, pour le temps qui court? Le goût de l'action extérieure, de la gloire et de la guerre, de l'héroïsme et des héros, apparente nos jeunes gens aux officiers du premier Empire. Faudra-t-il, s'il ne tient qu'à eux, retomber pour un temps dans l'ornière bonapartiste?

Et socialement?... Je ne crois pas — permettez-moi de vous contredire en ceci — que les jeunes gens cultivés aient beaucoup de sympathie pour le syndicalisme. Les théories de M. Georges Sorel en ont séduit plusieurs, dites-vous. Mais M. Sorel, désavoué d'ailleurs par la C. G. T., est un intellectuel et un dilettante. Une jeunesse réaliste se détourne des spéculations. Elle juge moins le syndicalisme sur un avenir hypothétique que sur un présent certain : l'anarchie ouvrière, le sabotage, la grève chronique, la propagande antimilitariste et néo-malthusienne, c'est-à-dire l'industrie paralysée, l'ordre menacé, la patrie affaiblie. L'ordre, la patrie! C'est de quoi émouvoir nos jeunes camarades. Patrons ou ministres, je gage qu'ils ne seront pas tendres pour la C. G. T.; et ce n'est pas l'éloquence de M. Jaurès qui aura prise sur leurs esprits... Il se pourrait, s'ils l'emportent, que leur règne fût une dure réaction bourgeoise, dont les lendemains seraient à redouter.

Le plus puissant motif d'espérer, s'il faut vous dire toute ma pensée, je le place dans cette renaissance catholique que vous avez justement signalée. Mais entendons-nous bien. Nous avons eu jadis le néo-christianisme, dont M. Henry Bérenger, je crois, était l'un des adeptes; c'était, disait-on, l'esprit sans la lettre, la charité sans le dogme, la religion sans l'église. Vous savez ce qu'il en est advenu. Le danger serait pire. mille fois pire, d'une religion tout extérieure et tout humaine, à laquelle on ne demanderait qu'une contrainte pour la masse, un appui pour l'ordre social. Vous connaissez « l'orthodoxie » de certains athées, le « je suis Romain » de M. Maurras. Dieu nous préserve, passez-moi ce barbarisme, d'un catholicisme *paganisé!* Heureusement, il s'agit ici d'une renaissance proprement religieuse; il s'agit d'adhésions profondes et sans réserve à la morale et aux dogmes catholiques. Vous notez qu'à l'École normale, près d'un tiers des élèves sont des *catholiques pratiquants... fidèles aux prescriptions de l'Eglise.* Nous ne nous trouvons donc pas en présence d'un courant superficiel, d'une mode passagère; la foi, quand elle naît ou se conserve, agissante et réfléchie, dans des cœurs de vingt ans, présente d'autres garanties de durée qu'un enthousiasme plus ou moins artificiel pour le classicisme et contre les « métèques », ou même qu'un patriotisme momentanément exalté par les circonstances. Je pourrais ajouter que cette renaissance religieuse, on l'observerait également dans d'autres milieux : ainsi, sur la jeunesse ouvrière, l'action des patronages catholiques est puissante et continue. A cet égard, l'œuvre du *Sillon* fut extrêmement féconde. Il a contribué, plus qu'aucun autre groupement peut-être, à donner aux jeunes ouvriers, en même temps qu'à de jeunes bourgeois, la fierté d'être chrétiens et la volonté d'être apôtres.

Or, dans le catholicisme intégral et authentique, cette merveille d'équilibre, il y a sans doute l'ordre, la tradition, une admirable discipline individuelle et sociale; mais il y a aussi l'idéalisme passionné, le sens de l'universel et de l'absolu, le mysticisme, la douceur évangélique, la charité fraternelle, dont il serait à craindre que les générations nouvelles ne fussent un peu dépourvues. Car par quelque voie qu'on s'achemine vers l'Église universelle, on y trouve, en arrivant, le même Dieu, les mêmes enseignements entre lesquels on ne peut choisir, la même doctrine qui ne se laisse pas mutiler.

Là est, à mon sens, le grand problème : verrons-nous s'épanouir, dans un avenir plus ou moins proche, la renaissance chrétienne qui s'ébauche? Je suis de ceux qui le souhaitent passionnément. Je le souhaite parce que je suis catholique ; mais aussi, pour demeurer sur le terrain même que vous avez choisi, parce que je place en elle notre plus grande espérance patriotique et sociale.

LA DÉMOCRATIE SOCIALE

La *Démocratie sociale* devait figurer dans cette enquête. Elle groupe de jeunes écrivains syndicalistes, des philosophes, des intellectuels, soucieux des réalités sociales, et c'est là que s'est fait l'effort le plus intéressant pour opposer une doctrine sociale démocratique aux constructions politiques de l'*Action française*. C'est un parti jeune, intelligent, cultivé, au service de forces neuves et réelles. Voici la lettre que le directeur de la *Démocratie sociale*, M. Étienne Antonelli a bien voulu nous adresser :

Si j'approuve pleinement le procédé que vous avez employé pour nous présenter les résultats de votre enquête avec toutes les garanties d'une critique préliminaire de votre documentation, je ne puis que regretter que cette enquête n'ait porté, de par votre volonté, que sur une portion en somme assez restreinte de la jeunesse, celle qui, de dix-huit à vingt-cinq ans, fréquente les lycées et les universités. Il n'est pas bien sûr que cette jeunesse soit, comme vous le dites, « celle qui, vraisemblablement, dans la politique, l'armée, les lettres, l'industrie, l'administration dirigera les destinées du pays ». L'élite est bien, sans doute,

« le levain dans la masse informe, » mais ce n'est pas toujours sur les bancs des lycées qu'elle se recrute, et aujourd'hui plus que jamais, demain certainement plus qu'aujourd'hui, l'atelier, l'école de la vie, lui apportera son contingent. En particulier, je regrette que vous ayez négligé de vous documenter auprès de certains groupements comme les « jeunesses laïques », qui vous auraient donné, je crois pouvoir l'affirmer, des renseignements concordant, dans l'ensemble, avec ceux recueillis par vous, mais en différant pourtant par certains détails qui auraient donné à l'enquête « une atmosphère » un peu différente.

Mais, puisque vous voulez bien, avec une loyauté intellectuelle parfaite, compléter votre enquête en vous adressant précisément à ceux qui vivent dans des milieux un peu différents du vôtre, j'aurais, en vérité, mauvaise grâce à insister.

Cette réserve préliminaire faite, je m'empresse d'approuver pleinement la distinction que vous établissez, et qui domine toute votre enquête, entre la jeunesse d'aujourd'hui et la génération précédente.

C'est fort justement que vous dites dans une heureuse formule que celle-ci fut celle de « l'idéologie de la défaite ». Nous avons presque tous, nous déjà vieux parmi les jeunes, été élevés par des pères dont le sentiment patriotique humilié se complaisait dans cette humiliation même et dans la comparaison d'une France impuissante avec des voisins formidables. Les temps ont changé. A l'attitude de cette génération qui vécut dans une époque où, suivant l'expression que vous rappelez du *Barrès* des *Taches d'encre*, « l'ennui bâillait sur un monde décoloré par les savants », la jeunesse d'aujourd'hui oppose sa confiance en soi, son sens et son goût de l'action.

L'effet normal du temps, le rôle toujours plus grand des applications scientifiques dans la vie industrielle moderne, donnant aux peuples de vieille culture des avantages nouveaux et imprévus, suffisent, me semble-t-il, à expliquer cette évolution.

Cet aperçu général de la mentalité contemporaine, par lequel s'ouvre votre enquête me paraîtrait parfait, s'il ne se terminait par une déclaration qui ne demanderait qu'une très légère modification pour être pleinement vraie, mais qui, sous la forme où nous la trouvons, risque de donner, me semble-t-il, une idée tout à fait fausse de l'état social présent. Vous écrivez : « Alors que leurs aînés se perdaient en arguties sceptiques, ils savent qu'ils sont *là*, et *là* signifie qu'ils vivent en France, à une certaine époque de son histoire et que tout doit être envisagé de ce point de vue actuel et français. »

A lire une telle phrase, le lecteur non averti pourrait s'imaginer que la jeunesse française se laisse griser par je ne sais quel pangallicisme vaniteux et ridicule à l'égal de ce pangermanisme dont nous avons dit avec raison tant de mal. Il se tromperait totalement. La vérité est que le sentiment patriotique, très réel et très profond chez nos jeunes gens, est subordonné au sentiment réaliste, au sens de l'action, que vous signalez très justement comme la caractéristique essentielle de la mentalité nouvelle.

Dans le chapitre consacré à la foi patriotique, vous rappelez la phrase de Frédéric Rauh : « Si mon pays peut servir, etc... » Ce sophisme d'intellectuel pacifiste, qui ne maintient la patrie que sous condition, a semblé, dites-vous, *impie* ou *puéril* à la jeunesse d'aujourd'hui. Je crois qu'il eût été plus juste de dire qu'il lui avait semblé plus *puéril* qu'*impie*, car la nécessité du fait patrie ne lui apparaît pas d'abord à travers le sentiment, mais dans la réalité. C'est en 1905, comme le signale M. Désiré Ferry, que le sentiment d'une réalité patriotique se manifeste sous la pression d'un fait, la menace allemande, et depuis il s'est nourri d'autres faits, nouvelles menaces allemandes, danger de conflagration européenne...

Dans votre chapitre intitulé « le Goût de l'héroïsme » vous dégagez, avec plus de bonheur et de netteté, cette nuance entre ce qui est le caractère superficiel du sentiment, par quoi il se manifeste et ce qui en fait la signification profonde. « Tout fortifie, dites-vous, chez les nouveaux venus l'idéal héroïque... »; mais vous ajoutez : « Ce culte des héros n'est autre que le besoin de toucher des êtres réels... c'est leur curiosité de la vie et de l'humain, bien plus qu'un orgueil d'ambitieux qui les dirige... »

Ailleurs quand vous parlez du « mouvement catholique », vous dites : « C'est le goût de la vie, le besoin de réaliser une existence pleine et active et non pas la désespérance, le manque de courage et de joie, qui les guide vers la foi. »

Ne pensez-vous pas que le sentiment patriotique ne domine pas les autres, mais qu'il s'explique, comme le goût des héros ou le sentiment religieux, par la curiosité de la vie et de l'humain, par le sens des réalités vivantes.

M. Antonelli, qui regrette qu'elle n'ait pas assez de place dans notre enquête, nous parle de la « question sociale ».

C'est, dit-il, la question capitale qui se pose devant la conscience moderne, et la jeunesse d'aujourd'hui le sait bien.

Sans doute un parti, qui a quelque vogue momentanée dans certaine classe bourgeoise et mondaine, prétend ne la poser qu'après et à travers la question politique. Mais seuls les tout jeunes gens, les lycéens et ceux qui fréquentent les bancs du Luxembourg, se laissent prendre à la simplicité de cette formule de « politique d'abord » que les néo-monarchistes ont ramassée dans l'arsenal démodé, depuis Karl Marx, des révolutionnaires utopistes du dix-neuvième siècle. Les autres, dès qu'ils sont mis en contact avec les brutalités de la vie quotidienne, s'aperçoivent bientôt que ces questions politiques comptent peu auprès de la question essentielle que soulève l'antagonisme des intérêts économiques et sociaux des classes. Alors ils n'envisagent plus les questions politiques que comme des prolongements, des dépendances de la question sociale.

De là naît dans l'âme des meilleurs une inquiétude, une angoisse presque, qui a sa grandeur.

Les jeunes gens d'aujourd'hui ont conscience de l'imperfection profonde et irréductible du régime social actuel. Mais ils sentent aussi toute l'insuffisance de la solution du « politique d'abord » qui nie la question et en rejette le souci dans un avenir indéterminé, comme toute la vanité de la solution socialiste, qui avait séduit leurs aînés. Ils se rendent compte que les problèmes sont plus complexes et, se gardant de l'indifférence comme de l'utopie, ils cherchent avec l'ardeur angoissée des hommes jeunes qui veulent trouver.

Vous avez rencontré, nous dites-vous, un certain nombre de jeunes démocrates qui mettent leur espoir dans une démocratie organisée sur la base des groupements d'intérêts. Je regrette que vous n'ayez pas donné dans votre enquête la place qu'ils méritent à ces jeunes gens qui, par la grandeur de leurs desseins et la noblesse de leurs sentiments, forment l'élément le plus intéressant de la jeunesse d'aujourd'hui. J'aurais voulu que votre enquête nous les montrât avec leurs inquiétudes, leurs efforts et aussi toute leur espérance, toute leur foi.

Et peut-être alors n'eussiez-vous pas exprimé les craintes de votre conclusion, car c'est cet effort social qui donnera à la jeunesse d'aujourd'hui sa valeur morale et sa noblesse, c'est cet effort qui l'empêchera de tomber dans ce matérialisme grossier d'hommes de sports et de commis voyageurs, vers lequel vous redoutez qu'elle ne s'achemine.

LES RÉPUBLICAINS

Si tous les jeunes gens d'aujourd'hui ont plus ou moins subi l'influence critique d'un Maurras, d'un Georges Sorel, il y en a un grand nombre qui demeurent attachés à la république et rêvent d'une démocratie nationaliste. Ils cherchent un système et un chef.

De leurs tendances, M. Jacques Jary, l'auteur d'un essai pénétrant sur Maurice Barrès, nous apporte un précieux témoignage. Son étude contient l'idée d'un « impérialisme français » et résume nettement la situation des jeunes partis politiques.

Je voudrais parler des jeunes gens, qui s'intéressent à la politique. Leurs tendances concordent trop bien avec celles qu'indique Agathon pour que je n'aie pas plaisir à les préciser. Elles décèlent une force génératrice que toute la jeunesse éprouve, et qu'il est exact d'attribuer à une rénovation extraordinaire du sentiment national.

Oui, les grandes leçons de réalisme de 1905, 1906, 1908, 1911 émurent l'âme française dans ce qu'elle a de plus franc et de plus sensible. Jamais le mépris des rêveurs, des humanitaires, des imbéciles, des pacifistes, ces piètres hypocrites, ne se déclara plus spontanément. Les jeunes gens commencèrent de haïr l'Allemagne, parce que c'est elle, parce qu'elle nous menace et nous pénètre, à cause du passé, à cause de l'avenir. Ils cessèrent d'expliquer le patriotisme. Ils refusèrent de lui enlever son assiette, son fondemen le plus sûr, qui est la territorialité. Dès lors, ils ne l réduisent plus à une gérance purement conservatric du patrimoine commun : ils le sentent comme une passion *acquisitive*. Ils entendent qu'on emploie tout ce qui concourt à fortifier la France, personne physique et morale. Certains — surtout des « littéraires » — ne soutiennent-ils pas la thèse d'un patriotisme économique? Presque tous deviennent impérialistes. Car l'*expansion* est une image motrice par excellence, Travaillons pour l'hégémonie. Que celle-ci soit un leurre, on ne discute pas. Il suffit qu'elle déclanche l'action.

Les jeunes gens veulent agir le patriotisme : voilà le terme posé. Encore faut-il savoir ce qu'on veut, puis apprécier et vouloir les conséquences de ce qu'on veut. Se plieront-ils aux disciplines d'une société rigoureuse jusqu'à se faire tuer pour elle (1)? Ils ont trop le sens du sacrifice, de l'héroïsme, pour qu'on en doute, encore qu'ils ne soient guère prêts, comme on le croit généralement, à se « sacrifier », mais plutôt à courir bravement au danger. Agathon le dit bien : beaucoup d'entre eux sont des héros en puissance.

(1) On m'a rapporté que, dans une curieuse conférence, quelques élèves *socialistes* de l'École normale, après avoir déclaré absolues les prescriptions du devoir militaire, examinèrent si, néanmoins, ils seraient *moralement* contraints d'obéir au cas où leur chef ordonnerait de tirer sur des grévistes. Ils convinrent que l'obligation était stricte et qu'ils devraient tirer, car la soumission à la discipline prime toute autre pensée, quitte à examiner ultérieurement ce qu'ils feraient quand ils n'y seraient plus tenus.

Pourtant, si l'élan de la victoire les anime, ils ont aussi réfléchi à cette issue plus grave que la mort : la défaite ; et même une mort qui ne serait pas payée son prix leur semble fâcheuse. Ils ont l'esprit positif.

Agathon a signalé avec clairvoyance leur « goût du définitif », qui en est un aspect. Il est urgent de conseiller aux Français l'amour des résultats, en matière politique. N'y a-t-il pas quelque tristesse à constater l'avortement de l'ardeur capable de mouvoir un « boulangisme », un « nationalisme »? Pourquoi ces popularités subites? M. Briand dut se défendre contre l'emballement des amis excessifs qui le compromettaient. Il ne tenait qu'à M. Delcassé d'être hissé sur le pavois. Ne faudrait-il tout de même pas substituer un régime de raison à ce régime d'enthousiasmes successifs? Les courants d'opinion remplissent mal leur rôle s'ils ne servent qu'à l'hygiène morale d'un peuple. Que, par exemple, on se passionne pour l'aviation, qu'on ne « veuille plus subir d'humiliation » : voilà qui paraît hors de conteste. Mais « ne plus vouloir » être humilié, battre des mains au passage des aviateurs : cela manque de solidité. On ne peut se fier qu'à une sérieuse préparation nationale. La question politique est engagée.

La résoudra-t-on par l'examen des « idées? » Mais non! Car on les méprise. On les agitera sans les nommer. En appellera-t-on au cœur, au sentiment, à la *vie?* Et que savons-nous de celle-ci? Que vaut-elle? Les ferveurs qu'elle décide ne correspondent-elles pa à une incertaine idéologie?...

Parlerons-nous donc, avec Agathon, d'une crise de l'idée républicaine? Cette crise me paraît douteuse, car il n'y a plus d'idée républicaine. Et s'il y en avait une, le discrédit de la République serait plus accentué. Son principal attrait réside en ceci qu'elle s'est imposée, qu'elle dure. Elle vaut ce que valent ceux qui servent la France en la servant, et, là-dessus, il faudrait beaucoup de prétention à vingt ans pour juger de tout ce qui se passe. Elle n'est pas une fin, elle est un moyen, le meilleur, somme toute, dont la France ait disposé depuis bien longtemps. Elle ouvre la voie aux hommes de valeur : s'il ne s'en trouve pas en assez grand nombre, au gré de certains, elle n'en est pas absolument responsable. Son œuvre coloniale est remarquable ; elle a gagné sur quelques points, elle n'a pas irrémédiablement compromis le reste.

Elle semble supérieure aux autres formes théoriquement possibles de l'État, parce qu'elle équivaut à un *fait* triomphant. On découvrirait, au reste, dans ce prestige du succès, je ne sais quelle horreur de l'inachevé. Certes, les critiques de l'*Action française*, ses ingénieuses constructions exercent un indéniable attrait sur toute une fraction de la jeunesse. Son effort pour créer une doctrine de politique positive est sympathique. Mais la gageure qu'elle veut tenir contre la société présente éloigne d'elle de nombreux jeunes gens. Elle suscite néanmoins beaucoup d'intérêt, et, d'ailleurs, le goût, les sévères méthodes de pensée, la passion patriotique de ses fondateurs suffiraient à l'expliquer. D'autres essais semblent moins heureux. Si M. Antonelli et ses collaborateurs de la *Démocratie sociale* excipent de connaissances juridiques particulières, leur syndicalisme fondé sur la spontanéité sociale est purement anarchique, bien qu'ils prétendent nous apporter un ordre nouveau dont le *mythe* central expliquerait trop bien la nature. Quant au *Sillon* de M. Marc Sangnier, c'est proprement une déliquescence des plus désagréables à la génération bien constituée qui monte. Accumuler dans un ensemble de croyances vagues, d'émotions vulgaires, de raisonnements puérils, tout ce qu'un cénacle de mystagogues épris de propagande faubourienne peut produire de moralisme niais : voilà sans contredit une scandaleuse proposition politique. Elle témoigne d'un dédain inouï des intérêts nationaux, d'une disposition pathologique à tout confondre dans un attendrissement de mauvais aloi.

Les jeunes gens se défient de ce qui ressemble à de la politique littéraire. Ils séparent nettement la politique de la littérature, et ils accueillent d'une manière critique les écrits qu'on leur apporte touchant la refonte totale de l'État. Ils désirent d'abord de redresser la vieille erreur française qui consiste à transposer dans le domaine de l'action ce qui ressort à celui de la recherche libre et désintéressée. Nous croyons toujours à une secrète concordance entre le réel et l'idée : ce qui est juste et beau serait fécond et vrai. Toute l'histoire de l'opinion publique au dix-huitième siècle, y compris la Révolution, ferait ressortir cette étrange illusion. Plus tard, un Michelet, une George Sand ne distingueront pas leurs propres sentiments, leur pitié, leur cœur des besoins de la France. Le ridicule échauffement de 1848, préface de Sedan, est pénétré du même esprit. Dès lors, les échecs successifs d'un idéalisme aussi mal compris amèneront les littérateurs-philosophes à constater qu'on ne saurait assigner à la spéculation de valeur pratique, et la réalité n'est plus là que pour lui faire contraste. C'est, au fond, l'essence même du renanisme. La pensée finit par devenir un jouet : elle emprunte de ses contacts fortuits avec la réalité une persuasion spécieuse qui lui manquerait si la coupure était avouée. Une telle méthode enlève toute retenue aux penseurs qui l'adoptent. Après 1870, Renan n'a-t-il pas excusé Napoléon III en insinuant que la politique extérieure de celui-ci s'inspirait d'une philosophie élevée? Voilà bien, par une prédilection coupable, le *Pereat mundus* appliqué à la France exclusivement. La patrie et la pensée se nuiront bien vite comme deux termes distincts, par conséquent, antinomiques. Le hasard de leurs rencontres ne légitime pas la France. Alors, en cette notion générique de « pensée » s'engouffrent toutes les faiblesses dissolvantes : impatience des disciplines, humanitarisme, sensiblerie, et surtout la « compréhension » comme principe d'action politique et morale. Ah ! que ces distractions nous semblent lointaines ! Il est probable que désormais les sophistes tiendront leur rang, qui n'est pas le premier, dans une société plus consciente d'elle-même.

Ainsi s'ébauche dans l'âme de la génération nouvelle une politique originale. Attendre d'elle des miracles serait aussi décevant que de la négliger. Décrirons-nous par le menu des sympathies qui, malgré tout, ne sont pas encore fixées? Voilà qui serait bien hasardeux. Les grands traits, et rien de plus. Elle sera audacieuse et réfléchie. Par exemple, pour ce qui en est de l'état présent des graves problèmes, elle n'a pas toujours l'imperturbable confiance qu'on pourrait supposer que lui prête Agathon.

Voici trop longtemps que la question d'Alsace-Lorraine nous lie les mains. A cause d'elle, notre diplomatie est enchaînée. Vivre sur un échec appelle de nouveaux échecs. Nous ne sommes plus les maîtres de concilier notre politique générale, c'est-à-dire nos projets, avec notre intérêt actuel, dont l'observation est la première de toutes les règles. Les jeunes gens sentent confusément — seuls, sur ce sujet, ont des précisions les hommes qui touchent aux affaires — que plus l'imbroglio des intrigues et la complexité des forces rivales augmentent, plus notre sécurité devient précaire. Je ne dis pas qu'une alliance avec l'Allemagne, un jour, puisse être indispensable. Mais il est déplorable que, le cas échéant, on n'en puisse tout au moins agiter le spectre. Il y a là un redoutable péril, qu'il serait lâche de ne pas considérer de sang-froid. On se plaint que notre diplomatie soit menée par les événements et par nos amis : il est étonnant qu'elle ne le soit pas davantage. C'est pourquoi, sans déprécier l'influence du sentiment, le drame pathétique auquel nous sommes suspendus depuis quarante ans revêt toute son ampleur : l'idée de revanche fait des progrès singuliers. Rien n'est aussi admirable que ce clair sens des réalités que possède la jeunesse, et dont on ne s'aperçoit pas. On ne veut pas la guerre pour la guerre, et, pourtant, cela existe quelquefois, mais pour les résultats, pour les libérations qu'on souhaite. Et j'estime que cette détermination d'envisager sans défaillir les risques d'une grande entreprise est plus belle que la légèreté d'une tête folle, d'un brillant cavalier ancien régime, qui se bat parce que ça l'amuse.

On doit bannir l'amusement des choses sérieuses quand on s'applique à les bien conduire. Une armée bien outillée, bien commandée, des finances bien administrées, la réfection de l'outillage économique : voilà ce qui intéresse les jeunes gens avant tout, car c'est la base de tout. Les avantages du régionalisme, les tarifs douaniers, les répartitions de salaires, l'organisation des intérêts, les réformes techniques, les progrès coloniaux, les compétitions européennes en Orient, le Maroc, la maîtrise des routes maritimes font les frais de leurs conversations. Ils ignorent l'anticléricalisme ; il ne leur viendrait pas à l'esprit que des différends religieux pussent nous diviser encore. Ils trouveraient même excellent de conserver les foyers de vie morale qu'on ne peut remplacer et d'en tirer parti. Ils admirent l'œuvre de la mission laïque : mais pourquoi ne pas renouer avec le Saint-Siège des relations indispensables à l'extension de notre influence en Syrie et ailleurs? Ils s'étonnent qu'on ne stimule pas, au lieu de l'entraver, la tâche des catholiques qui nous rendent tant de services à l'étranger. Les qualités de ces jeunes gens semblent, en somme, exactement celles que la vie et l'action fortifient, et les vues d'Agathon sont ainsi vérifiées. Enfin, nous verrons peut-être avec eux l'éclosion d'une pensée politique assez ferme pour réunir en un même faisceau les forces matérielles et morales de la France, et leur donner cette direction convergente, faute de quoi tant d'énergies se dépensent inutiles, s'épuisent ou se relâchent.

Par ses traditions de famille, ses attaches intimes, M. Pierre Marcel, chef adjoint du cabinet du ministre de la marine, reste fidèle à l'idéal démocratique et libéral. Mais, dans cette réponse si nettement laïque, une chose nous frappe qui la rapproche des autres, ce sont ses sympathies classiques, réalistes et actives. Ainsi, des jeunes gens, même opposés sur des points essentiels, se trouvent avoir, à leur insu, un vocabulaire commun.

Vous tracez du jeune homme contemporain une brillante image, que, pour ma part, j'adoucirais volontiers de quelques nuances, d'ombres légères ; certains amis remarquables me fourniront le modèle dont je m'inspirerai pour vous mieux préciser mes corrections discrètes.

Nous avons, je crois, déterminé la place étroite que

chacun de nous occupe ici-bas et senti la vanité de cultiver égoïstement notre « moi » : certitude déplaisante que la raison nous impose, mais sur quoi notre optimisme nous permet de ne pas nous appesantir. N'excluant nulle doctrine, nulle tentative, nous donnons une valeur morale à la pleine intelligence.

Chez nos aînés, comme chez nous-mêmes, nous exigeons que l'honnête homme prévale sur le dilettante. Toute préoccupation littéraire diminue un maître à nos yeux, et il n'est, pour nous, aucune douleur, aucune joie, aucun espoir collectif ou particulier à quoi doive rester insensible celui qui prétend fondre en amour de la vie les passions humaines et les utiliser noblement.

Hostiles aux préjugés dont les excès de lecture embarrassent, nous soumettons les saccades de notre imagination au contrôle d'un esprit critique malicieux et discernons que, parallèlement à nous, d'innombrables techniciens se perfectionnent, dont les mérites ne laissent pas de menacer les nôtres, puisqu'ils s'harmonisent davantage avec les tendances d'une économie nouvelle : remarque qui nous incite à bannir de nos ambitions la sécheresse aussi bien qu'un faux aristocratisme esthétique.

Comme toute autre agitation passionnée, une crise récente nous a rendus moins sensibles aux maux qu'elle dévoila ; elle nous a enseigné qu'une poignée d'hommes résolus peut émouvoir un peuple et l'entraîner ; elle nous prouve qu'au fond des cœurs subsiste assez d'idéalisme et de vertu pour vaincre les résistances égoïstes des organisations politiques les plus fortes.

Toute réclame nous gêne : le mot « héroïsme » implique trop souvent une publicité tapageuse qui nous garde de l'employer. Le courage, l'abnégation, nous émeuvent comme des vertus qui honorent ;

souhaiterions-nous accomplir de grandes choses que nous ne le révèlerions point, par crainte de sembler choir dans la littérature.

Pour nous, comme pour nos aînés, la Vérité possède cent visages; mais alors que nos maîtres connurent le dangereux plaisir de multiplier avec art les formules les plus audacieuses, nous préférons garder le silence et négliger les flasques concepts d'une idéologie périmée. Attitude difficile, puisque nous ne possédons pas de certitudes métaphysiques comme distraction et réconfort. Libéraux, nous respectons les convictions profondes, mais nous refusons toute valeur positive à la Théologie, à la Science, à la Philosophie.

Irréductiblement adversaires de toutes les dominations politiques ou religieuses, très démocrates, nous stimulons allègrement l'œuvre sociale qui, sans provoquer les catastrophes, que seule l'imprévoyance conservatrice enfante, nous permettra d'établir l'ordre sur des bases solides et durables; nous souhaitons instruire le peuple de ses devoirs, dissiper ses méfiances et le persuader ainsi de collaborer avec nous, pour la plus grande force de notre patrie, au maintien des véritables traditions révolutionnaires, à l'expansion des idées républicaines sur le monde. Que si notre générosité nous commande d'entreprendre cette œuvre juste, notre prudence nous éclaire sur les méthodes qui s'imposent pour ne point disperser, compromettre les énergies françaises; de là, notre volonté de combattre sans merci des vices comme l'alcoolisme, d'écarter toutes les vaines surenchères, d'exiger dans la vie publique plus de moralité, de tenue. L'homme au pouvoir doit, suivant nous, donner l'exemple du caractère, à défaut de quoi les paroles et les actes ne se revêtent d'aucune autorité féconde.

Certes, la culture intellectuelle nous préoccupe et nous soumettons nos amitiés à son épreuve; nous ne la considérons pas toutefois comme un facteur essentiel chez ceux que leur métier, leur situation économique façonnèrent à notre différence et qui nous séduisent par l'originalité de leurs idées souvent opposées aux nôtres. Nous ne nous retournons vers l'art qu'en des moments rapides, durant quoi nous pouvons nous libérer de la tâche qui nous incombe chaque jour ; nous repoussons alors toutes les formules maladives qui risquent de nous égarer, de nous amoindrir. Partisans des méthodes classiques, dont l'anarchie esthétique contemporaine et les enseignements universitaires germanisés nous font considérer le respect comme une sauvegarde, nous avons le goût de la simplicité claire.

Vous dirai-je qu'à mon gré vous négligez trop l'intérêt capital qu'offrirait dans les milieux ouvriers, agricoles, les Écoles normales d'instituteurs, une étude des jeunes gens d'aujourd'hui? L'avenir nous réserve avec eux des contacts, des échanges qui nous rendent nécessaire leur pratique immédiate; d'une manière parfois gênante, ils formulent une part des vérités futures ; ils auront sur nos personnalités une action que nous ne pouvons méconnaître. Pourquoi repousser leur influence? Craindriez-vous donc qu'elle nous diminuât, plutôt que de nous grandir? C'est qu'alors vous nous estimeriez fragiles, et telle n'est pas votre conclusion.

Aussi bien, votre enquête se présente comme le manifeste d'une certaine élite pleine d'ardeur ; pardonnez-moi donc mes exigences que me permettait la noblesse de vos desseins.

M. Gaston Strauss, ancien chef de cabinet de ministre, n'est plus de cette génération. Il reconnaît la force des sentiments que nous avons discernés dans l'élite, mais il la regrette. Sa réponse — cri isolé de l'idéalisme révolutionnaire expirant — forme un contraste suggestif avec les croyances des nouveaux venus. Ceux-ci ont, par avance, répondu aux regrets de M. Strauss : rien ne leur est plus étranger que cet « impérialisme révolutionnaire » qu'il rêve pour notre génération.

Cependant qu'une élite s'éprend de M. Bergson ou murmure avec M. Peguy de singulières oraisons, le rationalisme le plus effréné règne dans le peuple et triomphe. Ce n'est guère qu'aujourd'hui que nous pouvons apprécier les effets de l'instruction publique obligatoire. La loi est de 1882... Calculez !

Que ce rationalisme, dont je vous abandonne la qualité littéraire, ait trouvé une pâture merveilleuse dans l'anticléricalisme, l'égalitarisme socialiste, l'antimilitarisme et le syndicalisme, qui donc oserait le nier ? Les raisonnements simples s'accordent ici trop évidemment avec les intérêts immédiats.

N'appartiendrait-il pas à « notre jeunesse » de dégager de cette idéologie ce qu'elle peut contenir, *ce qu'elle contient effectivement* de courageux, de fort et d'utile ? Ah ! quel beau rôle nous aurions à jouer ! Nous avons à remplir la plus belle tâche historique qui se soit encore offerte à un peuple. Sans aucune sensiblerie, loin de tout vain humanitarisme, nous devrions réaliser, aux yeux d'une Europe attardée et surprise, « la vraie république sociale ».

IV

LA JEUNESSE LITTÉRAIRE

C'est, parmi les jeunes, à ceux qui font profession de suivre et de juger le mouvement littéraire, aux critiques, que nous avons demandé leur témoignage sur la littérature nouvelle. Nous y gagnerons en méthode et en information.

M. Jacques Copeau, directeur de la *Nouvelle Revue française*, cette revue qui est pour notre génération ce que le *Mercure de France*, la *Revue Blanche* furent pour nos aînés, était tout désigné pour parler au nom de la jeunesse littéraire. Il le fit, sous la forme d'une note qui parut dans la *Nouvelle Revue française* du 1er novembre 1912. Après une analyse critique de nos essais, M. Copeau écrit :

... Il convient d'adhérer à toutes les formules où Agathon résume heureusement l'allure et les tendances de la jeunesse : pensée du relèvement national, passion patriotique, nouvel élan, attitude courageuse, besoin d'héroïsme, confiance en soi et dans les ressources de la race, sens de l'action, esprit d'affirmation, de création, de reconstruction, de réalisation, souci précoce des responsabilités, foi de l'homme en l'homme, goût de la réalité humaine ; — autant d'instincts, de sentiments, d'aspirations que nous saluons avec joie chez la plupart de nos cadets, et que nous nous faisons gloire de partager avec eux. Il ne nous déplaît pas, à nous qui n'avons guère dépassé la trentaine, d'entendre proclamer : « Le ressort de la vie est certainement plus fort que jamais chez les jeunes gens ! »

S'il faut parler de cette part de la génération nouvelle qui se consacre à la création littéraire, j'apporte ici mon témoignage. Elle est saine et robuste. Elle va au-devant de la vie. Également éloignée des sales compromissions de l'arrivisme et des duperies d'un orgueil qui se retranche, bien consciente de ses devoirs, bien assurée dans ses résolutions, acceptant avec simplicité toutes les conditions de l'existence, — pour protéger l'autonomie de sa pensée, elle compte avant tout sur son travail. Nombreux sont aujourd'hui les jeunes écrivains qui exercent une profession ou un métier, et qui espèrent ainsi s'affirmer plus librement, donner mieux leur mesure, se préparer une maturité plus riche. Ils ne fuient aucun contact et s'offrent à toutes les leçons : « L'homme de lettres, tel qu'on le concevait vers 1885, — écrit Agathon, — le pur intellectuel, dégoûté de l'action, incurieux de l'humain et du réel et qui se complaisait dans « l'incorruptible orgueil de ne servir à rien », celui-là est un type déchu... L'homme de science, à l'image de Taine, le doctrinaire qui réduit toute l'abondante diversité des êtres à un système d'abstractions, n'est pas moins étranger à ces jeunes réalistes. Ce retranchement intellectuel, cette « mortification » de la pensée leur paraît anormale. « Le visage d'un homme, nous disait l'un d'eux, nous en apprend à tout le moins autant qu'un livre. » Et c'est encore aux poètes, aux romanciers, aux dramaturges de demain que pense Agathon lorsqu'il insiste sur le *goût de la réalité humaine*, la curiosité de la vie, le besoin de *toucher des êtres réels :* « Dans l'histoire, dans l'art, — dit-il, — ils vont aux formes humaines, parce qu'elles sont capables de toucher leur cœur et d'*augmenter leur vie...* » C'est bien ce sentiment d'augmenter en nous la vie, cette ardeur à sympathiser, qui dilatent notre cœur, touché par le besoin poétique. Nous ne voulons reconnaître nos proches et choisir nos amis que parmi ceux qui sont capables de faire quelque chose à l'unisson du commun des hommes, et qui brûlent d'être embauchés pour le travail de la vie. Les esthètes distingués et les psychologues dédaigneux, les rhéteurs, toutes les sortes d'avocats sans cause et de parleurs sans sujet, nous prêtent à rire ; aussi bien d'ailleurs que les théoriciens et les doctrinaires, incapables de création et même d'une véritable intelligence. Nous n'avons que faire des belles apparences d'où la vie s'est retirée. Nous ne nous soucions pas davantage des artifices raffinés et des rares matières. Nous ne saurions comment les traiter. La seule dont nous nous sentions capables de faire quelque chose, c'est cette matière toujours neuve et palpitante : l'*homme*, « l'homme et encore l'homme ». En ce temps où l'on risque de n'être point reconnu, à moins de porter signe à son chapeau, choisirons-nous un mot de ralliement? Ce sera : « *Vie d'abord* » — vie longue et patiente, active, chargée, difficile, vie enivrée d'être humaine.

Nous ne partons pas du point de vue esthétique. Voilà ce qui nous distingue nettement de ceux qui nous précédèrent. Gardons-nous, cependant, de le rabaisser. Il ne commande pas notre démarche. Mais elle nous y ramène. Et, quand nous l'abordons, il faut que ce soit avec humilité, avec une exigence presque sans limite, avec une nouvelle passion, qui est de ne confier le trésor de notre expérience qu'à une *forme parfaite.*

Ici encore, défions-nous d'une réaction inconsidérée

contre l'exemple de nos aînés. Ne fermons pas trop tôt leurs livres. Ne repoussons pas aveuglément leurs enseignements. Nous leur sommes infiniment redevables. De si loin que diffèrent leurs conceptions des nôtres, et si obscur parfois que soit pour nous leur langage, quelques-uns d'entre eux, néanmoins, nous avertissent magnifiquement de la grandeur du métier d'écrire et nous invitent, d'un accent qui ne se peut oublier, au respect de la chose écrite.

Je lis dans l'enquête de l'*Opinion* que les jeunes gens de maintenant « n'entendent pas *sentir à l'imitation* de quelque écrivain que ce soit ». Si cela était également vrai des jeunes écrivains, j'augurerais mal d'une formation qui se veut soustraire à toute influence, d'un progrès qui prétend ne tirer sa force et son élan que de soi-même, sans recevoir rien des méditations, des émulations, des grandes conversions de l'esprit, que provoquent les lectures passionnées du jeune âge. « Affirmer, » ce peut être la chose la plus vaine du monde, et c'est la plus aisée à qui n'a point connu, par la culture, comme une épreuve et comme un bienfait, ces inquiétudes, ces scrupules, ces silences embarrassés, qui épurent notre goût, mûrissent notre science et nous conduisent progressivement à faire un choix selon l'inclination profonde de notre nature, en accord avec la tradition. La consultation de nous-mêmes et de nos possibilités doit nous retenir presque jusqu'à l'âge mûr. Je ne sais ce qu'il faut penser de la défiance où l'on nous dit que les nouveaux venus tiennent l'*analyse*. Ils la trouvent « trop vaine ». N'est-ce pas plutôt qu'ils en ont peur? Elle fait des difficultés à la conscience, mais elle l'aguerrit. Elle est le plus redoutable de ces « obstacles » dont Vauvenargues dit qu'il faut que le monde soit plein, étant « ce qu'il doit être pour un être actif ». L'analyse ne dessèche pas une âme vraiment forte : elle l'approfondit, elle l'enrichit. Elle « sert à l'acte comme la visée sert à la flèche », ainsi que le remarque Agathon. Et, précisément, c'est de « visée » (Flaubert aimait à répéter ce mot-là) que manquent le plus souvent les essais des jeunes. L'une de leurs principales erreurs est, à mes yeux, de ne pas s'accorder le loisir de se reconnaître, de ne pas attendre assez longuement l'éveil de leurs facultés authentiques, de ne pas écouter le murmure de leurs arrière-pensées ; et, sans connaissance, sans guide, pressés par un « besoin de réalisation » qui est souvent, en art, le plus dangereux conseiller, de se lancer dans la création sur les indices d'une beauté trop peu farouche. Ces jeunes gens, qui ont quelque chose à dire, feront des œuvres, le jour où ils ne se contenteront plus de convictions trop récentes et d'audaces trop précipitées, de données trop simples, de vérités trop abstraites, qui leur paraissent éclatantes parce qu'elles sont dépouillées de l'enveloppe du réel.

M. Jean de Pierrefeu s'est placé au premier rang des critiques de la génération nouvelle ; il est un des meilleurs juges du mouvement littéraire d'aujourd'hui. A propos de l'enquête de M. Émile Henriot sur la jeunesse littéraire, il nous apporte ce clairvoyant témoignage.

C'est Barrès qui nous indique le vrai sens où se dirige la jeunesse littéraire d'aujourd'hui. Elle a retrouvé ses limites, elle a retrouvé la notion de l'ensemble. Elle se compose de moins d'hommes de lettres et renferme un peu plus d'hommes.

La notion de l'ensemble, c'est d'abord une plus

claire intuition du beau formel. Écoutez les Tharaud parler de leur conception d'art : « Nous voulons faire un livre, nous prenons un sujet quelconque, une histoire, un fait divers, et puis, nous tendons à ce que tout s'y précipite vers un même but, que tout y aille dans le sens du mot *fin*, que tout converge vers le sujet... Nous écartons volontairement tous les épisodes, tous les détails. Nous ne retenons que des faits, et encore les fondons-nous dans *une même pâte*. Nous voulons qu'un livre soit comme une symphonie, un poème, un tableau ; que tout y soit sacrifié à la ligne seule ; et cette ligne, nous nous efforçons d'en déterminer la courbe la plus pure. »

Il fut un temps où le mot s'insurgeait contre la ligne, la ligne contre la page, la page contre le chapitre ; maintenant, il semble que le mot, la ligne, la page et le chapitre comprennent qu'ils font partie d'un livre. Hiérarchie, discipline, ces mots sont dans toutes les bouches, cela paraît tout naturel. Et comme c'est naturel en effet !

Maintenant, piquez plus de détails gracieux dans ce bel ensemble, ornez la balustrade de cet escalier harmonieux qui monte jusqu'à la maison française de statues fleuries de roses, et vous avez la discipline souple, un peu molle et décorative de Vaudoyer, de Jaloux, de Cocteau, de Paul Drouot, d'Erlande, élèves dociles et bien élevés d'Henri de Régnier, fils prodigue lui-même aux jours symbolistes et qui a mangé le veau gras dans les jardins de Versailles.

Mettez maintenant cette discipline merveilleuse, cet ordre idéal au service d'une réalité plus familière, provinciale, bourgeoise, plus généralement vraie, et vous avez ou plutôt vous pourriez avoir, car hélas ! je n'en trouve guère, les élèves de René Boylesve, l'inimitable, qui a inventé une formule de roman parfaite, et qui a réalisé la plus belle, la plus pure et la plus riche courbe littéraire qui soit.

Or, cette sagesse, cet équilibre, cette précoce maturité de la jeunesse littéraire de nos jours, elle nous a amené à prononcer à son endroit le beau nom de classique. On a dit, c'est une renaissance du classicisme qui se prépare. Le classique, je le vois comme un homme de trente-cinq ans, jeune encore, plein de force et de grâce, mais portant déjà sur les tempes les premiers cheveux gris d'une robuste maturité. C'est un homme dans le plein été de son âge. Il jette sur le monde extérieur un regard lucide, mais apaisé, sans éblouissement naïf, ni concupiscence. Il sait choisir son plaisir quotidien, il cueille la journée, lui qui croyait n'avoir pas le temps, jadis, de faucher la minute. Pénétrez dans son cœur. Quelle lumière vous y trouvez, douce et dorée, qui lui montre sous leur vrai jour ses aspirations et ses élans ! Il a la plus claire conscience de son moi intime, de ses désirs et de ses passions qui jouent comme de nobles animaux à la démarche élastique. Quelle fine nature psychologique il possède et comme il se connaît bien ; quelle richesse intérieure il a accumulée, quel trésor d'expérience, quel climat tempéré il porte dans son cœur. Équilibre des sens, équilibre du cœur ! Il ne lui reste plus qu'à atteindre à l'équilibre moral, étape dernière de l'art classique. Car nous autres, Français, si nous voulons trouver notre discipline intégrale, il nous faut tenir compte d'un ordre de beauté plus grave qui a pour matériaux les devoirs et les vertus, il nous faut réaliser le beau moral. L'art classique est également celui qui a en vue des fins utiles. Étant le plus pur au point de vue formel, il est également le plus beau au point de vue moral, et voici qu'il est par-dessus tout le plus approprié à l'homme dans ce qu'il a de plus largement humain et le plus favorable à l'accroissement de la vie. C'est le miracle que le pragmatisme en arrive en dernière analyse à recommander la pratique de l'art classique comme étant le seul capable de saisir et de rendre l'homme intérieur et le réel dans sa totalité.

Nul ne pourra nier que nous ne devions beaucoup à Charles Maurras, qui a toujours marché dans les chemins de ce classicisme. Mais hélas, ni lui, ni ses disciples qui sont les meilleurs gardiens de la tradition classique ne nous ont donné l'œuvre, roman, tragédie ou comédie, qui nous montrera que cette aspiration de la jeunesse vers un classicisme épuré est devenue mieux qu'une aspiration et qu'un besoin de notre raison et de notre cœur, je veux dire une réalité.

M. André du Fresnois est un des plus clairvoyants critiques d'aujourd'hui. Ses articles du *Gil Blas* et de la *Revue critique* sont très appréciés des lettrés. Il nous écrit :

Il me semble qu'en considérant les faits d'assez loin — seul moyen qui permette de formuler des opinions générales — on peut distinguer chez les jeunes écrivains, j'entends ceux qui comptent, une « attitude » nouvelle, qui se manifeste en dépit de la diversité des tempéraments et des goûts. Parmi ces jeunes écrivains, il en est de gais et de mélancoliques ; il en est qui sont psychologues et d'autres qui sont lyriques ; il en est qui observent attentivement les hommes, et d'autres qui s'abandonnent au gré de la fantaisie ; mais je sens chez tous quelque chose de naturel, de sain, d'honnête, qui fait plaisir. Je sens que, s'ils sont tristes, leur tristesse ne leur sert pas avant tout à « épater le bourgeois ». Je sens qu'ils ne sont point systématiquement détachés de tout ce qui constitue des raisons de vivre pour cette immense partie du genre humain qui n'a pas l'honneur de « faire de la littérature » ; qu'ils ne considèrent pas leurs semblables, paysans ou soldats, professeurs ou commerçants, comme un détail inférieur, susceptible seulement de fournir des « sujets » à l'artiste ; et qu'en un mot, si l'histoire de Des Esseintes leur était contée, ils y trouveraient un plaisir extrême, mais aux dépens et du héros et de l'auteur qui a pu prendre ce héros au sérieux et presque au tragique.

Je citais le héros d'un des écrivains d'hier : c'est que l'on ne se définit qu'en s'opposant. Il y eut, chez les Baudelairiens (et je note tout de suite qu'il est un Baudelaire qui demeure à mes yeux le poète suprême), et chez les naturalistes, une sorte d'orgueil agressif très particulier, un dédain hargneux qui pourrait bien n'être qu'un masque de l'envie. Ces gens-là ne jugeaient dignes du nom d'art que les œuvres qui dégageaient une odeur de désespérance et de mort. Autant que Baudelaire, le grand Flaubert porte ici sa part de responsabilité. Une certaine façon de décrire avec minutie les actes humains fait ressortir la médiocrité des motifs de ces actes et détourne d'agir. Vraiment, il est bon de proclamer bien haut la faiblesse intellectuelle et sentimentale de la plupart de ces naturalistes. Faute de quoi, ils auraient tôt fait de nous dégoûter du sentiment, de l'intelligence, de tout. Leur conception de l'art conduisait directement à la fin de tout art. Ils desséchaient le sol où s'alimentent les racines de cette plante précieuse. Leur impuissance, naturelle ou factice, à jouir de la vie nécessitait sans doute leur esthétique ; mais n'est-il pas permis de penser qu'un tableau ou un livre a pour but d'exalter cette vie, plutôt que de prouver la virtuosité d'un artiste étranger aux choses qu'il décrit, et qui s'efforce de les contempler comme dans un miroir, d'y assister de haut, sans renoncer à son isolement superbe? Cette rage de peindre des émotions auxquelles on ne participe pas, c'était une forme subtile de la perversité qui imprégna toute la littérature vers 1890.

Nous en sommes bien éloignés, et, à côté des leçons de nos maîtres, un Charles Maurras, un Maurice Barrès, l'influence des philosophies récentes nous explique l'orientation nouvelle des esprits. L'idéalisme métaphysique avait formé des générations de lettrés qui demandaient surtout à la philosophie une justification de leur orgueil anarchique. Ce système correspondait assez bien à la théorie littéraire qui voulait qu'un auteur fût avant tout un spectateur ironique et froid des spectacles du monde, un mandarin dont le premier effort devait être de se débarrasser de tout sentiment commun à un trop grand nombre d'hommes. Les philosophes contemporains ne célèbrent plus guère cet idéal faussement aristocratique, si séduisant et si flatteur, mais si néfaste en somme. Et je sais bien que l'on peut être un excellent poète ou un agréable romancier sans se mêler de philosophie ; mais il n'est pas moins certain que, par une curieuse coïncidence, on voit chez les meilleurs de nos écrivains, plus que chez leurs prédécesseurs, de la sympathie pour leurs personnages, de la bonhomie, et beaucoup moins ce dédain volontaire, cette insupportable morgue du littérateur professionnel.

Une autre forme de la perversité dont il paraît bien que nos jeunes écrivains soient exempts, c'est la croyance à l'éminente dignité de la douleur, de la douleur *en soi*, parce que l'homme qui souffre est essentiellement individualiste, antisocial et anarchiste. De là notre défiance, en face de l'esthétisme d'un Porto-Riche, notre agacement, en présence des personnages neurasthéniques de M. Bataille, notre parfait mépris de la barbarie qui éclate dans le théâtre de M. Bernstein. Les héros de M. de Porto-Riche ou de M. Bataille nous tiennent pour des types inférieurs d'humanité, nous tous qui faisons quelque cas du bon sens, de l'équilibre, de la santé ; ils considèrent, dans le secret de leur pensée, la fin de leurs souffrances comme une diminution d'eux-mêmes et comme une déchéance. Et l'auteur ne laisse pas entendre que tous ces Oreste sont fous. Voilà une attitude tout à fait étrangère aux auteurs français de la bonne époque.

Ayant exprimé ces idées dans un article intitulé : « Nous n'avons plus le goût du vice », où j'essayais de cataloguer les signes d'un état maladif dont nous achevons de guérir, j'encourus le blâme de ceux qui feignirent de croire qu'il s'agissait d'un plaidoyer pour la « vertu ». Non pas ; ou bien que l'on entende ce mot selon le seul sens latin.

V

LA PHILOSOPHIE

Ce tableau du mouvement des idées contemporaines ne serait pas complet sans un témoignage sur la philosophie nouvelle. Beaucoup y touchèrent dans leurs réponses ; mais M. René Gillouin, l'auteur d'un remarquable petit livre sur Bergson, y insiste particulièrement : il la rattache aux préoccupations essentielles de notre enquête.

Dans une lettre dont nous extrayons le principal, il établit, d'abord, ce point :

*Ce qu'il y a de meilleur dans la jeunesse contemporaine cherche une voie moyenne entre la foi sans objet des romantiques et la foi sans sujet de l'*Action française.

Cette formule me paraît explicative de quelques-unes des particularités que vous signalez dans l'attitude de la jeunesse, décidée, soit pour l'affirmative, soit pour la négative, sur certains points, expectante sur d'autres. Elle éclaire notamment, en matière de morale, le succès de ce personnalisme dont Renouvier fut l'initiateur et où un Bergson, un James, un Durkheim aboutissent également par les voies les plus différentes. La notion de personne morale, en effet, comprenant la notion de devoir, et impliquant par là même et la collectivité et Dieu, permet d'échapper tant à l'individualisme anarchique qu'au césarisme oppresseur. Mais ici un coup d'œil en arrière s'impose.

Il est difficile d'exagérer la néfaste influence de Taine sur un certain nombre des générations qui nous ont précédés. Par ses théories du moi phénoménal, de la formule éternelle, etc., Taine conduisait directement au nihilisme moral : les premiers essais d'un Barrès en fourniraient, s'il en était besoin, la preuve éloquente. Or, ces théories sont fausses et même absurdes. Penseur vigoureux assurément, sincère aussi, et loyal, dans le sens immédiat de ces termes, mais dépourvu de finesse et de discernement à un degré incroyable, mêlant, brouillant, confondant tout sous prétexte d'unité, Taine est un des esprits les plus faux du dix-neuvième siècle. Qu'il ait eu une telle influence, ce n'est donc pas seulement un désastre, c'est un scandale, et qui nous demeurerait incompréhensible si, d'une part, nous ne savions dans quelle indigence végétait la culture philosophique au milieu du dix-neuvième siècle, si d'autre part nous n'étions témoin, aujourd'hui même, du prestige que peut exercer le talent littéraire au service d'un spécieux mélange de vérités et d'erreurs.

Autant l'influence de Taine a été funeste, autant celle de M. Bergson a été bienfaisante. En desserrant l'étau où la scolastique déterministe étouffait l'activité humaine, en affirmant, en démontrant que nous sommes libres et que l'âme est en son essence indépendante du corps, M. Bergson rendait à l'homme la conscience de sa dignité et la confiance en sa destinée. En tirant la métaphysique de l'impasse où la spéculation classique l'avait engagée, du néant où les Comte, les Taine et les Berthelot avaient prétendu la réduire, il ranimait une des plus sublimes ambitions de la nature humaine, l'ambition de se transcender elle-même. Du même coup, il rouvrait les sources de la vie religieuse. Que l'on m'entende bien : il n'est pas de question plus oiseuse que de se demander si M. Bergson se ralliera ou non à une religion positive. Œuvre du génie individuel, une philosophie digne de ce nom ne saurait être religieuse en tant que telle, si la religion est, par définition même, un phénomène collectif. Mais une philosophie fausse peut soit entraver, soit dévier le développement de la vie religieuse, tandis qu'une saine philosophie peut la favoriser et la régler. Or, depuis l'Aristotélisme, aucune philosophie n'a été aussi propre que celle de M. Bergson à jouer vis-à-vis de la religion ce rôle tutélaire.

VI

LA JEUNESSE ET SES AINÉS

Voïci quelques jugements d'aînés, de ceux qui apprêtèrent la voie aux nouveaux venus.

M. Marcel Drouin, professeur de philosophie au lycée Henri-IV, est en relations avec de nombreux jeunes gens : il a vu se succéder plusieurs générations d'élèves et a pu noter les différences qui existent entre elles. Aussi fut-il de ceux à qui nous adressâmes, dès l'abord, notre enquête. Voici la lettre qu'il nous fit tenir :

Lorsque nous avons causé, tout au début de votre enquête, je vous ai rappelé que les adolescents ne se confient pas volontiers à leurs maîtres. Ils croient trop facilement n'en être pas compris. Cette illusion, cette apparence de mystère, qui protègent leurs croyances contre des discussions prématurées, sont sans doute les conditions d'un développement libre et sincère.

Pour autant que je puis connaître les jeunes gens qui m'approchent, il me paraît que votre enquête les peint assez ressemblants. Oui, vos remarques sont justes; on peut les accepter toutes, pourvu qu'on n'attribue pas à toutes même importance, même degré de certitude, même généralité. Mieux que le ton de vos affirmations, l'ordre que vous avez suivi diminue ce risque d'erreur.

(I) Attention tournée vers le monde extérieur, optimisme et confiance en soi, sens de l'action, indifférence aux subtilités dialectiques comme aux complications sentimentales, voilà les caractères essentiels et communs qui comportent peu d'exceptions. (II) Le réveil du patriotisme est réel et, je crois, durable. Mais il faudrait une suite de crises pour maintenir ce prestige de la guerre, que vous exagérez un peu. Si l'on ne voit pas remonter encore le niveau des candidats à Saint-Cyr, c'est que d'autres activités tentent ce goût de l'héroïsme (III), auquel se mêlent, vous en convenez, de fortes préoccupations utilitaires. C'est un fait aussi, que le réveil d'un catholicisme non embarrassé de doutes critiques (IV) ; mais c'est un fait plus limité, et ce réveil n'assure pas le peuplement des séminaires. (V) Les théories immoralistes sont en baisse ; la pratique et la curiosité des sports laissent moins de place aux rêveries sensuelles. Mais le libertinage a-t-il décru, ou bien prend-il seulement une allure plus simple et plus décidée? Et le besoin d'une discipline intérieure ne le cède-t-il pas, chez le plus grand nombre, à l'exigence d'un ordre extérieur, d'une discipline imposée par contrainte? (VI) Si je ne discute point au sujet du réalisme politique, c'est que vous avez marqué avec une précision délicate jusqu'où s'étend et où s'arrête, l'influence de l'*Action française.*

Votre affaire était de constater, non de prévoir. Mais n'y a-t-il pas des signes actuels annonçant un changement prochain?

Naguère le sens de l'action semblait lié à des doctrines, à des tendances intuitionnistes et pragmatistes. On me signale, chez les jeunes philosophes, un renouveau d'intellectualisme. N'est-ce pas ce qu'on devait attendre? C'est avant l'action, pour la préparer, que les pensées se rassemblent en sentiments, en intuitions ; l'action commencée crée plutôt un besoin de pensées nettes, de vérités résistantes. Le rationalisme de demain sera plus souple que celui d'hier et plus ouvert à l'expérience. Mais comment resterait-il sans conséquences dans l'ordre politique et juridique, ainsi que dans l'ordre religieux? Certains poètes catholiques prétendent à la foi du charbonnier ; mais les jeunes philosophes ou savants catholiques ne sentent point qu'aucune réflexion soit un péché, et ne bornent pas d'avance l'effort de leur pensée. La conviction que cet effort ne saurait nuire à la foi produit chez eux, malgré leur volonté d'orthodoxie, un *modernisme* tout spontané et, par là, d'autant plus puissant.

D'autre part, il est bien vrai que dans nos écoles le souci de justice sociale est effacé par une sorte d'esprit bourgeois. Le progrès du syndicalisme en est une cause indirecte. Puisque les ouvriers mêmes ont pris en main leur propre cause et suffisent à la soutenir, nos jeunes gens n'ont à songer qu'à leur carrière, à leur rôle dans la production. Mais, dans leurs ambitions pratiques, il entre une part d'illusion. On leur a fait croire que notre commerce, que notre industrie réclament d'innombrables chefs. Bientôt, la plupart serviront dans des postes subordonnés et, sans espoir d'en sortir, s'y sentiront à l'étroit. Pour peu que se révèlent en même temps les faiblesses d'un mouvement purement ouvrier, nous verrons nos jeunes bourgeois s'agiter à nouveau pour un meilleur aménagement social.

Ma dernière observation concerne le rapport de l'état actuel au plus récent passé. Tout ce que nos jeunes gens ont de vigoureux et de sain marque à vos yeux une réaction contre la génération précédente. Pour celle-ci, je réclame : Il est injuste de la prendre seulement à ses débuts (telle que les aînés l'avaient faite) et de s'en tenir aux manifestations publiques de quelques-uns de ses représentants. Il faut la prendre tout entière, la suivre à travers vingt années, montrer comment l'a modifiée son propre effort. Je crois qu'autant et plus qu'une autre, cette génération a peiné pour éclairer la suivante et lui préparer les voies.

Quand je songe à la France d'après la guerre, une comparaison me revient toujours. On assure que, dans les périodes de disette ou de privations, les cellules nerveuses échappent longtemps au dépérissement général, comme si, de leur nutrition privilégiée, dépendait le salut de l'organisme entier. Les aliments, le repos, ne ramènent pas tout de suite une santé parfaite ; les nerfs et le cerveau, s'ils souffrent les derniers, restent troublés plus longtemps. Ce n'est pas d'eux, pourtant, que vient le mal ; c'est leur action qui, fût-elle irrégulière et convulsive, stimule les autres fonctions et permet à l'être de se refaire un estomac, un cœur, des muscles vigoureux. Abus de l'introspection, manie du scrupule et du doute, impulsions mal coordonnées, idées obsédantes, phobies, aboulies — ces malaises, d'autres encore, ne les reprochez pas à vos prédécesseurs. Car, pour des psychasthéniques, ils n'ont pas mal travaillé.

M. Albert Bazaillas, professeur de philosophie au lycée Condorcet, nous envoie la lettre suivante. Ce « document » contient maintes réserves, que nous nous faisons un devoir de reproduire : nous ne divergeons, au reste, que sur l'interprétation des faits, dont M. Bazaillas ne nie point la réalité.

J'ai suivi avec l'intérêt qu'elle mérite l'enquête publiée par l'*Opinion* et je souscris à la plupart de ses résultats. Il est très vrai que « les jeunes gens d'aujourd'hui », envisagés sous certaines conditions de milieu arbitrairement fixées, s'éloignent de la culture abstraite et ne marquent pas un goût bien vif pour le désintéressement de la pure idée. Il est encore très vrai que beaucoup d'entre eux se sentent travaillés par le besoin de l'action, soutenus par la foi dans la vie, et qu'ils mettent dans la recherche des réalités concrètes ou des faits « productifs » le même zèle que les « jeunes gens d'autrefois » accordaient à l'analyse négative et aux raffinements d'idéologie. Par ce temps de « pragmatisme », l'aventure n'a pas de quoi nous surprendre. Ceux des jeunes gens que nous avons pu étudier sont plus portés à vivre qu'à penser. Quoi d'étonnant? La réflexion est toujours une fatigue; elle met en péril la spontanéité, qui n'admet pas qu'on délibère; elle diminue ses chances de succès.

Faut-il se réjouir de cette nouveauté? Ces dispositions confiantes ou même crédules, cet optimisme anticritique, ces préoccupations utilitaires, ce mélange d'impulsion et de calcul ne sont pas sans causer quelque inquiétude. N'est-ce pas un type de jeune homme bien conservateur que vous nous donnez, un type essentiellement « bourgeois »? Je ne vois guère sous quels traits différents vous peindriez le jeune bourgeois « Louis-Philippe ». Ou plutôt je perçois une différence tout à l'avantage de ce dernier : il portait les traces du mal romantique qui avivait la flamme de son imagination. Mais, sans poursuivre ce rapprochement, il paraît bien que la jeunesse d'hier était *cérébrale*, tandis que celle d'aujourd'hui est manifestement *musculaire*. L'une s'est perdue par le culte de l'idée; prenez garde que l'autre ne se laisse gagner par l'idolâtrie de la force. Vous me direz qu'il y a dans ce goût quelque chose de salubre et de réconfortant. Je vous répondrai que les orages de l'esprit et les inquiétudes de la pensée contribuent à notre noblesse, mieux peut-être que toute exhibition de la puissance matérielle. Alléguerez-vous que le goût de l'héroïsme en résulte? Sans la sublimité morale, l'héroïsme se confond avec un redoublement de la force prise de vertige, se jouant dans l'ivresse de son triomphe. Il n'est que la plus physique des vertus.

M. Bazaillas nous reproche ensuite de n'avoir fait porter notre enquête que sur la jeunesse d'élite, qui n'est pas, selon lui, « suffisamment représentative, » et il nous apporte ces renseignements :

Au lieu de cette jeunesse uniforme, prêts à fraterniser dans le même idéal et les mêmes croyances sociales, vous eussiez trouvé des « groupes » stables de jeunes gens, souvent très différents, quelquefois irréductibles. Les *cercles sociaux* en nombre illimité, qui se partagent et circonscrivent l'activité collective, se retrouvent au même titre, dans cette collectivité mouvante qui tient l'avenir en réserve. Ces « cercles » ont leur logique propre, c'est-à-dire leur manière générale d'être et surtout de sentir, fidèlement reproduite par les membres qui les composent et qui participent, pourrait-on dire, à leur gravitation. Parfois la tendance initiatrice saute d'un cercle à l'autre ; nous voyons alors ces derniers se rapprocher et s'entre-croiser. Les groupements politiques et religieux de nos jeunes gens actuels nous donnent une idée de cette curieuse interférence. Voilà ce que votre enquête aurait dû saisir.

Enfin, M. Bazaillas se méfie des « déterminations » du genre de celle que nous avons tentée et considère que de tels « pronostics » sont vains. « L'avenir est le seul maître, et nous ignorons où il nous conduira. »

Un exemple à l'appui pour terminer. La « jeunesse d'autrefois » (celle apparemment de 1888 à 1898) que vous représentez idéaliste et désintéressée, dégoûtée de l'action, éprise de spéculation et d'analyse, a renié bien vite ses origines. Il lui a suffi pour cela de vaincre et de réussir. Après une crise mémorable où le souci de la pure justice eut bien sa part, elle s'est transformée, elle et ses « chefs ». Je ne connais guère, dans tous les ordres, d'arrivistes plus féroces et de matérialistes plus convaincus que tous ces idéalistes de la première heure. Hélas ! monsieur, la jeunesse d'aujourd'hui nous réserve sans doute, en sens inverse, une surprise analogue. Son utilitarisme ingénu se convertira peut-être un jour en détachement ; son adoration de la force deviendra le culte de l'idée. Ce jour-là, nous saurons si vous avez dit juste ; mais je gage — la loi des contrastes gouvernant le monde — que vous aurez eu tort. Votre « jeunesse », infidèle à ses promesses, aura conquis au prix d'une heureuse inconséquence toutes les qualités de désintéressement et d'idéalisme que ses devanciers promettaient d'avoir. Vous êtes trop épris de biens spirituels et trop persuadé de leur excellence pour n'être pas alors le premier à vous réjouir de cette tardive acquisition.

VI

LES MAITRES DE LA JEUNESSE

Sur cette génération dont il fut l'un des directeurs de conscience, voici le sentiment de M. MAURICE BARRÈS, tel qu'une enquête nous le fit connaître (*la Démocratie*).

Il me semble qu'à l'âge où j'avais vingt ans, les forces anarchistes, je veux dire le génie destructeur, l'audace de l'analyse et du nihilisme, étaient encore plus virulentes chez mes camarades et chez moi qu'elles ne sont chez les jeunes gens d'aujourd'hui.

Certes, à vingt ans, toujours on admirera l'esprit qui nie et qui remet tout en question. Pourtant, il me semble que nos jeunes gens, les meilleurs d'entre eux, à cette heure comprennent la supériorité de l'ordre, la majesté de l'ordre, qu'ils sentent combien cela est beau de construire et mille fois plus beau que de détruire. Nous leurs aînés, nous avons mis du temps pour acquérir cette vue, mais eux ils s'attachent dès leurs premiers regards au syndicalisme, ou bien au nationalisme, ou bien au catholicisme, ou bien à la monarchie, ils sentent la dignité et la nécessité d'une discipline.

Je sais que leur jeunesse ne laisse pas d'apporter un ferment destructeur dans chacune de ces solidités. Je sais, je sais. Mais je crois voir que depuis vingt ans le démon de Méphistophélès, qui nous semblait si beau, a bien perdu de son crédit.

M. Bergson, dont la philosophie a marqué si profondément la pensée de la génération nouvelle, répondit à l'enquête de M. Jules Bertaut. (*Gaulois*, 15 juin 1912.)

Je crois, dit-il, que nous assistons à un grand et profond changement dans l'esprit de la jeunesse actuelle.

Les raisons d'une évolution de cette sorte ne sont pas simples. Un changement de cet ordre ne s'accomplit jamais sous l'influence d'une cause unique. J'en aperçois plusieurs, pour mon compte : d'abord, les sports... Oui, sans doute, mais agissant moins au point de vue physique qu'au point de vue moral. Ce que j'estime surtout dans les sports, c'est la confiance en soi qu'ils procurent à l'homme qui les cultive. Cette confiance en soi, il me paraît qu'elle faisait tout à fait défaut à la génération antérieure. Ce serait donc là une véritable conquête.

Une autre chose qui me frappe chez les jeunes gens d'aujourd'hui, c'est le sérieux avec lequel ils abordent la vie. Notez bien que sérieux ne veut pas dire ennui, pessimisme, mais virilité, conscience de ses actes, de sa propre responsabilité. Tenez, il m'apparaît, à l'encontre de l'opinion de certains, qu'on se marie de meilleure heure que jadis. De mon temps on citait comme très exceptionnels les cas de jeunes gens se mariant au cours de leurs études. Aujourd'hui j'en aperçois un bien plus grand nombre.

— Et le mariage contracté jeune vous paraît un gage de bonheur?

— Peut-être... En tout cas, il moralise le jeune homme, en lui conférant le sentiment de sa responsabilité dans sa plénitude, et c'est là ce qui me séduit chez lui.

... Avez-vous observé aussi la tendance que nous avons à prendre, en quelque sorte, le contre-pied de la génération précédente, à nous orienter dans un sens autre que celui de nos aînés? Cette habitude curieuse de l'esprit suffirait peut-être à expliquer le changement profond que nous observons dans la jeunesse actuelle, si, vraiment, ce changement n'était apparu à tous comme nécessaire. Comment! Depuis près de quarante ans, les philosophes et les savants nous disaient : l'homme n'est rien qu'un être soumis à l'influence d'un certain milieu, subissant certaines forces contre lesquelles sa volonté est sans effet, obligé de se soumettre sans pouvoir résister à l'hérédité, à l'éducation, etc., et nous acceptions tout cela, quand, au fond de chacun de nous, notre conscience protestait et nous criait : Mais va, tu es libre et responsable! Il fallait une réaction, avouez-le, contre cette fausse philosophie déguisée en science. Certes, nul plus que moi ne révère la science, la vraie, mais non pas la contrefaçon de celle-ci qu'on voulait imposer au monde. Et il m'est apparu qu'il fallait réagir le plus tôt possible contre cette conception si fausse, qui ne tendrait à rien de moins qu'à faire de l'homme un être passif, amorphe, sans spontanéité, sans volonté... une chose, pour tout dire. Cette réaction, nous l'avons opérée, et, vous le voyez, elle commence à porter ses fruits.

Oui, vraiment, continue M. Bergson en s'animant, je crois à une sorte de renaissance morale française, et ce qui me frappe le plus, ce qui me fait bien augurer de cette renaissance, c'est qu'elle n'est pas seulement une transformation des idées (les idées, vous savez, on en change si aisément!), mais une vraie transformation ou, plutôt, une vraie création de la volonté. Or, la volonté, c'est l'expression même du tempérament, c'est-à-dire de ce qu'il est le plus difficile de modifier. De ce point de vue, l'évolution de la jeunesse actuelle m'apparaît comme une sorte de miracle. Miracle doublement heureux, puisqu'il affirme la reconstitution de notre unité morale et qu'il est la preuve que le génie de la France est toujours intact. Du reste, n'en avons-nous pas eu deux preuves récemment? La crise politique de cet été a montré que nous étions las des zizanies, que toute notre jeunesse, que toutes nos jeunesses aspiraient à une magnifique unité nationale. Et, d'autre part, les splendides découvertes de l'aviation ont prouvé que la France était toujours douée au plus haut degré du génie de l'invention. Or, l'esprit d'invention, c'est un peu la caractéristique de son tempérament, c'est ce qui suppose, du reste, le plus de spontanéité, le plus de volonté créatrice. Comment, dès lors, ne point applaudir à tout ce qui peut accroître encore cette spontanéité? Comment ne pas se réjouir de voir une jeunesse plus hardie, plus audacieuse, plus consciente de ses responsabilités, plus française, en un mot, que les générations précédentes?

FIN

TABLE DES MATIÈRES

L'ENQUÊTE SUR LA JEUNESSE

CHAPITRE PREMIER

LE GOUT DE L'ACTION

CHAPITRE II

LA FOI PATRIOTIQUE

CHAPITRE III

LA VIE MORALE

CHAPITRE IV

UNE RENAISSANCE CATHOLIQUE

CHAPITRE V

LE RÉALISME POLITIQUE

ANNEXES

APRES L'ENQUÊTE

PARIS

TYPOGRAPHIE PLON-NOURRIT ET Cie

Rue Garancière, 8

www.ingramcontent.com/pod-product-compliance
Ingram Content Group UK Ltd.
Pitfield, Milton Keynes, MK11 3LW, UK
UKHW020432200726
13857UKWH00002B/396